lignes

mai 2003

nouvelle série

DIRECTEUR
MICHEL SURYA

COMITÉ
FETHI BENSLAMA – ALAIN BROSSAT
JEAN-PAUL CURNIER – JEAN-LUC NANCY
BERNARD NOËL – ENZO TRAVERSO

Lignes/Éditions Léo Scheer

Lignes, Art – littérature – philosophie – politique
Paraît trois fois par an – Seizième année
Publiée avec le concours du Centre national du livre

N° ISSN : 0988-5226
N° ISBN : 2-914172-85-0

Rédaction : Lignes/Éditions Léo Scheer
132, rue du Faubourg Saint-Denis 75010 Paris
e-mail : lignes.els@wanadoo.fr

Achevé d'imprimer sur les presses de l'imprimerie Darantiere à Dijon-Quetigny en avril 2003
Dépôt légal : mai 2003
N° d'impression : 23-0498

Imprimé en France

THEODOR W. ADORNO / WALTER BENJAMIN

MAURICE BLANCHOT, 1907-2003

Présentation

Adorno et Benjamin : ce fut l'intitulé de notre invitation.
Adorno *et* Benjamin, et non pas Adorno *ou* Benjamin.
« Et » : pour que chacune de ces deux pensées majeures relance la chance de l'autre (et qu'elles deux relancent la chance de toute pensée).
Et non pas « ou » : comme semblent le vouloir certains de leurs interprètes respectifs (« benjaminiens », surtout).
On sait dans quelle suspicion ceux-ci tiennent Adorno. Celui-ci se serait effarouché de la liberté folle de Benjamin (de ce qui ressemblait pour lui à quelque chose comme une funambulie philosophique) ; et il l'aurait contrainte. Ce qui est vrai. La récente édition (française) de leur correspondance ne laisse pas là-dessus de doute. Et Enzo Traverso, son préfacier, l'a dit avec une liberté qui s'imposait (mais qu'il faut imposer avec lui en la reproduisant de nouveau dans ces pages, pour faire pièce à l'interdiction qui les frappe, lui et son éditeur – La Fabrique). Mais il n'est pas moins vrai qu'Adorno est celui qui a peut-être le premier et le mieux fait (avec Scholem) pour que l'œuvre de Benjamin ne disparaisse pas (c'est ce que dit ici Jean-Michel Palmier, d'une façon qui ne laisse pas davantage de doute). Choisir n'est donc pas inévitable. Il se pourrait que ce *quelque chose* qu'Adorno a tenté d'endiguer, ne serait-ce que parce qu'il en eut peur (il faut faire l'hypothèse de cette peur), inspire les pages les plus fortes de *Dialectique négative*, par exemple. En somme, qu'il reconnut après coup en Benjamin le maître profondément inquiétant contre lequel il s'était d'abord défendu comme on se défend contre l'évidence.

Michel Surya

THEODOR W. ADORNO / WALTER BENJAMIN

JEAN-MICHEL PALMIER

UN MATÉRIALISME PROBLÉMATIQUE

[*Ce texte est extrait de l'ouvrage de synthèse sur Walter Benjamin, intitulé* Walter Benjamin, le chiffonier, l'ange et le petit bossu *que Jean-Michel Palmier avait en chantier depuis des années et dont il achevait la mise au point jusqu'aux derniers jours avant sa disparition en juillet 1998. Ce texte inédit est conservé dans ses archives, déposées, ainsi que sa bibliothèque, à l'Institut mémoires de l'édition contemporaine (IMEC) en 1999. Sources : Fonds Jean-Michel Palmier/IMEC. © Héritiers Jean-Michel Palmier.*]

Sur quelques interprétations du rapport de Benjamin au matérialisme

La cohérence de la philosophie de l'histoire de Walter Benjamin avec son lien au marxisme, sa référence au matérialisme qui laisse s'épanouir une dimension théologique, romantique et messianique, proche de celle que l'on peut trouver dans les écrits de Franz Rosenzweig, a fait l'objet de discussions et de polémiques, et cela depuis les années 60. La signification révolutionnaire qu'il attache à l'ici et au maintenant, sa condamnation de la foi béate dans le progrès historique, la référence *simultanée* aux écrits de Marx et à la tradition juive fascinent autant qu'elles déconcertent. Quant à ses thèses de 1940 sur le *Concept d'histoire* où cette articulation du marxisme et du messianisme trouve sa plus étrange expression, elles ont suscité des interprétations souvent contradictoires. Si, après 1924, Benjamin affirma sans cesse son attachement au marxisme, ce fut au-delà de toute orthodoxie. La difficulté de cerner, au niveau de la critique littéraire, les articulations nouvelles qu'il imagine entre les concepts métaphysico-théologiques et les concepts matérialistes resurgit dans sa philosophie de l'histoire où les éléments romantiques, messianiques, matérialistes demeurent inextricablement liés.

Une fois admise l'originalité à peu près unique de cette conception du matérialisme que revendique Benjamin, sa réduction impossible aux schémas classiques du matérialisme dialectique – y compris celui de Brecht –, l'interrogation sur la cohérence de cette articulation – sans synthèse et sans fusion – d'éléments matérialistes et théologiques demeure entière. C'est à l'exégète d'en expliciter les liens.

Auto-illusion et unité subjective : le bilan des discussions avec Scholem

Le doute le plus radical quant à la possibilité d'une telle articulation a été formulé par Scholem tout au long de la correspondance qu'il échangea avec Benjamin, au cours des années 1930-31. Il trouve son expression théorique dans les essais qu'il lui a consacrés. Soulignant la permanence des éléments théologiques dans presque tous les textes de Benjamin postérieurs à son adhésion au matérialisme, jusque dans la méthodologie des *Passages*, il dénoncera toujours cette articulation comme une auto-illusion permanente.

Moment dramatique de leur relation, mise en crise de leur amitié et de leur symbiose intellectuelle, les premières professions de foi de Benjamin en faveur de la méthode matérialiste suscitèrent chez Scholem incrédulité et consternation. L'image qu'il s'était forgée de Benjamin, celle d'un critique littéraire, d'un philosophe du langage proche de Hamann, cherchant sa voie dans l'approfondissement du judaïsme et du romantisme, partageant des convictions libertaires, sinon anarchistes, excluait radicalement la possibilité d'une adhésion aux dogmes marxistes et à un « communisme radical ». Sans prendre au sérieux l'argumentation de Benjamin qui soulignait l'aspect heuristique, par rapport à sa théorie de la connaissance, de l'introduction des concepts matérialistes, comme le fit Lukács dans *Histoire et conscience de classe*, Scholem fut d'emblée tenté de réduire cette évolution à des facteurs psychobiographiques et à des influences [1]. Son jugement n'en est pas moins catégorique : l'adhésion au marxisme engendra d'abord chez Benjamin une sorte de « *dissociation d'idées* [2] » qui prit la forme ensuite d'une véritable « schizophrénie » intellectuelle, lorsqu'il s'efforça de faire cohabiter dans ses textes des perspectives inconciliables. Benjamin, à ses yeux, s'est efforcé de passer artificiellement du mode de pensée métaphysique et théologique qui était le sien à un mode de pensée matérialiste qui lui était parfaitement étranger. Seuls certains textes comme l'étude sur le *Trauerspiel* et l'essai sur Kafka échappèrent miraculeusement à ce processus [3]. Ce conflit entre les deux perspectives lui semble avoir nuit gravement au déploiement de son œuvre, d'où le sentiment que l'admiration que Benjamin vouait à Brecht fut sur le plan théorique une véritable catastrophe.

Cette vision de l'évolution politique de Benjamin en termes de « crises », d'« influences » est évidemment trop simple et ne tient aucun compte des justifications qu'il en donnera – y compris à Scholem – dans de nombreuses lettres. En dehors de considérations psycho-

---

1. Scholem insistera successivement sur la solitude de Benjamin, le besoin de rallier une « communauté », fût-ce la « *communauté apocalyptique de la révolution* ». Il rendra responsables de cette évolution les influences de Bloch, d'Adorno, de Brecht et surtout d'A. Lacis qui fut le catalyseur entre Benjamin et l'expérience soviétique. Si Scholem révisera plus tard son jugement expéditif sur les théoriciens de l'École de Francfort et, encore plus tard, son jugement sur Bloch, il demeurera toujours hostile à Brecht et à Lacis.
2. L'évolution politique de Benjamin lui paraît un processus presque morbide. Il est question de « *symptômes* », de « *dédoublements* », d'effets négatifs qui ne se révéleront qu'au terme de plusieurs années. La tendance systématique de Scholem à « psychologiser » cette évolution culmine dans les notations très négatives qui évoquent les relations de Benjamin à A. Lucis.
3. Scholem souligne que le *Trauerspiel* qui fut rédigé à une époque où Benjamin songeait à adhérer au parti communiste ne fait appel à aucune catégorie marxiste, que l'essai sur Kafka se fonde essentiellement sur une perspective théologique, en dépit des discussions politiques que Benjamin eut avec Brecht à propos du *Procès*.

biographiques, elle ne trouve chez Scholem aucune explication théorique. Nullement sensible aux passages, aux articulations que Benjamin a ménagés entre ses deux modes de pensée, il reconnaît seulement qu'il n'y avait, de sa part, aucune intention tactique, que cette évolution était, comme l'attestent les lettres parfois dramatiques qu'ils échangèrent, parfaitement « *sincère* ». À cette « *sorte de juxtaposition, voire d'imbrication*[4] » entre le métaphysico-théologique et les références au matérialisme s'ajoute, remarque Scholem, l'impossibilité de trancher les liens qui l'unissaient aux fondements essentiels de son œuvre, qu'il s'agisse de sa philosophie du langage marquée par le judaïsme, de son attachement au romantisme et au messianisme. D'où, selon Scholem, les « *incohérences* » nombreuses qui marquent les écrits de Benjamin après 1924, même si elles leur confèrent « *cet éclat marqué de profondeur qui les différencie de manière impressionnante* [...] *de la critique littéraire matérialiste*[5] ».

Face à ces critiques argumentées et acerbes quant à la cohérence de sa vision théologique et matérialiste, les réponses de Benjamin demeurent ambiguës. Il ne cessera de souligner le caractère « heuristique » de cette confrontation avec le matérialisme, de décrire sa rencontre avec le communisme, d'affirmer sa solidarité avec Brecht, comme une « expérience », la possibilité d'adhérer au parti comme un « *coup de pouce du destin* ». En dépit des mises en demeure de s'expliquer, fréquemment formulées par Scholem dès 1926, il est clair que Benjamin, tout en soulignant sa distance d'avec le « *matérialisme vulgaire* », cherchera à éviter les affrontements, reconnaissant le caractère désespéré de sa situation, avec la certitude que les deux perspectives contradictoires qui marquaient ses écrits se rejoignaient quelque part et ne sauraient être en contradiction, qu'une « décision » était imminente.

La rencontre personnelle qu'ils eurent à Paris, en 1927, ne dissipa pas le malaise. Conscient de « *l'intense processus de fermentation* » que

---

4. G. Scholem, *Walter Benjamin, Histoire d'une amitié*, Paris, Calmann-Lévy, 1978, p. 145.
5. *Ibid.*

connaissait Benjamin, Scholem fut surtout sensible à l'éclatement de sa vision du monde, à la rupture de sa cohérence, à un véritable état de « *dissociation dialectique*[6] ». Dans plusieurs lettres – notamment celle du 20 janvier 1930 – il l'exhortera encore à clarifier sa position, à choisir *un* terme de l'alternative : théologie *ou* matérialisme, judaïsme *ou* communisme. Dans sa réponse du 25 avril 1930, Benjamin temporisera encore, déclarant devoir « *se garder de répondre définitivement* » à la question que contient la lettre. Il souligne qu'elle est « *insoluble* » dans les termes de l'alternative où Scholem l'enferme. Et il insiste sur « *l'écheveau très embrouillé* » de sa vie, ses difficultés personnelles, son « *énorme provisoire* », concluant que « *tout se resserre pour une décision qui ne se fera plus attendre longtemps*[7] ».

En dépit de leur caractère dramatique, ces heurts avec Scholem créèrent dans leur correspondance des tensions extrêmement positives. Scholem n'en demeurera pas moins pour autant convaincu que l'adhésion de Benjamin au matérialisme était une menace permanente pour sa rigueur intellectuelle. Cette discontinuité entre les textes – ainsi *L'auteur comme producteur* et l'essai sur Kafka –, les contradictions au sein d'un même écrit – tel l'essai sur Karl Kraus –, d'abord peu visibles en dehors des emprunts au vocabulaire de la dialectique matérialiste deviendront évidentes dans les années 30 si l'on adhère à l'interprétation de Scholem. Il y voit l'aboutissement d'influences, elles aussi contradictoires, d'Adorno, de Horkheimer d'une part, d'Asja Lacis et de Brecht de l'autre[8]. Ces rencontres – qui suscitèrent d'abord chez Scholem

---

6. Ce sentiment est d'autant plus aigu qu'au moment même où Benjamin affirmait sa solidarité avec Brecht, il interrogeait Scholem sur la théorie des anges de la Kabbale, projetait toujours d'apprendre l'hébreu et de venir en Palestine. D'où l'image d'une tête de Janus que Scholem discerne chez Benjamin, l'une des faces étant tournée vers lui, l'autre vers Brecht.
7. *Corr.*, t. II, pp. 34-35.
8. « *L'apparition, chez Benjamin, de forts accents marxistes à partir de 1929 est manifestement liée à l'influence exercée sur lui par A. Lacis et par Brecht, cependant qu'une nouvelle percée dans cette direction fut provoquée plus tard par le contact avec Adorno et Horkheimer* » (*Histoire d'une amitié*, *op. cit.*, p. 183). Scholem estime que la situation fut encore aggravée

réprobation et malaise – sont à l'origine de la radicalisation de la dimension matérialiste dans son œuvre. Une telle affirmation n'est pas sans vérité, mais elle tend à accréditer l'image d'un Benjamin « passif » – Scholem insiste volontiers sur ses hésitations, ses inhibitions intérieures – soumis en permanence à des influences diamétralement opposées qu'il ne parviendrait pas à surmonter. La difficulté de concilier justement les positions divergentes de Brecht et d'Adorno l'obligeait au contraire à se livrer en permanence à un examen critique de leurs apports respectifs. Les discussions théoriques qu'il mena avec eux – ainsi celle avec Adorno à propos du *Baudelaire*, avec Brecht sur Kafka – montrent que Benjamin conserva toujours son indépendance de pensée et ne sacrifia jamais la singularité de ses catégories.

Les controverses que suscita entre Scholem et Benjamin la rédaction de ses essais sur Karl Kraus ou sur la reproduction ne feront que conforter Scholem dans sa certitude qu'il s'agissait là d'un véritable dévoiement de sa problématique, d'un reniement de ses pensées les plus intimes, qui ne pouvaient que nuire à son œuvre. La face de Janus qu'il donnait à la « *Russie des Soviets* », il la dérobait à Scholem, au judaïsme, au sol dans lequel s'enracinaient toutes ses intuitions [9]. En dépit de son attirance pour les idéaux révolutionnaires, les catégories de Benjamin « *demeurent pour l'essentiel celles d'un métaphysicien et lorsqu'il les développe sa dialectique n'a rien de matérialiste. Il raisonne en théologien égaré dans le monde profane, masquant sa pensée et la traduisant dans un langage étranger qui est celui du matérialisme historique* [10] ». L'interprétation donnée par Scholem de l'évolution

---

par la rencontre de Benjamin avec les « *mentors marxistes de Brecht* », Karl Korsch et Fritz Sternberg. Scholem considérera toujours l'influence de Brecht comme « *néfaste* » et même, à certains égards, catastrophique pour les travaux des années 30.

9. La position développée par Hannah Arendt n'est, sur ce point, pas très éloignée de celle de Scholem. Elle qualifie Benjamin de « *marxiste le plus singulier jamais produit par ce mouvement* » (*Vies politiques*, Paris, Gallimard, 1974, p. 258) et limite son matérialisme à un « *stimulus heuristico-théologique* » coupé de « *son arrière-plan historique ou philosophique* ».

10. Conférence de Scholem sur W. Benjamin, p. 42.

politique de Benjamin, de son « tournant matérialiste » demeurera immuable. Elle n'est évidemment pas satisfaisante. Mais que la coexistence dans ses derniers textes des deux dimensions, matérialiste et théologique, aux articulations plus suggérées que théorisées, demeure ouverte est indéniable.

Évolution des positions d'Adorno sur le rapport de Benjamin au matérialisme : un « malentendu fécond » ?

Le rôle et le mérite d'Adorno, ami et interlocuteur privilégié de Benjamin, dans le sauvetage et la redécouverte de son œuvre n'est plus à mentionner [11]. Le dialogue qui les a unis s'est poursuivi dans l'œuvre d'Adorno, bien au-delà de la mort de Benjamin. L'étude exhaustive de la complexité de leurs relations – personnelles et théoriques – reste à entreprendre. L'éclairage projeté par Adorno sur les écrits de Benjamin a largement déterminé en Allemagne et en France leur réception. Reconnaissant immédiatement la profondeur des idées philosophiques à l'œuvre dans l'étude sur le *Trauerspiel*, la plupart des essais de Benjamin, qu'il s'agisse des exposés des *Passages*, de l'écrit sur la reproduction, de la première version du *Baudelaire*, feront l'objet, de sa part, d'une discussion serrée. À travers la diversité des critiques formulées, leurs divergences les plus évidentes éclatent au niveau de leur conception même de la dialectique marxiste.

Contrairement à Scholem, Adorno ne nie nullement la pertinence de l'orientation de Benjamin : il prend « son » matérialisme au sérieux et fut toujours conscient de l'enrichissement que sa méthodologie si singulière pouvait apporter à l'analyse marxiste des phénomènes socio-

11. Comme l'écrit Klaus Garber : « *Il a* [...] *fait l'impossible, dans les conditions les plus défavorables de la restauration adenauerienne, pour redonner au monde littéraire la vie et l'œuvre de Benjamin* ». Adorno a non seulement rendu possible l'existence matérielle de l'œuvre de Benjamin, mais lui a consacré les premières études réellement pénétrantes. On lui doit aussi la parution en volume de *Enfance berlinoise*, les rééditions de *Sens unique* et du *Trauerspiel*. Éditeur, avec Scholem, de la correspondance de Benjamin, il a fait précéder l'édition des textes de remarquables études.

culturels. La lecture micrologique qui lui était si personnelle n'avait aucun équivalent dans la littérature marxiste. Adorno comme Benjamin partageaient la même insatisfaction à l'égard du matérialisme orthodoxe, jugé trop simpliste. Aussi, dans toutes les discussions critiques menées par Adorno à propos des textes de Benjamin, sera-t-il amené à combattre au moins sur trois fronts :

Il reprochera à Benjamin une dialectisation insuffisante des phénomènes étudiés, l'incitant à mettre plus radicalement en lumière les articulations et les médiations (cf. lettre du 2 août 1935). Ce reproche en contient en réalité deux autres, complémentaires. Adorno s'inquiète de l'attachement de Benjamin à la singularité du phénomène – d'où l'image d'un monde dominé par la magie, ensorcelé, qui défie toute élucidation théorique – de sa difficulté à le subsumer à une analyse complète de la société (reproche constant à propos des premiers essais sur Baudelaire). Par ailleurs, quand Benjamin tente une mise en rapport d'un détail culturel avec l'infrastructure sociale, la médiation lui semble insuffisante ou trop artificielle, pour être pertinente. Après avoir contemplé la société dans un paysage enchanté, Benjamin se croit devoir payer un tribut à Plekhanov en « sacrifiant » à des schémas « matérialistes » trop classiques. D'où le hiatus qu'il dénonce dans sa méthode.

Adorno est tout à fait conscient que l'originalité à peu près unique de Benjamin réside dans son rapport à la singularité de l'objet, à sa capacité de l'illuminer à partir de sa sensibilité la plus personnelle, pour en faire l'expression d'un univers social et historique, le support de cristallisations métaphysiques qu'il inscrit dans la philosophie de l'histoire. L'absence de médiation ou de dialectisation suffisante ravalerait son travail au rang de « *Kulturkritik* » d'inspiration simmelienne. Mais une adhésion sans distance à des schémas marxistes trop grossiers en anéantirait l'esprit. D'où la crainte permanente, et souvent injustifiée, d'Adorno de l'influence négative que pouvait exercer la « pensée massive » de Brecht sur ses analyses, qu'il s'agisse de l'essai sur la reproduction ou des *Passages*.

Adorno accordera toujours une grande importance à l'usage profane que faisait Benjamin de concepts théologiques. Ces éléments théologiques, constamment présents dans sa philosophie du langage ou sa philosophie de l'histoire, laissèrent souvent Brecht perplexe, notamment dans les discussions sur l'aura ou sur Kafka. Scholem les considérait, non sans raison, comme l'inspiration la plus intime de Benjamin. Loin de s'y opposer ou de les critiquer, Adorno voyait dans leur développement une radicalisation possible de la dialectique, la plus belle réussite étant les *Thèses* de 1940 sur le *Concept d'histoire.*

Sans doute Benjamin, en abordant le XIXe siècle, ne pouvait-il se passer de l'analyse économique, l'apparition de la marchandise comme phénomène industriel constituant l'un des traits spécifiques de sa modernité. Adorno accordait une réelle importance aux intuitions théologiques que Benjamin avait choisi d'inscrire au cœur des *Passages*, mais il craignait l'expression trop métaphorique donnée aux catégories économiques, parfois trop proches de faits de conscience, autant que les mises en rapport abruptes du *Baudelaire* visant à rattacher des contenus pragmatiques à la structure sociale, sans passer par la médiation. Tout en reconnaissant que l'immersion de catégories métaphysiques dans la sphère économique conditionnait la richesse de l'approche tentée par Benjamin, il ne pouvait se résoudre à considérer comme réellement matérialiste la démarche ainsi tentée.

Au-delà de ses critiques souvent incisives, il fut le premier à reconnaître la dimension originale du matérialisme de Benjamin : l'attachement à l'opacité et à la singularité de l'objet, jusque dans sa texture la plus infime. Alors que la *Kulturkritik* se limitait souvent à une sociologie assez générale de la connaissance, ou à une réflexion critique sur la modernité, l'acuité théorique de Benjamin réside dans cette capacité d'entrevoir l'histoire tout entière dans un détail, des rébus – ceux du chiffonnier – et de les illuminer de manière insolite. Adorno valorisera toujours chez Benjamin ce rapport au détail. En même temps, il craignait un certain envoûtement par le factuel, au détriment de la dialectisation. Crainte qui n'épargna pas les *Exposés* du projet des *Passages*. Dans les échanges épistolaires que suscitèrent les textes de Benjamin, les reproches d'Adorno sont étonnamment semblables. À l'essai sur la reproduction fait défaut le double effort de radicalisation – théologique et matérialiste. L'analyse demeure pour lui trop proche des schémas brechtiens. Le « radicalisme » de la « pensée massive » ne représentait nullement à ses yeux le critère du véritable matérialisme. L'absence de dialectisation, qui sera encore plus durement reprochée à propos du *Baudelaire*, lui apparaissait évidente dans la conception même du déclin de l'aura, de l'autonomie de l'œuvre, du rapport entre la technique et le progrès de la technique artistique. La réification de l'art ne faisait pas non plus l'objet d'une théorisation suffisante. Et parmi les « *résidus très sublimés de certains motifs brechtiens* » qu'il décelait, figurait sans doute cette romantisation du prolétariat, spectateur idéal des films révolutionnaires. Il estimait que le véritable matérialisme de Benjamin était ailleurs que dans ces emprunts à un discours trop classique, autre versant du même manque de dialectisation. Aussi, dans sa lettre du 18 mars 1936 lui écrivait-il : « *Ce que je réclamerais en somme serait* un plus *de dialectique. D'un côté, une dialectisation radicale de l'œuvre d'art "autonome", se transcendant par sa technologie propre en une œuvre programmée ; de l'autre, une dialectisation plus poussée encore de l'art consommable, dans sa négativité, que sans doute vous ne méconnaissez pas, mais que vous caractérisez à l'aide de catégories relativement abstraites, comme celle du "capital du film", sans la traquer jusque dans son fond d'irrationalité immanente.*[12] » Mais il ajoutait que les quelques phrases sur la désintégration du prolétariat en tant que « masse » par la révolution « *comptent parmi les plus fortes et les plus profondes du point de vue de la théorie politique,* [qu'il ait] *rencontrées depuis* [sa] *lecture de* L'État et la révolution ».

---

12. Lettre de Th. W. Adorno à W. Benjamin du 18 mars 1936, in *Correspondance Adorno-Benjamin*, Paris, La Fabrique, 2002, p. 188. (Dans ce texte, trad. de Jean-Michel Palmier).

Sur le plan méthodologique, cette critique prolonge celle qu'il faisait déjà des *Exposés* des *Passages*. Elle annonce la radicalité de celle que suscitera l'essai sur Baudelaire, exposée dans la lettre du 10 novembre 1938. L'insuffisance de la dialectisation qui accompagnait l'analyse des phénomènes culturels du XIXe siècle, avec l'oscillation permanente entre la fascination par la singularité de l'objet et des mises en rapport non médiatisées de contenus pragmatiques, s'accompagnaient pour Adorno d'un trop grand enracinement dans la sphère psychologique de catégories jugées essentielles – le rêve, la fantasmagorie, le fétichisme de la marchandise – au détriment de leur immersion dans l'économie. Là où Benjamin revendiquait le caractère matérialiste de sa théorie, Adorno dénonçait l'hésitation entre une vision trop positiviste de l'histoire et la magie. Le verdict était brutal : la méthodologie marxiste à laquelle il semblait se contraindre lui était finalement étrangère et ses références au matérialisme historique devenaient incantatoires faute d'être dialectisées par des médiations solides. Elle n'apportait rien de positif à ses analyses ou au marxisme lui-même.

Adorno évoluera peu dans son jugement. Mais la lecture des textes qu'il a consacrés à Benjamin après sa mort montre que s'il ne reniera jamais ses critiques, il soulignera bien d'autres aspects de son œuvre, sans dévaloriser l'aspect théologique présent dans son matérialisme. Déjà le *Zu Benjamins Gedächtnis*, publié dans l'*Aufbau* en 1940[13], mettait l'accent sur la réhabilitation de sa philosophie, sa capacité de saisir le « *possible dans le réel* », son enracinement dans la tradition juive qui l'avait amené à chercher la vérité des objets profanes. Insistant sur la tension qui marquait ses écrits de jeunesse, entre « *l'irréalité du désespoir* » et « *l'ensemble des relations qui, du vivant, font un coupable* », Adorno caractérisait l'étrange matérialisme de Benjamin avec des formules souvent admirables : regarder les objets de si près qu'ils apparaissent comme étrangers et, en tant que tels, élucider leur mystère. Les thèses sur le *Concept d'histoire* seront publiées par l'Institut en 1942 et,

---

13. *Über Walter Benjamin*, *op. cit.*, pp. 71-73.

en 1950, Adorno esquissera un portrait encore plus nuancé de Benjamin, paru dans la *Neue Rundschau* [14].

S'il n'aborde pas de front la question du rapport de Benjamin au matérialisme, il montre le caractère unique de son rapport aux objets. Faisant du singulier, de l'éphémère, du contingent, l'instrument de la rigueur, il parvenait à deviner l'essence dans la « *configuration méthodique d'éléments éloignés de toute signification* [15] ». Cet attachement à la singularité, qui devient chez lui l'« *universel absolu* » est inséparable pour Adorno d'un certain rapport au concret. Rejetant les approches ontologiques et phénoménologiques, Benjamin était éloigné de toute « *idéologie du concret* ». Et Adorno met admirablement en lumière ce que révèle, sur le plan philosophique, son attention aux « *natures mortes* », aux choses pétrifiées, à cette « *vie fossilisée* » qu'il était capable de réveiller. Et lui qui reproche à Benjamin son défaut permanent de dialectisation, notamment à propos du *Baudelaire*, insiste sur la dimension dialectique presque permanente de son œuvre, qui ne faisait qu'une avec la dimension critique.

Se gardant bien de mettre au premier plan son rapport au marxisme, Adorno souligne l'étrangeté de son rapport à la théologie. Il ne nie aucunement que Benjamin ait défendu un « *alexandrinisme résolu, s'attirant par là tous les ressentiments des fanatiques de l'originel* [16] ». Monde et langage étaient pour lui la création de Dieu. Mais il n'est pas un élément du sacré qui ne soit, chez Benjamin, soumis à la raison émancipatrice. « *Il ne s'est aucunement accroché à des résidus théologiques ni n'a rapporté le monde profane à un sens transcendant, à la manière des socialistes religieux. Au contraire, c'est seulement d'une profanation radicale, sans réserve, qu'il attendait une chance de salut pour l'héritage théologique ainsi dilapidé* », note Adorno [17]. Aussi ne voit-il aucune rupture dans son inspiration lorsque, « *à l'époque de sa*

---

14. Th. W. Adorno, *Prismes*, Paris, Payot, 1986, p. 201.
15. *Op. cit.*, p. 202.
16. *Ibid*, p. 207.
17. *Ibid.*

maturité », il s'ouvre « *sans réserve, sans aucune restriction mentale, à la théorie critique de la société, sans pour autant renoncer à aucune de ses impulsions*[18] ». C'est à partir de son style d'exégèse si particulier, sans le modifier radicalement, que Benjamin s'attachera à déchiffrer les idéologies comme « *hiéroglyphes de la société bourgeoise* » et Adorno évoque l'affirmation de Benjamin selon laquelle il devait mêler à sa pensée le « *poison matérialiste* », afin qu'elle survive. D'où la rupture avec la solitude monadologique de sa pensée, son affrontement avec le collectif et son risque d'aliénation.

Le matérialisme de Benjamin, au-delà de toute référence au marxisme, est, pour Adorno, d'abord philosophique. Il repose sur une abolition du sujet, du culte du subjectivisme et de l'intériorité, qui laisse advenir des « *processus objectifs* », dont le sujet n'est que le théâtre. La césure qui marque son œuvre – Adorno reconnaît l'existence, peut-être problématique, d'une « *période théologique* » et d'une « *période matérialiste* » – consiste en la dénonciation d'un rapport au mythe considéré jadis comme naturel. Adorno souligne que les catégories qu'il refusa d'abord au niveau de l'interprétation théologique sont celles-là même qu'il critiquera dans l'idéologie sociale. Au mythe correspond le « *maître qui s'y érige sans cesse en Dieu* », la volonté d'élucider la structure de la société bourgeoise, prisonnière de la gangue et de l'opacité du rêve, même si « *sa méthode micrologique et fragmentaire n'a jamais totalement assimilé l'idée de la médiation universelle qui institue la totalité, chez Hegel comme chez Marx*[19] ». Adorno montre clairement ce qui oppose le matérialisme de Benjamin au matérialisme classique : « *Interpréter des phénomènes au point de vue matérialiste signifiait, selon lui, moins les expliquer à partir de la totalité sociale que les mettre en relation, de façon isolée, avec des tendances matérielles et des luttes sociales. Il pensait ainsi échapper à l'aliénation et à la réification, formes sous lesquelles l'examen du*

18. *Ibid.*
19. *Ibid*, p. 208.

capitalisme en tant que système, risque d'être assimilé à son objet.[20] »

Benjamin fut un exégète « matérialiste » en répudiant les questions classiques de la philosophie, pour s'en tenir au concret, au fragmentaire, à l'infime, afin de les soumettre à sa critique. Sans doute place-t-il au cœur de ses derniers développements des concepts marxistes – aliénation, réification, fétichisme de la marchandise – mais, plus proche de Hegel, et surtout du jeune Hegel, il craignait, jusque dans le matérialisme, le retour de la positivité. Sans prendre au sérieux son attirance pour le communisme, Adorno y voit la marque d'une naïveté qui « *le conduisait parfois à sympathiser avec des tendances politiques qui – il le savait bien – auraient nié ce qui lui était essentiel, l'expérience intellectuelle non réglementée*[21] ». Par là se trouve rapidement évincée de l'œuvre de Benjamin toute une radicalité – quel que soit le jugement qu'on porte sur elle – et surtout l'idée d'une *praxis* révolutionnaire[22]. De même, la gravité des conflits théoriques qui les opposèrent est souvent considérablement atténuée. Il souligne l'orientation de plus en plus matérialiste de l'investigation de Benjamin, qui l'amena à s'éloigner du premier projet des *Passages*, comme féerie dialectique, pour laisser se déployer les catégories matérialistes permettant d'élucider la structure marchande du XIXe siècle.

L'introduction aux écrits de Benjamin[23], rédigée en 1955, à l'occasion de leur parution en anthologie souligne à nouveau l'originalité de son style de pensée, sa marginalité par rapport à la philosophie, le rôle qu'y

---

20. *Ibid*, p. 209.
21. *Ibid.*
22. Le « sauvetage » qu'Adorno reconnaît comme essentiel chez Benjamin est réduit à l'exégèse de ce qui est pétrifié. Le bonheur inséparable chez Benjamin de la « délivrance », dans la perspective de la philosophie de l'histoire, est ramené à la conception de Proust et de Kafka. Le thème des opprimés est occulté et le dépassement des antinomies que Benjamin attendait d'une réelle pratique politique est limité par Adorno à un processus situé au niveau de la théorie de la connaissance. Tous les « motifs » brechtiens sont évincés de cette vision du sens ultime de son œuvre. L'utopie, en particulier, est réduite à l'« utopie de la connaissance ».
23. Reprise dans les *Notes sur la littérature*, Paris, Flammarion, 1984, pp. 397 et sq.

joue l'expérience individuelle des concepts des choses. Tous les thèmes auxquels s'est attaché Benjamin sont des « *nœuds de concret* », un « *matériel historique et littéraire* ». Ici encore, Adorno n'aborde aucunement de front le problème de son évolution politique, postule une affinité profonde entre sa démarche et celle de Hegel. Par là même, c'est l'affinité entre leurs démarches qui se trouve soulignée. La dimension historique et politique qui marque incontestablement tous les thèmes de Benjamin, rédigés au cours des années 30, se trouve relativement édulcorée dans l'interprétation qu'il en propose. À partir de ce qui unit la méthodologie du *Trauerspiel* à celle des *Passages*, il souligne que « *l'historique lui-même, chez Benjamin, se met à ressembler à la nature*[24] ». La signification révolutionnaire que Benjamin attache aux « *images dialectiques* », à l'éclatement du continuum de l'histoire, n'est aucunement reprise par Adorno, qui rapproche la « *dialectique immobile* » de la mélancolie de Kierkegaard. De l'engagement politique concret que revendiquait le Benjamin des années 30, il n'est rien dit[25] et Adorno estime que ce qui l'attirait dans le matérialisme historique, « *c'était sans doute moins son contenu théorique que l'espoir d'un discours autorisé, garanti par le collectif*[26] ». Il ne voit dans son rapport au marxisme qu'un « *malentendu fécond* », explique, comme Scholem, son désir d'adhérer au parti communiste par la recherche désespérée d'une communauté, le désir de s'assimiler ce qui lui était le plus étranger.

Pas plus que Scholem, Adorno ne semble accorder d'importance à ce qui conduisit Benjamin vers le matérialisme, à concevoir un engagement concret dans l'histoire. Sa solitude, sa tristesse, son goût du paradoxe,

---

24. *Op. cit.*, p. 404.
25. Adorno reconnaît que « *dans ses dernières années, sous l'effet des injections de matérialisme, Benjamin a voulu éliminer l'élément de non-communication qui se manifeste dans toute son intransigeance dans ses premiers écrits* » (*op. cit.*, p. 408). Citant comme exemple l'essai sur la reproduction, Adorno ne prend aucunement position sur sa dimension politique et mentionne seulement qu'« *il s'y cache aussi le programme du propre travail d'écrivain de Benjamin* » (p. 409).
26. *Ibid.*

son absence de position fixe, pour celui qui a rompu avec sa classe, sont rendus responsables de cette orientation. Scholem la juge catastrophique pour le déploiement de son œuvre, puisqu'il en vint à « *travestir* » ses intuitions théologiques et métaphysiques les plus originales dans un vocabulaire d'emprunt. Adorno juge le malentendu finalement productif : il a donné à ses derniers écrits une beauté et une fragilité insolites, permis d'ébaucher des analyses d'une infinie richesse.

Théorisations des années 60 : la critique des positions d'Adorno par la revue *Alternative*

Cette présentation nuancée d'Adorno suscita très tôt de vives polémiques [27] quant au jugement qu'il portait sur l'appropriation par Benjamin des catégories du matérialisme dialectique et son rapport au marxisme. Venues de milieux assez divers – souvent de personnalités proches de l'extrême gauche allemande –, ces critiques, qui trouvèrent dans la revue berlinoise *Alternative* une première tribune théorique, tentaient de forger une tout autre image de Benjamin, de son rapport au marxisme, en exploitant certaines maladresses de ses premiers éditeurs. Le bilan de ces discussions, souvent d'un haut niveau si l'on tient compte de la connaissance lacunaire que l'on avait alors de ses écrits, ne constitue plus aujourd'hui qu'un chapitre de l'histoire de leur réception. Les arguments développés, avec leurs limites, gardent un intérêt : ils montrent *a contrario* les difficultés d'une interprétation univoque de son œuvre.

Adorno, s'il reconnaissait chez Benjamin l'évolution d'une phase théologique vers une phase matérialiste, ne prenait guère au sérieux son intérêt pour la *praxis* du communisme et critiquait l'usage qu'il faisait des concepts empruntés au matérialisme dialectique. La plupart de ses exégètes s'efforçaient au contraire de montrer en lui un continuateur de la tradition marxiste d'une exceptionnelle acuité, le rapprochant

---

27. Cf. Christoph Hering, *Der Intellektuelle als Revolutionär*, Münich, 1979 ; Klaus Garber, *Rezeption und Rettung*, Tübingen, Niemeyer, 1987.

de Brecht et de Lukács. Cette image ne prend tout son sens qu'en référence au contexte des années 60. Dans une société pétrifiée de conformisme, dominée par le consensus social, où le parti communiste n'existait que comme épouvantail de la presse bourgeoise, une large frange de l'intelligentsia de gauche – surtout universitaire et étudiante – aspirait à redonner à l'intellectuel un rôle révolutionnaire. Face au monolithe représenté par le marxisme officiel, aux idéologies sociales-démocrates conformistes et réformistes, Benjamin apparaissait comme un « *critique radical* » soucieux d'unir la théorie et la *praxis* : cette exigence dissimulait à peine une mise en question de ce qui était considéré comme une lacune de la « *théorie critique*[28] ».

Ainsi se dessinèrent rapidement deux types d'interprétations contradictoires de Benjamin. À celle, proposée par Adorno, qui faisait peu de cas de son engagement en faveur du communisme et jugeait ses références au matérialisme dialectique quelque peu simplistes, s'opposait la vision de « *l'esthéticien matérialiste* » défendue par certains intellectuels « *radicaux* » qui reprochaient à Adorno non seulement d'avoir, du vivant de Benjamin, censuré ses textes, mais aussi « *manipulé* » ses écrits lors de leur édition, afin de dissimuler leurs oppositions, en éliminant toute référence à Brecht et à une conception « *révolutionnaire* » et militante du marxisme. À l'image de l'homme déchiré entre les extrêmes qui l'habitaient, se substituait celle d'un « *intellectuel bourgeois* » ayant radicalement évolué, au terme

28. Benjamin n'était pas seulement admiré comme « *esthéticien matérialiste* » mais comme « *intellectuel venu de la bourgeoisie* » qui s'efforça, à la fin de sa vie, de rejoindre le « *prolétariat révolutionnaire* ». Son œuvre étant considérée comme une « *arme contre tous les révisionnismes* ». On reprochait à Adorno, en comparaison, son désintérêt pour l'articulation entre la théorie critique et la *praxis* politique. Mettre l'accent sur les désaccords théoriques entre Benjamin et Adorno devenait un moyen pour critiquer Adorno lui-même en lui reprochant d'avoir masqué le sens politique des divergences avec Benjamin. L'extrême gauche allemande y voyait la préfiguration de sa propre remise en question des positions politiques du fondateur de la « *théorie critique* ». Aussi Peter Hamm pouvait-il écrire dans les *Frankfurter Hefte* (22, 1967, p. 355) que Benjamin, « *pour la jeune intelligentsia allemande avait plus d'importance que n'importe quel penseur allemand des cinquante dernières années* ».

d'un itinéraire complexe, vers des positions complexes qui éclipsaient les fondements théologiques de son œuvre.

La mythification politique des écrits de Benjamin qui caractérise cette réception est évidente. À la fascination qu'exerce le tragique de sa vie s'ajoutaient bien d'autres symboles : celui de l'intellectuel révolutionnaire, en rupture avec sa classe, voulant redonner à la théorie son pouvoir d'intervention dans le réel, celui d'un représentant de l'intelligentsia judéo-allemande victime du national-socialisme. Le mérite de la revue *Alternative* fut de tenter un premier bilan de cette réception anti-adornienne [29]. Sans prétendre retracer le détail – aujourd'hui d'un intérêt limité – de ces polémiques [30], un certain nombre d'arguments n'ont pas perdu de leur valeur quant à la mise en question de la réconciliation théorique posthume des défenseurs de la « *kritische Theorie* » et des positions politiques de Benjamin.

Dès mars 1967, un article de Helmuth Heissenbüttel, paru dans le *Merkur* [31], faisant suite aux souvenirs publiés par Werner Kraft, reprochait, à propos de la recension de la correspondance de Benjamin, à ses éditeurs d'en avoir sensiblement modifié l'image [32]. La critique la plus sévère portait sur le silence d'Adorno quant à la composante « *marxiste-matérialiste* » de ses écrits. Il mettait en doute cette vision

---

29. Cf. les deux numéros « historiques » consacrés à Benjamin : 56/57, 1967 et 59/60, 1968. Pendant près de vingt ans, cette revue demeura l'un des organes théoriques les plus intéressants de l'extrême gauche allemande. Née de la fusion, en 1958, de deux autres revues, *Lyrische Blätter* et *Visum*, *Alternative* élargit son horizon d'abord uniquement littéraire pour devenir en 1964 une *Zeitschrift für Literatur und Diskussion.* À partir de matériaux empruntés à Brecht, Lukács, Eisler, Benjamin, et en référence aux discussions qui marquèrent la gauche de Weimar, la revue tenta d'inaugurer une réflexion pluridisciplinaire et politique sur la théorie marxiste de l'esthétique.

30. On en trouvera un exposé nuancé dans l'article de Pierre Missac, « Du nouveau sur Walter Benjamin », in *Critique*, août-sept. 1969, n° 267-268. Cf. aussi C. Hering, *op. cit.*, pp. 14 et sq.

31. « *Vom Zeugnis des Fortlebens in Briefen* » (3/1967).

32. Il évoquait la technique de la « *retouche* » et rappelait que dans l'édition de 1955, le nom de Brecht n'apparaissait qu'une seule fois, qu'Adorno semblait tenir pour insignifiante l'adhésion de Benjamin au matérialisme dialectique.

relativement monolithique de Benjamin, ne tenant aucun compte de son évolution politique et des divergences avec Adorno. En confrontant Benjamin à la philosophie traditionnelle, celui-ci, selon Heissenbüttel, occultait complètement la signification politique du matérialisme qui marquait ses derniers écrits.

Ces arguments furent repris en 1967 et 1968, avec plus d'ampleur, par les collaborateurs d'*Alternative* qui proposaient une « *révision critique* » du portrait esquissé par Adorno. Lui reprochant des coupures souvent injustifiées dans ses textes édités, les exigences de modifications imposées de son vivant, ils y voyaient l'effet d'une censure exercée à l'égard de la dimension matérialiste de son œuvre. Ils tentaient par ailleurs une actualisation politique de ses thèses sur le *Concept d'histoire* [33]. L'intention prêtée à ceux que l'on nommait alors les « francfortois » (Adorno et Tiedemann) de modifier sciemment l'image de Benjamin en passant sous silence ses conflits avec l'Institut et ses divergences politiques avec Adorno, au prix d'une édulcoration de ses textes était évidemment outrancière. Mais avec certaines maladresses commises par les éditeurs – reconstruction arbitraire d'une lettre de Benjamin qui en falsifiait le sens, ignorance délibérée de A. Lacis et de Brecht, de son rapport au communisme, élimination des références au marxisme –, le doute était jeté sur la probité des éditeurs [34]. En s'appuyant sur un nombre limité de textes – l'essai sur la reproduction, L'auteur comme producteur, la

---

33. L'édition intégrale des textes de Benjamin n'existe pas encore, la situation était d'autant plus embrouillée qu'aux écrits publiés par Adorno – ainsi la seconde version de l'essai sur Baudelaire –, ils opposaient la première version, conservée aux archives de Postdam. Il en allait de même pour l'essai sur la reproduction. Alors que R. Tiedemann affirmait que Benjamin lui-même, à la suite des critiques d'Adorno, avait renoncé à la première version du *Baudelaire*, les rédacteurs d'*Alternative* dénonçaient un mécanisme d'autocensure. Cf. le n° 56/57 qui contient une intéressante interview de Rosemarie Heise par Hildegard Brenner à propos du fonds d'archives conservé en R.D.A. Il y est fait état de lettres à R. Bloch, B. Brecht, M. Steffin, A. Lacis.

34. L'argument selon lequel les textes omis – ainsi l'essai sur Fuchs, la première version du *Baudelaire* – étaient considérés par Benjamin comme « *dépassés* » était naturellement peu crédible.

première version du *Baudelaire* –, les « Berlinois » tentaient de montrer que, contrairement à l'interprétation d'Adorno :

Il était impossible de considérer l'œuvre de Benjamin comme un ensemble figé fondé sur des intuitions théologiques et métaphysiques, auxquelles il aurait donné, maladroitement, par la suite des vêtements matérialistes. Le « tournant » de 1924 marquait une césure dans son œuvre, l'abandon des positions théologiques initiales au profit du matérialisme dialectique.

Cette évolution de Benjamin constituait une critique de ses positions antérieures. Tout son effort théorique, comme le montrent l'essai sur la reproduction, les *Exposés* des *Passages*, la première version du *Baudelaire*, *L'auteur comme producteur*, visait à construire une « *esthétique matérialiste* ». À travers son amitié avec Brecht et A. Lacis, la montée du fascisme, la crise de la bourgeoisie, Benjamin avait acquis une conscience de classe qui en faisait un « intellectuel révolutionnaire » désireux d'articuler la théorie et la *praxis*.

Ce n'est que lorsque la *Frankfurter Rundschau* rendit compte de ces polémiques que l'éditeur de Benjamin S. Unseld, Th. Adorno et R. Tiedemann réagirent aux critiques d'*Alternative* [35]. Ces polémiques eurent comme conséquence d'accélérer la publication des écrits de Benjamin [36] et de leur donner une audience insolite. Les commentaires rédigés par R. Tiedemann qui accompagnaient les nouveaux textes rallumèrent les polémiques. La « première version » de l'essai sur Baudelaire – il s'agit en fait de deux textes tout à fait différents – aurait été rejetée par Benjamin qui, dans la « seconde », grâce aux critiques et aux conseils d'Adorno, serait parvenu à une formulation plus satisfaisante de ses intuitions. Alors que la première version ne dépassait pas le

---

35. Cf. *Frankfurter Rundschau,* 29/1/1968, *In sachen Benjamin*, 7/2/1968, *Das Argument*, 1/2/1968. Un article de H. Arendt contre Adorno parut dans le *Merkur* (1/5/1968). Elle y simplifiait largement le rapport de Benjamin à l'Institut.

36. La *Neue Rundschau* publia en 1967 la partie centrale du *Paris du Second empire chez Baudelaire*, le deuxième chapitre *La Modernité* parut dans *Das Argument* en 1968. La version complète ne sera publiée qu'en 1969.

niveau de la sociologie de l'art traditionnelle, négligeait les faits purement esthétiques, la seconde aurait constitué une véritable « *révolution copernicienne* », interprétation peu convaincante qui déchaîna la colère de Hannah Arendt [37]. Le numéro d'*Alternative* de juin 1968 (59/60) répondait aux « mises au point » des « Francfortois » et apportait aux débats de nouveaux éléments : une étude « matérialiste » du projet des *Passages*, rédigée par H. Brenner, soulignant les rapports entre les analyses de Benjamin, celles de Marx et de Lukács. Défendant Benjamin contre les critiques d'Adorno formulées dans sa lettre du 2 août 1935, elle les jugeait non fondées quant au défaut de dialectisation et au caractère idéaliste de ses mises en rapport. À partir des deux écrits sur Baudelaire, des différentes versions de l'essai sur la reproduction, elle mettait en question sa dépendance financière et théorique à l'égard de l'Institut de Francfort. Malheureusement, ces polémiques entre Adorno/Tiedemann et les « radicaux » berlinois n'atteignent pas, de part et d'autre, le niveau que l'on pouvait espérer. À l'accusation de manipulation des « Berlinois » ne répondit que celle de « *mauvaise foi* » et d'« *ignorance* » des « Francfortois » [38].

Cette polémique demeure emblématique de la complexité de la réception de Benjamin et de la difficulté de préciser son rapport au

---

37. Peu suspecte de sympathie pour le « radicalisme » politique des « Berlinois », son hostilité à l'égard d'Adorno remontait à l'époque de la république de Weimar. Agacée par la « relecture » de Tiedemann, elle reprochait (*Merkur*, XXII/238, 1968) à Adorno « *vivant qui n'en a vraiment pas besoin* » de se faire « *distributeur d'éloges au détriment d'un mort qu'il avait déjà vaincu lorsqu'il était en vie* ». Elle soulignait les oppositions de style d'analyse entre Adorno et Benjamin, renforçait indirectement la position des « Berlinois » en insistant sur le caractère « radical » de la critique que Benjamin admirait dans le marxisme.

38. L'agressivité et la maladresse l'emporteront désormais sur l'argumentation théorique. Adorno soulignait que si sa volonté avait été de censurer les textes de Benjamin, il aurait pu tout aussi bien les dissimuler. Il ne donnait aucune explication sur les remaniements exigés par Horkheimer à propos de l'essai sur la reproduction, les coupures pratiquées dans l'essai « Théories du fascisme allemand ». Adorno répondit seulement que Benjamin, vue la R.D.A., n'écrira plus les mêmes phrases. Il réduisait les attaques d'*Alternative* à une volonté de « *publicité et d'intérêt d'affaires* ».

matérialisme. Nul ne saurait reprendre aujourd'hui les arguments d'*Alternative* sans mauvaise foi. La publication des œuvres complètes de Benjamin, des différentes versions de ses textes, la possibilité d'en suivre le déroulement, montrent le caractère lacunaire de la vision que les « Berlinois » avaient. Mais les questions théoriques qui émergent au cours de ces débats attestent de la difficulté d'élucider cette articulation de la dimension théorique et matérialiste. Et sur ce point, les positions des rédacteurs d'*Alternative* et d'Adorno se rejoignent néanmoins dans certaines simplifications. Adorno reconnaît l'existence d'une « *période théologique* » chez Benjamin. En fait, comme le montrent sa philosophie du langage, les notes des *Passages*, rien n'indique que Benjamin ait, le moins du monde, renoncé à ses intuitions théologiques. Elles demeurent sous-jacentes, même s'il s'y ajoute de nouvelles questions. Les exégètes berlinois voyaient dans le développement matérialiste de l'œuvre de Benjamin, la critique de ses positions antérieures et l'éloignement de ses intuitions théologiques initiales. La lecture des derniers écrits de Benjamin montre qu'elles culminent dans les thèses de 1940. Son essai sur Kafka, contemporain des textes les plus « matérialistes », est conçu à partir de catégories purement théologiques. Les analyses « matérialistes » des textes de Benjamin s'érigent en fait sur l'ignorance des transformations de ses catégories : l'image-dialectique n'est pas le « rejet » de l'allégorie, mais sa reformulation, la référence au messianisme demeure constante. L'« esthétique matérialiste » de Benjamin, qui permettait les rapprochements avec Brecht et Lukács, n'est restée qu'à l'état de fragments et de projet. Le postulat d'une identité de leurs visions de l'esthétique n'est d'ailleurs pas justifié. Si, rétrospectivement, la présentation nuancée d'Adorno semble assez proche de la réalité de l'œuvre de Benjamin, la dimension politique qui marque ses derniers écrits, sa conception de « *l'intellectuel révolutionnaire en temps de crise* », la signification qu'avaient pour lui le marxisme et le communisme, sont presque passées sous silence. Quant au reproche adressé à Adorno d'effectuer une reconstruction de la position de Benjamin à partir de la sienne, il n'est pas sans fondement [39]. Il n'en demeure pas moins que les tentatives d'intégrer l'œuvre de Benjamin à la tradition du matérialisme dialectique n'ont abouti qu'à un affadissement à peu près complet de sa problématique [40].

Reconnaissance et valorisation de la dimension romantique et théologique au sein du matérialisme

À côté des innombrables et souvent remarquables travaux qu'a suscités l'œuvre de Benjamin depuis sa redécouverte dans les années 60 [41], il convient d'accorder une place particulière à ceux qui ont tenté une approche diamétralement opposée à celle que proposait *Alternative* : considérer les éléments théologiques constamment présents dans son œuvre non comme des « *résidus* » de sa « *période métaphysique* » mais comme le fil conducteur de sa pensée, jusque dans ses développements les plus matérialistes. Au-delà de l'image figée de sa relation contradictoire avec Scholem et Brecht prennent place bien d'autres figures, auxquelles l'unissaient des liens complexes, dont celle

---

39. Les exemples que l'on pourrait en donner sont nombreux. On retrouve dans les écrits consacrés à Benjamin ses thèmes développés dans la *Dialectique négative*. L'insistance sur la parenté de Benjamin et de Hegel (qu'il connaissait peu) permet de le rapprocher de la *Kritische Theorie*. Les critiques sévères qu'il fit de ses textes sont évoquées de manière allusive, pas un mot n'est dit sur l'orientation politique de Benjamin, seulement qualifiée de « *naïve* » ou réduite au désir de Benjamin de s'incorporer ce qui lui était le plus étranger. Les derniers écrits de Benjamin sont réduits à une « *critique de l'idéologie* » sans mention de la « *praxis* » qu'il envisageait. Pas un mot n'est écrit sur le caractère « *révolutionnaire* » qu'il reconnaissait au cinéma, l'influence de Brecht qui fit entre eux l'objet de discussions très vives est pratiquement ignorée, tout comme les thèses qu'il lui emprunte (référence au prolétariat, à la *praxis*, au changement de mode de production).

40. On notera sur ce point le peu d'interprétations strictement « marxistes » de Benjamin tentées en R.D.A., bien que certains de ses textes aient été publiés très tôt – anthologie de Gerhard Seidel (Reclam, 1970), *Le Paris du second Empire chez Baudelaire* (Aufbau, 1971), *Allemands* (Kiepenheuer, 1979). L'anthologie publiée par Sebastian Kleinschmidt (Reclam, 1984) ne comprend qu'une prudente « *Editorische Nachbemerkung* » de deux pages, accompagnant 450 pages d'extraits assez hétéroclites. Il mentionne seulement la persistance d'éléments théologiques au sein de sa conception du marxisme.

41. Ainsi l'étude de Winfried Menningshaus : *Walter Benjamin, Theorie der Sprachmagie*, Suhrkamp, 1980.

de Franz Rosenzweig. En tentant une déduction de ses catégories historiques à partir de l'horizon théologique, il est possible de mettre en lumière l'importance de la dimension romantique, anarchiste et messianique qui parcourt son œuvre. Loin de choisir entre l'une et l'autre extrémité de l'« arc » que constitue sa problématique, au-delà de l'alternative impossible que formulait Scholem, ces interprétations mettent en lumière l'évolution de sa pensée et le caractère circulaire de sa démarche. Si Benjamin a voulu, comme le dit Adorno, « *séculariser sa théologie pour la sauver* » ce n'est qu'à partir du messianisme que l'histoire est concevable. Cette circularité, évidente dans les thèses de 1940, est déjà présente dans ses textes de jeunesse, rédigés à l'époque de son insertion dans le mouvement de la réforme scolaire lorsque, s'interrogeant sur la « *vie des étudiants* », il mettait en rapport la philosophie de l'histoire avec l'image du Royaume de Dieu et les mouvements millénaristes[42].

---

42. Si on ne saurait nier l'évolution qu'a apportée dans la pensée de Benjamin le « tournant » matérialiste de 1924, son attachement aux catégories théologiques essentielles est une constante de son œuvre. Non seulement ses textes de jeunesse, ses réflexions sur le romantisme refusent de dissocier religion et philosophie de l'histoire, mais l'erreur d'Adorno qui croyait le « Fragment théologico-politique » contemporain des thèses de 1940, alors qu'il fut rédigé au début des années 20, est éloquente. Ce lien indissociable du théologique et du politique a été le prétexte à d'innombrables rapprochements entre Benjamin et Carl Schmitt. Il s'agit d'un contresens à peu près radical. Carl Schmitt considère les concepts politiques comme des concepts théologiques sécularisés, la souveraineté de l'État moderne étant le succédané au pouvoir divin. Benjamin maintiendra toujours la séparation du monde sacré et du monde profane. Les deux ordres ne sont pas de même nature et ses écrits excluent toute idée de « théocratie » ou de « socialisme religieux ». Ce qui le distingue, dans son évolution même, d'un grand nombre d'intellectuels juifs de sa génération, issus d'Allemagne ou d'Europe centrale, c'est le refus de confondre l'avènement de l'ère messianique avec un système politique et la *praxis* politique ne sera jamais pour lui un moyen de la réaliser. Le politique et le théologique sont deux voies séparées, même si dans chaque instant se rencontrent des éléments sacrés et des éléments profanes, le temps humain demeurant vide, sans référence au temps messianique. Benjamin affirme seulement que les deux « voies » que représentent le politique et le théologique ne sauraient, si elles sont justes, se contredire, mais se rejoignent quelque part, à l'infini, même si cette union demeure invisible. Les deux visages de la tête de Janus ne se regarderont jamais en face, les deux extrémités de l'arc sont opposées ; ils ne feront pourtant qu'un seul corps. La réconciliation du théologique et du

En faisant du thème goethéen des « affinités électives » le schéma interprétatif central de son essai *Rédemption et utopie*[43], Michaël Löwy a pu montrer ce qui unissait Benjamin à toute une constellation de philosophes et d'écrivains d'origine juive, issus d'Allemagne et d'Europe centrale, marqués par les mêmes thèmes religieux libertaires au long des années 20-30. Aucune œuvre singulière ne livre l'intégralité de leur vision. Chacune s'érige sur des articulations particulières. Ces thèmes – religieux, messianiques, utopiques, libertaires ou anarchistes – n'en sont pas moins présents chez M. Buber, G. Scholem, G. Landauer, W. Benjamin, E. Bloch, F. Rosenzweig et F. Kafka. Qu'ils aient assumé douloureusement leur identité judéo-allemande ou refusé l'un des termes (l'Allemagne, chez Scholem, le judaïsme, chez Lukács), leur pensée n'en porte pas moins le sceau de cette double identité.

En révolte contre le prosaïsme bourgeois, l'assimilation prônée par les pères, ils ont puisé leur inspiration dans la mystique juive (Scholem, Benjamin) ou chrétienne (Landauer, Bloch). Leurs idéaux politiques allaient du communisme le plus orthodoxe à l'anarchisme, en passant par toutes les variantes des socialismes messianiques ou libertaires. Mais leur conception du politique demeurera inséparable d'un certain nombre de catégories théologiques ou mystiques, parfois plus ou moins sécularisées, telles que l'idée de rédemption et de messianisme, de restitution de l'harmonie perdue, d'apocalypse et de fin de l'histoire.

L'intérêt de l'approche que tente Michaël Löwy réside dans la souplesse de ses analyses. La vision théologique et politique qu'il met en évidence chez ces auteurs ne prend forme que lorsqu'on fait défiler les portraits souvent douloureux de ces « *vaincus de l'histoire* ». L'aboutissement théorique de l'œuvre, à chaque fois, n'est jamais imputable au seul élément théologique ou politique, mais aux multiples combinaisons des deux. Cette coexistence, avouée ou latente, de thèmes

---

politique n'est pensable qu'en termes de philosophie de l'histoire qui accorde au messianique la place d'une catégorie centrale. En lui se rencontrent l'éphémère et l'éternité. Il s'agit non d'oppositions mais de hiérarchies de sens.

43. M. Löwy, *Rédemption et utopie. Le judaïsme libertaire en Europe centrale*, P.U.F., 1988.

théologiques et politiques, étroitement imbriqués, donne à ces œuvres un profil singulier. Reprenant le thème baudelairien – et benjaminien – de « correspondances », Michaël Löwy montre l'interpénétration réciproque de ces deux perspectives qui ont souvent conduit vers une nouvelle conception de la philosophie de l'histoire et de la temporalité, en rupture avec les idéologies du progrès. Champs de tensions et de contradictions, ces œuvres, loin de n'offrir que des assemblages d'éléments disparates, ont rendu possibles des constructions théologiques, politiques, métaphysiques, voire littéraires d'une surprenante richesse.

L'affirmation d'« affinités électives » entre le messianisme juif et les utopies libertaires du XXe siècle n'a rien de paradoxal. Elles ne se réduisent pas à une sécularisation d'éléments religieux, à une confusion entre l'ordre du sacré et celui du profane. Prolongeant les intuitions de Max Weber sur le caractère révolutionnaire du judaïsme antique, M. Löwy souligne la présence d'une dimension anarchiste dans la Bible même qui fait apparaître le monde « *comme ni éternel ni immuable, mais comme un produit historique destiné à être remplacé par un ordre divin* [44] ». Toute réalité inique est appelée à disparaître. Au-delà de la participation massive d'intellectuels juifs aux mouvements révolutionnaires (K. Eisner, G. Landauer, E. Leviné, E. Toller, G. Lukács) – que l'on songe seulement à la République des Conseils de Bavière ou à la Commune de Budapest –, il est possible, selon Michaël Löwy, de montrer un lien privilégié entre le messianisme juif et une certaine tradition révolutionnaire, si l'on est sensible à la rapsodie des thèmes utopiques, messianiques et apocalyptiques, véritable « isomorphisme » spirituel, qui ont uni la tradition religieuse et certains mouvements politiques. Dans cette perspective, Benjamin apparaîtrait alors comme se situant au cœur de ce réseau complexe de conflits et de tensions, d'utopies et d'angoisses qui marquèrent l'intelligentsia juive allemande. Sa philosophie de l'histoire, dans sa singularité, peut être considérée comme l'expression de celle des principaux penseurs de sa génération. Refusant lui

44. *Op. cit.*, p. 22.

aussi toute « périodisation » de l'œuvre de Benjamin, M. Löwy insiste sur la permanence des catégories théologiques, des thèmes romantiques et messianiques qui marquent aussi bien ses écrits de jeunesse que les thèses de 1940. Celui qui les rédige n'est pas fondamentalement différent de l'admirateur de F. von Baader et de Schlegel qui associait la réalisation du Royaume de Dieu avec le début de l'histoire moderne [45]. La surdétermination des textes de Benjamin, avec leur bipolarité théologique et matérialiste, ne permet pas d'attribuer à une seule de ces dimensions la signification d'un thème. La critique des idéologies du progrès, de la conception linéaire de l'histoire, sans heurt et sans rupture, peut être interprétée comme la critique marxiste « révolutionnaire » d'un certain attentisme propre à la social-démocratie. On peut y voir aussi l'aboutissement de la position théologique qui, au nom du messianisme, distingue le temps sacré du temps profane, refuse de limiter le temps humain au temps homogène et vide, et inscrit en son cœur l'apocalypse. C'est la même surdétermination qui permettra à Benjamin, dans les thèses de 1940, d'évoquer *en même temps*, la « révolution prolétarienne » et la venue du Messie. La dimension anarchiste presque constamment présente lui permit d'intégrer à sa vision du monde le bolchevisme sans rupture, tout comme les intuitions de Lukács dans *Histoire et conscience de classe* permettaient le dépassement des apories kantiennes et néo-kantiennes. Loin de choisir entre le matérialisme et la théologie, il soumettra le bolchevisme aux critères du messianisme.

Même si l'approche de M. Löwy se limite à esquisser la place de Benjamin au sein d'une certaine constellation intellectuelle, le repérage des thèmes qu'il effectue, les articulations multiples qu'il montre dans

45. Messianisme et anarchisme demeurent indissociables jusque dans les derniers textes de Benjamin, même si, après 1924, la référence à l'anarchisme est voilée. La destruction que contemple l'Ange de l'histoire est inséparable de l'Apocalypse. Lutte de classes – et des opprimés –, bonheur, délivrance, rédemption, gardent une signification théologique. L'allusion à l'épigramme de Karl Kraus – « L'origine est dans le but » – n'est pas sans évoquer la restauration du paradis perdu, tout comme le « saut de tigre dans le passé » qu'évoque la XIVe thèse.

ses écrits, les correspondances qu'il décèle permettent d'entrevoir un processus d'« osmose » fort éloigné des termes de l'alternative figée que dressait Scholem. Contrairement à certains intellectuels de sa génération, Benjamin n'identifiera jamais le bolchevisme à la venue de l'ère messianique. Mais la rupture que peut produire la classe ouvrière a pour lui quelque chose de messianique et il associe la révolution à la victoire sur l'Antéchrist. Quant à la « *tradition des opprimés* », elle unit à chaque instant matérialisme et théologie. À la vision d'un homme écartelé entre les extrêmes, il faut alors substituer la richesse et la complexité d'une pensée unique, difficile à restituer dans la rigueur conceptuelle de la philosophie traditionnelle ou de la théorie politique, qui parvient à travers des correspondances parfois étranges qui se cristallisent en images.

L'étude que Stéphane Mosès, spécialiste de Franz Rosenzweig, a consacrée à la philosophie de l'histoire de Benjamin[46], en montrant son enracinement profond dans le judaïsme, conduit vers des résultats similaires. F. Rosenzweig, G. Scholem, W. Benjamin lui apparaissent comme les représentants d'une nouvelle vision de l'histoire dominée par l'idée d'actualisation du temps historique. Venus d'horizons différents – la philosophie hégélienne pour Rosenzweig, la critique littéraire pour Benjamin, la mystique juive pour Scholem –, ils se rejoignent dans une même critique de la raison historique fondée sur le refus de l'idée de continuité du temps, de causalité et de progrès. À travers la diversité de leurs démarches théoriques, demeure la permanence de l'attachement à certaines catégories théologiques essentielles propres au judaïsme. Aussi, loin de voir dans les thèses de 1940 le triomphe de la vision matérialiste, S. Mosès y trouve au contraire un renversement du marxisme orthodoxe à partir du messianisme juif et de son eschatologie. Ce fut une certaine prise de conscience du tragique de l'époque – du traumatisme de la guerre de 1914 à la montée du national-socialisme – qui les amena à opposer à la vision traditionnelle du progrès linéaire une

---

46. S. Mosès, *L'Ange de l'histoire. Rosenzweig, Benjamin, Scholem*, Paris, Seuil, 1992.

philosophie de l'histoire qui insiste sur le caractère unique de l'instant, l'importance des ruptures. Au-delà de ce qui oppose les catégories philosophiques de ces trois figures emblématiques, il décèle dans leurs démarches un même parallélisme.

L'horreur ressentie par F. Rosenzweig face à la guerre de 1914 [47] le conduisit à s'opposer à la vision pan-logique de Hegel qui identifie la civilisation européenne à l'aboutissement de la pensée universelle. Face à l'achèvement hégélien, il développe l'idée d'une « méta-histoire »[48], d'un temps séparé du temps profane, de la domination politique. Confrontant le christianisme et le judaïsme, il veut arracher celui-ci à la domination séculaire pour le placer dans un instant éternel. À l'idée de progrès et de temps homogène, il oppose un temps brisé, meurtri, où chaque instant est chargé du pouvoir de la Rédemption. G. Scholem, en rompant avec la vision rationaliste de la religion développée par la « Science du judaïsme » au XIXe siècle, par son retour à la Kabbale et à la mystique juive, propose une interprétation du messianisme qui insiste sur son aspect destructeur, en donnant tout son sens à l'Apocalypse. Quant à Benjamin, il ne cessera, dès ses textes de jeunesse, de mettre en doute cette version triomphante du progrès, consécration du temps linéaire, pour lui opposer sa conception des interruptions brutales de l'histoire où les ruptures sont autant d'instants messianiques et d'espoirs révolutionnaires.

L'interprétation de S. Mosès souligne la constante double inspiration théologique et politique dans la conception messianique que Benjamin propose de la philosophie de l'histoire. L'intelligibilité historique sera, selon lui, pensée successivement par Benjamin à travers trois paradigmes : 1. un paradigme théologique qui domine ses premiers écrits sur le langage ; 2. un paradigme esthétique qui domine l'ouvrage sur le drame baroque ; 3. un paradigme politique qui se déploie à travers ses derniers

---

47. Rosenzweig comme Scholem réaliseront en 1914 que cette histoire à laquelle ils participaient n'était pas la leur.
48. C'est dans cette « méta-histoire » que s'affirme la vocation religieuse du peuple juif, pour Rosenzweig, face à l'histoire moderne dominée par le christianisme.

écrits, qu'il s'agisse du *Passagenwerk* ou des thèses de 1940.

La distinction de ces paradigmes ne saurait être trop tranchée car ils ne cessent de s'interpénétrer[49]. S. Mosès estime toutefois que, « *du point de vue de la diachronie, le paradigme esthétique a été le plus stable*[50] ». À la rupture de Rosenzweig avec la vision hégélienne correspond chez Benjamin, non une succession de moments dialectiques se déroulant sur un axe linéaire, mais d'instants indépendants, unis entre eux par une perspective à la fois théologique et téléologique. Loin de considérer que l'adhésion de Benjamin a aboli les paradigmes métaphysique et théologique, il insiste sur leur fusion constante à travers des nouvelles articulations. Le paradigme théologique, absent de l'étude sur le *Trauerspiel* resurgit dans les thèses de 1940. Sans s'interroger sur les raisons profondes – philosophiques et politiques – qui amènent Benjamin à ce « *tournant de 1924* », S. Mosès souligne que la véritable révolution qui s'accomplit dans son œuvre concerne l'importance accordée à la catégorie du présent, de l'actualité. Sans doute le rôle que Benjamin assigne à l'historien matérialiste – sauver des images –, sa mise en question de la continuité de l'histoire, son doute dans l'idéologie du progrès, dans le caractère inéluctable de la victoire des opprimés, tout comme sa référence à l'irruption du temps messianique dans le temps profane semblent l'opposer à la vision marxiste de l'histoire. Mais l'importance accordée au « *maintenant* » – où se rencontrent « passé » et « avenir » – l'association de l'automate et du nain constituent l'ultime articulation du théologique et du politique, la

---

49. Le paradigme théologique dominé par la philosophie du langage qui s'articule autour de la « nomination adamique », la Chute et la Rédemption, est présent dans l'étude sur le *Trauerspiel*, l'Idée étant de nature langagière. Il n'est pas absent des *Passages*. Le paradigme politique, avec son enracinement dans le messianisme et la philosophie de l'histoire, marque déjà les premiers textes de Benjamin comme *La vie des étudiants*. Le paradigme esthétique n'a pas de réelle autonomie, si l'on tient compte de la difficulté, chez Benjamin, à penser l'« esthétique » sans référence au « théologique » et au « politique ».

50. Cf. l'analyse qu'il propose de la reprise du concept de « phénomène originaire » chez Goethe, pp. 127 et sq.

cassure du temps profane rendant possible l'instant de la Rédemption. C'est à partir d'un « modèle théologico-politique » que Benjamin fait éclater les trois postulats de l'histoire positiviste : continuité du temps historique, critique de la causalité historique, critique de l'idéologie du progrès. La dimension éthique et théologique culmine dans l'opposition de l'histoire des vaincus – faite de ruptures, de sursauts –, totalement discontinue et de l'histoire des vainqueurs qui fait sombrer le passé dans le conformisme de la tradition et de l'inertie.

Même sans adhérer à cette théorie des paradigmes, l'interpellation de S. Mosès a le mérite de montrer l'articulation constante chez Benjamin entre les catégories théologiques et matérialistes, l'étrange circularité de sa pensée, l'impossibilité de la concevoir en termes de « ruptures ».

[Note liminaire. *Ce texte a déjà paru comme « Présentation » à l'édition française de la correspondance entre Theodor W. Adorno et Walter Benjamin (Paris, La Fabrique, 2002). L'éditeur français ne s'était pas aperçu que, selon les clauses exactes du contrat, aucun texte ne pouvait être ajouté à celui de l'édition originale sans l'accord préalable des détenteurs des droits, c'est-à-dire la maison Suhrkamp de Francfort-sur-le-Main. Plusieurs mois après la sortie du livre, cette dernière, très probablement inspirée par la Fondation Adorno, a exprimé son mécontentement, assorti d'une menace de recourir aux voies légales. La Fabrique a donc été obligée d'arrêter la circulation de son livre et de le rééditer sans la présentation incriminée. Apparemment, les ayants droit allemands ne tolèrent pas qu'une seule ligne d'Adorno soit publiée accompagnée d'une appréciation critique. Il va de soi que, par-delà son bien-fondé juridique, une telle attitude se traduit par une forme de censure. Je tiens à remercier Michel Surya qui a voulu accueillir dans* Lignes *ce texte « interdit ». C'est une belle manière de rendre hommage à deux écrivains qui choisirent, à leur époque, d'exercer leur droit à la critique contre toute interdiction officielle.* E.T.]

ENZO TRAVERSO

ADORNO ET BENJAMIN
UNE CORRESPONDANCE À MINUIT DANS LE SIECLE

La correspondance entre Adorno et Benjamin constitue un document précieux sur une époque si proche – lorsque l'Europe s'embrasa au milieu des guerres et des révolutions, des dictatures et des génocides – et qui paraît pourtant à des années lumières de la nôtre. Une période bouleversée et tragique qui a laissé des traces évidentes dans certains de leurs aphorismes : celui d'Adorno, dans *Dialektik der Aufklärung*, où il indiquait la tendance de la rationalité occidentale à devenir totalitaire, et celui de Benjamin, dans ses thèses « Sur le concept d'histoire », où il écrivait que tout document de culture est aussi, en même temps, un document de barbarie[1]. Cette correspondance est le miroir fidèle d'un tel constat dialectique. Elle se prête à des lectures multiples et personne ne restera sur sa faim dans ce gisement d'idées, d'évocations, de notations critiques sur la culture, l'art et l'histoire. On peut la lire comme une fenêtre ouverte sur les ateliers de pensée de deux philosophes qui ont marqué le XXe siècle, comme un document précieux de la culture allemande à la veille du déluge qui allait submerger l'Europe, ou encore comme un témoignage émouvant sur la grandeur et la misère de l'exil intellectuel judéo-allemand face au nazisme. On peut la lire enfin – et cette lecture n'est pas forcément la moins

1. Th. W. Adorno, M. Horkheimer, *La Dialectique de la raison*, Paris, Gallimard, 1974, p. 24 ; W. Benjamin, « Sur le concept d'histoire », *Œuvres*, t. III, Paris, Gallimard, 2000, p. 433.

complexe – comme l'histoire d'une amitié intellectuelle nouée et renforcée au fil des lettres, autrement dit comme le récit de la rencontre, du dialogue, de l'affinité et des incompréhensions qui unissent et séparent en même temps deux grands esprits. Loin d'être incompatibles, ces itinéraires de lecture se croisent constamment, car ils touchent à des aspects qui sont intimement liés, mêlés les uns aux autres, et qu'il est souvent impossible de séparer. Il faut essayer de relier les fils de cette amitié[2].

Une époque proche et lointaine à la fois. Proche, car ce n'est qu'au cours de ces vingt dernières années que la plupart des amis et collaborateurs de Benjamin – de Gershom Scholem à Leo Löwenthal, de Pierre Missac à Hans Mayer – ont disparu, non sans avoir copieusement parlé de lui, et fort nombreux sont encore aujourd'hui, surtout en Allemagne, les anciens disciples d'Adorno. Lointaine, très lointaine, pour des raisons qui vont au-delà du constat évident que l'Europe dominée par Hitler et les fascismes appartient à un passé révolu, englouti. Lointaine aussi pour le style et les modalités mêmes de cette correspondance qui témoigne d'un plaisir pour la communication épistolière alors habituel – lorsque le téléphone avait une diffusion encore limitée, et lorsque Internet n'existait même pas dans la science-fiction – et aujourd'hui largement disparu.

Adorno nous dit que Benjamin nourrissait une véritable passion pour les lettres, activité à laquelle il consacrait beaucoup de temps. L'acte d'écrire lui procurait un plaisir dont il ne pouvait pas se priver et qu'il cultivait comme un art, soigneusement entretenu dans les moindres détails. Rares sont ses lettres tapées à la machine et ses pages manuscrites frappent le regard par le soin de la calligraphie, avec ses caractères minces et réguliers, et par le souci extrême de la forme qui fait de chaque page un tout harmonieux. Il paraît qu'il attribuait une très grande importance au support et que, même en exil, son ami d'enfance Alfred Cohn

---

2. Pour une utile reconstruction du débat entre Adorno et Benjamin cf. R. Wolin, *Walter Benjamin. An Aesthetic of Redemption*, Berkeley, University of California Press, 1994, ch. 6 (« The Adorno-Benjamin Dispute »), pp. 163-212, et E. Lunn, *Marxism and Modernism. An Historical Study of Lukács, Brecht, Benjamin, and Adorno*, London, Verso, 1985, section III (« Benjamin and Adorno »), pp. 149-279.

continuait de lui fournir une certaine qualité de papier. Des habitudes – Adorno formule l'hypothèse à ce propos de l'influence de Stefan George chez qui il aurait appris le « *modèle du rituel*[3] » – qui dépassent les normes courantes pour les générations intellectuelles de l'entre-deux-guerres. En interprétant le style épistolaire de Benjamin à la lumière de sa théorie du *Trauerspiel*, le drame baroque allemand, Adorno écrit que « *les lettres étaient pour lui des gravures d'histoire naturelle, ce qui survit à la mort*[4] ». Adorno, quant à lui, tapait presque toujours ses lettres à la machine, en ajoutant souvent des corrections à la main. Il y a là, sans doute, un symptôme. Le pourfendeur impitoyable de la société administrée et de la réification universelle – le revers dialectique de l'*Aufklärung* – réussit toujours, malgré tout, à bien s'accommoder des contraintes de la société de masse. Il s'installa assez confortablement aux États-Unis – où il est douteux que Benjamin aurait jamais pu s'acclimater – en amorçant aussitôt une collaboration avec la radio, pourtant expression à ses yeux d'une tendance historique à la « *régression de l'écoute* ». Une photo des années soixante, époque où il prit la direction de l'Institut de recherches sociales revenu en Allemagne, nous le montre à son bureau, en train de parler au téléphone comme un banal chef d'entreprise[5]. On aurait vraiment le plus grand mal à imaginer Benjamin dans une telle posture. Certes, les temps n'étaient plus les mêmes. C'est sans doute cela qui explique la fascination exercée sur Adorno par l'écriture de Benjamin, au point qu'il en évoquera les lettres, plusieurs années après sa mort, comme un repère archéologique, comme le reliquat précieux d'une ère révolue. Une fascination dans laquelle se mêlaient, à coup sûr, autant son attachement à la mémoire de l'ami disparu que sa nostalgie romantique pour une forme classique de la communication que lui-même n'était plus en mesure de perpétuer.

---

3. Th. W. Adorno, « Benjamin, l'épistolier », in *Sur Walter Benjamin*, Allia, Paris, 1999, p. 55 (par la suite cité comme *SWB*).
4. *Ibid.*, p. 57.
5. Voir cette photo in H. Scheible, *Theodor W. Adorno*, Hamburg, Rowohlt, 1989, p. 135.

*

Cette correspondance concerne essentiellement les années d'exil. Pour la période de Weimar, seules les lettres de Benjamin demeurent. Celles d'Adorno, restées à Berlin en 1933, lors du départ pour Paris de leur destinataire, ont été perdues. Les deux philosophes s'étaient rencontrés à plusieurs reprises en Allemagne, à Francfort et à Berlin, ainsi qu'à Königstein, près de la capitale prussienne, où s'étaient tenues, en 1929, d'« *interminables conversations* » au sujet du *Livre des Passages*, dont Benjamin venait d'élaborer le projet. Leurs lettres de cette période visaient davantage à garder les contacts qu'à développer un dialogue, qui pouvait avoir lieu à l'occasion de rencontres assez fréquentes. Adorno s'était largement inspiré, dans sa thèse d'habilitation sur Kierkegaard, de la méthode épistémologique énoncée par Benjamin dans son introduction au *Drame baroque allemand* [6]. Benjamin, quant à lui, devait consacrer à ce travail un compte rendu très élogieux, lorsqu'il sera publié en 1933 sous le titre *Kierkegaard. La construction de l'esthétique*. « *Ce livre* – ainsi se terminait son article – *appartient à la catégorie de ces rares premiers ouvrages dans lesquels une pensée ailée se révèle dans le noyau de la critique* [7]. » Pendant les années de Weimar, Adorno et Benjamin avaient donc jeté les bases d'un dialogue qui devait se développer hors d'Allemagne. À partir de 1934, leur correspondance devint plus assidue et s'enrichit d'un échange intellectuel extrêmement intense. C'est l'exil qui, en quelque sorte, les rapprocha et consolida leur communauté de pensée, d'autant plus forte qu'ils partageaient une même condition d'*outsiders*. Leurs lettres devinrent le lieu d'un débat désormais impossible en Allemagne, ersatz d'un espace public anéanti où étaient analysés et discutés des manuscrits qui risquaient de ne pas être publiés et qui, dans le meilleur des cas, parais-

---

6. Th. W. Adorno, *Kierkegaard. Construction de l'esthétique*, Paris, Payot, 1995 ; W. Benjamin, *Origine du drame baroque allemand*, Paris, Flammarion, 1985.
7. W. Benjamin, « Kierkegaard. Das Ende des philosophischen Idealismus », *Gesammelte Schriften*, Bd. III, Frankfurt/M, Suhrkamp, p. 383.

saient dans des revues et chez des éditeurs confidentiels, sans pouvoir prétendre à une véritable réception ni à une véritable critique.

Mais d'abord, comment était née l'amitié entre Adorno et Benjamin ? Leur première rencontre eut lieu à Francfort, en 1923, dans un lieu prisé par l'intelligentsia de la ville : le café *Westend*, Opernplatz. À l'origine de ce rendez-vous, il y avait un ami commun, Siegfried Kracauer, auquel les pages de cette correspondance, c'est le moins qu'on puisse dire, ne rendent justice ni de la place qui fut la sienne dans la culture allemande de l'époque ni du rôle qu'il joua dans le cheminement de nos deux épistoliers. Rédacteur des pages culturelles de la *Frankfurter Zeitung*, le quotidien allemand le plus prestigieux à l'époque de Weimar, Kracauer avait été, en quelque sorte, le père spirituel d'Adorno, qu'il avait initié à l'étude de la philosophie dès l'adolescence, pendant les années de la Première Guerre mondiale. Il était aussi l'ami de Benjamin, dont il fera un collaborateur régulier de son journal. Mais Kracauer ne fut qu'un intermédiaire. Philosophie, critique littéraire, esthétique, marxisme, théologie, culture de masse sont les composants d'une vaste constellation intellectuelle judéo-allemande dont Francfort et surtout Berlin étaient alors les capitales et dans laquelle s'inscrit l'amitié qui fait l'objet de ce livre.

Une amitié qui se consolidera au fil des années, mais qui ne fut jamais, faut-il le préciser, la plus importante de leurs vies. Preuve en est le ton formel et très respectueux qu'ils adoptent pour s'écrire pendant plus de dix ans : *Lieber Herr Benjamin, Lieber Herr Wiesengrund.* Leur différence d'âge de onze ans, au sein d'une même génération intellectuelle – celle de la Première Guerre mondiale, qu'il serait cependant inapproprié, en l'occurrence, d'appeler *Frontgeneration*, puisque ni l'un ni l'autre ne connurent les tranchées –, pesait sans doute de façon non négligeable dans le maintien de cette distance dans l'amitié [8].

---

8. Sur la génération intellectuelle d'Adorno et Benjamin, cf. D. Peukert, *Die Weimarer Republik. Krisenjahre der Klassischen Moderne*, Frankfurt/M, Suhrkamp, 1987, pp. 26-30, et E. Traverso, « Les juifs et la culture allemande. Le problème des générations intellectuelles », *Revue germanique internationale*, 5/1996, pp. 15-30.

Âgé de vingt ans, Adorno occupait alors la position, selon ses propres mots, de « *celui qui reçoit*[9] ». Il écrira avoir eu le sentiment, en rencontrant Benjamin, de découvrir *la* philosophie. Nombreux sont les témoignages sur la fascination exercée par la personnalité de Benjamin, sur l'autorité, la rigueur et le pouvoir de conviction de sa parole. Caractéristiques qui marqueront bientôt, et peut-être même davantage, avec une bonne dose supplémentaire d'aristocratisme hautain, la personnalité d'Adorno. On essaie d'imaginer leur conversation au café *Westend*, menée par Kracauer, l'inévitable passeur, qui eut toujours le plus grand mal à s'exprimer à cause de son bégaiement.

Quelques années avant cette rencontre, Kracauer avait écrit, inspiré par son affection pour le jeune Adorno, un essai remarquable sur l'amitié dont il saisissait l'essence dans « *la consonance des personnalités* » et dont il évoquait une des formes possibles dans l'« *amour érotique spiritualisé* » (*durch geistige Sinnenliebe*)[10]. En cette même année 1923, Adorno écrivait à Leo Löwenthal, après avoir lu *Les Affinités électives* de Goethe, qu'il se sentait « *en union spirituelle avec Friedel* » (Friedel étant le diminutif de Siegfried Kracauer)[11]. Certes, son amitié avec Benjamin était alors d'un autre ordre, de même que, pour ce dernier, la rencontre avec Adorno ne marqua pas un tournant dans sa vie et dans son cheminement intérieur comparable à son rapprochement, quelques années plus tôt, avec Gershom Scholem, qui s'apprêtait alors à émigrer en Palestine et qui demeurera par la suite son meilleur ami et son premier interlocuteur. Même lorsqu'ils commenceront à s'appeler par leurs prénoms – *Lieber Walter, Lieber Teddie* – après une rencontre à Paris, en octobre 1936, Adorno et Benjamin continueront à se vouvoyer. Bref,

---

9. Th. W. Adorno, « Souvenirs », *SWB*, p. 68.

10. S. Kracauer, « Über die Freundschaft », *Schriften, 5.1 Aufsätze 1915-1926*, Frankfurt/M, Suhrkamp,1990, p. 37.

11. Cité in L. Löwenthal, « Erinnerung an Theodor W. Adorno », *Schriften 4. Judaica, Vorträge, Briefe*, Frankfurt/M, Suhrkamp, 1984, p. 78. Sur l'amitié tourmentée entre Adorno et Kracauer, cf. E. Traverso, *Siegfried Kracauer. Itinéraire d'un intellectuel nomade*, Paris, La Découverte, 1994.

pendant de longues années leur correspondance gardera un caractère un peu formel, guindé. Certes, c'est la marque d'une époque et des conventions propres à un certain milieu social, mais aussi d'une distance qu'ils n'avaient pas vis-à-vis d'autres interlocuteurs. Il est frappant de constater, en revanche, la familiarité, on dirait même la grande intimité que révèle la correspondance entre Benjamin et Grete Karplus, la femme d'Adorno, que Walter avait connue à Berlin au milieu des années vingt et qui devait l'aider (y compris sur le plan financier) au cours de la décennie suivante. Ils se tutoyaient et s'appelaient par des sobriquets, Detlef et Felizitas, en s'adressant parfois des remarques pleines d'affection et de sympathie que le lecteur actuel ne peut pas s'empêcher de lire comme autant de « transgressions » des canons esthétiques postulés par Adorno. En 1938, lorsque le couple Adorno s'installa à New York et l'équipe de l'Institut de recherches sociales envisagea la possibilité de faire émigrer Benjamin au-delà de l'Atlantique, Gretel essayait de l'encourager en lui décrivant le caractère « *surréaliste* » de la métropole américaine, où en fin de compte il pourrait se sentir chez soi autant qu'au milieu de ses « arcades » parisiennes [12]. À son tour, Detlef écrivait à Felizitas qu'il avait vu pour la première fois Katharina Hepburn et avait été frappé par leur grande ressemblance [13]. La place somme toute limitée de l'humour dans son amitié avec Theodor ne lui autorisait pas la hardiesse de féliciter le critique inflexible de la société de masse de partager sa vie avec une beauté hollywoodienne.

*

Cette « distance », qui s'amoindrit incontestablement au fil des années sans pour autant disparaître complètement, tenait aussi à une relation paradoxale : Adorno, le plus jeune, « *celui qui reçoit* », se plaça vite, dès

---

12. Lettre de Gretel Adorno à Walter Benjamin du 7 mars 1938, in Theodor W. Adorno, Walter Benjamin, *Briefwechsel 1928-1940*, Frankfurt/M, Suhrkamp, 1994, p. 314 (par la suite cité comme *ABB*).
13. W. Benjamin, *Correspondance*, Paris, Aubier-Montaigne, 1979, t. II, p. 258.

1933, dans une position de supériorité tant matérielle que, pourrait-on dire, « institutionnelle ». Les années vingt et trente avaient vu surgir l'œuvre de Benjamin, de sa théorie de l'allégorie dans *Les Origines du drame baroque allemand* aux aphorismes de *Sens unique*, de sa réflexion sur la perte de l'aura de l'œuvre d'art sous le capitalisme industriel à ses thèses de philosophie de l'histoire, de ses critiques littéraires à son projet inachevé sur Paris au XIXe siècle. L'œuvre d'Adorno commençait à peine à prendre forme à cette époque – elle n'éclora que dans l'après-guerre – et il ne faudrait pas oublier, en lisant ces pages, qu'elles sont écrites d'un côté par l'auteur du *Passagen-Werk* et de l'autre, par le *futur* auteur de *Minima moralia* (1951), de *Dialectique négative* (1966) et d'une *Théorie esthétique* elle aussi inachevée (1970). Au moment de la mort de Benjamin, en 1940, Adorno n'avait écrit qu'un livre sur Kierkegaard et quelques essais remarquables de critique musicale. Certains de ces travaux devaient beaucoup à la réflexion théorique de l'auteur de *L'Œuvre d'art à l'époque de sa reproductibilité technique*, ce qu'Adorno reconnaissait d'ailleurs. Si Benjamin était pour lui une source inspiratrice, il serait bien exagéré d'affirmer l'inverse. Au fil des lettres, Adorno se révèle un lecteur attentif des écrits de Benjamin, extrêmement fin et pénétrant, au point de s'imposer à ses yeux comme un critique privilégié et à plusieurs égards irremplaçable, mais certes pas comme un inspirateur.

Le paradoxe réside dans le fait que « *celui qui reçoit* » ne s'accommodait guère de cette posture, ni de celle, rapidement acquise, de critique fraternel et rigoureux, pour adopter celle du médiateur indispensable ; par moments, de façon indirecte, celle de l'ami mécène, et parfois même, la plus détestable, celle du censeur. Quels sont les arcanes dialectiques d'une telle relation foncièrement inégalitaire, où la primauté intellectuelle de Benjamin devenait indissociable de sa subordination matérielle, avec toutes les conséquences qui en découlaient inévitablement ? Comment se fait-il que « *celui qui reçoit* » ait pu se transformer en juge, en celui qui décide, en celui dont l'avis et l'influence déterminaient l'avenir, en celui dont les lettres étaient attendues avec palpitations car elles pouvaient annoncer le salut ou la catastrophe ? Il serait sans doute injuste d'attribuer ce paradoxe à une stratégie de domination consciemment poursuivie par Adorno. Cette relation biaisée tenait surtout à une situation objective, créée par un contexte historique qu'ils n'avaient pas choisi : la montée du nazisme au pouvoir en 1933. Les contraintes matérielles et psychologiques qui en découlaient s'imposèrent à cette amitié en la transformant, en la renforçant et en la refaçonnant sur la base d'une « hiérarchie » nouvelle. On a néanmoins l'impression que si Adorno n'avait pas créé une telle situation, il s'y était confortablement installé. Pour prendre la mesure de cette métamorphose, il suffit de comparer la lettre de Benjamin datée du 17 juillet 1931 à celles des années 1938-1940. Dans la première, il exprimait, avec élégance et fermeté à la fois, son ressentiment pour l'usage désinvolte que son ami avait fait de ses propres idées sans en citer la source, lors de son cours inaugural à l'université de Francfort. Il le sommait poliment de remédier à cet oubli au moment de la publication du texte et acceptera ensuite la proposition d'une dédicace en guise de dédommagement [14]. Une telle assurance serait inimaginable dans les lettres de 1938-1940, où le ton bien plus amical et intime cache souvent la crainte d'exprimer des jugements susceptibles d'être mal interprétés et dans lesquelles, en tout cas, il se gardait bien de critiquer les travaux de son correspondant.

Essayons de sonder ce renversement paradoxal des rôles. Il s'agissait, tout d'abord, d'un clivage dans leurs conditions matérielles d'existence. Tous deux étaient issus de la bourgeoisie judéo-allemande : Adorno était le fils d'un grand commerçant de vins de Francfort (sa mère, d'origine corse et génoise, était catholique), Benjamin d'un marchand d'art de Berlin [15]. Tous deux durent faire face à l'hostilité et au conservatisme de l'université allemande où régnait toujours un

---

14. *ABB*, p. 18.

15. Il n'existe pas de véritable biographie d'Adorno. Pour un profil essentiel, cf. l'ouvrage de H. Scheible cité plus haut, ainsi que Martin Jay, *Adorno*, London, Fontana, 1984 et Rolf Wiggershaus, *Theodor W. Adorno*, München, Beck, 1987 ; sur Benjamin, cf. Bernd Witte, *Walter Benjamin. Une biographie*, Paris, Cerf, 1988, et Momme Brodersen, *Walter Benjamin. A Biography*, London, Verso, 1996.

antisémitisme larvé. Benjamin dut vite renoncer à une carrière universitaire ; appuyé par Paul Tillich, Adorno obtint très jeune le statut de *Privatdozent*, c'est-à-dire d'enseignant non titulaire et non rétribué, qui était la position académique la plus élevée à laquelle, en dehors de quelques rares exceptions, pouvait aspirer un intellectuel juif travaillant dans les sciences humaines. Mais Adorno put largement bénéficier du soutien financier de sa famille au moins jusqu'en 1938, tandis que Benjamin dut apprendre à gagner sa vie comme critique littéraire dès la mort de son père en 1926, ce qu'il ne cessa jamais de considérer comme une vraie malédiction. À partir de 1933, il se retrouva en exil à Paris, privé de moyens, obligé de compter sur l'assistance sporadique de quelques institutions juives (comme l'Alliance israélite universelle), sur l'aide de quelques amis et sur de longs séjours auprès de son ex-femme, Dora, à San Remo, ou chez Bertolt Brecht, au Danemark. Dès 1937, la petite bourse de quatre-vingts dollars que lui octroyait l'Institut de recherches sociales, désormais installé à Genève et bientôt à New York, auprès de l'université Columbia, sous la direction de Max Horkheimer, était devenue pour lui une condition essentielle de survie. Adorno avait amorcé sa collaboration avec l'Institut en 1934 et n'en deviendra membre effectif qu'au printemps 1938, au moment de son installation à New York, mais très rapidement il s'imposa, grâce à sa relation privilégiée avec Horkheimer, comme le médiateur habituel entre ce dernier, directeur scientifique et financier de l'Institut, et Benjamin. C'était Adorno qui plaidait la cause de Benjamin auprès de Horkheimer, qui sollicitait puis organisait leur rencontre à Paris, qui informait Benjamin de l'intention de l'Institut de soutenir son projet de recherche sur Paris au XIXe siècle, puis de favoriser son émigration aux États-Unis. Ce fut lui, enfin, qui, dès le début de la guerre, et surtout après la défaite française en 1940, déploya des efforts considérables pour essayer de sauver son ami resté en Europe. Bref, l'histoire de leur relation est la chronique de la dépendance croissante de l'un à l'égard de l'autre. Dans une lettre à Scholem de février 1935, Benjamin évoque, par une vague allusion au *Procès* de Kafka, « *l'Institut de Genève dans les greniers duquel* [...]

s'égare le fil si fatigué de mon existence[16] ». Dans une autre lettre de mars 1939, après que son essai sur Baudelaire, sévèrement critiqué par Adorno, eut été refusé par la revue de l'Institut, la *Zeitschrift für Sozialforschung*, il fait part à son ami de Jérusalem, « *le cœur extrêmement lourd* », de sa crainte que Horkheimer puisse décider de couper ses subventions[17], en laissant entendre les conséquences catastrophiques qu'un tel choix impliquerait pour sa vie et pour son travail. Dans un essai de 1968, Hannah Arendt, qui fréquenta assidûment Benjamin à Paris durant leurs années d'exil, a rappelé le « *choc* » que fut pour lui d'apprendre que sa collaboration avec l'Institut pouvait cesser. Elle exagérait certainement en plaçant la relation de Benjamin avec Adorno sous le signe de la « *peur* », une peur due autant à la timidité qu'à la « *dépendance* » du premier vis-à-vis du second, mais sa remarque – sans doute fondée davantage sur la connaissance des deux hommes que sur leur correspondance, alors encore largement inédite – saisissait néanmoins l'aspect le plus problématique de leur amitié[18].

*

Cette correspondance est ainsi le récit d'un exil qui ne fut pas vécu de la même façon par ces deux auteurs. Benjamin fut l'un des premiers à

---

16. W. Benjamin, G. Scholem, *Briefwechsel 1933-1940*, Frankfurt/M, Suhrkamp, 1980, p. 188 (par la suite cité comme *BSB*).

17. *BSB*, p. 300.

18. H. Arendt, « Walter Benjamin 1892-1940 », in *Vies politiques*, Paris, Gallimard, 1974, pp. 263-265. Si cette hypothèse de H. Arendt était sans doute inspirée par son antipathie extrême à l'égard d'Adorno (« *Celui-là n'est pas prêt de mettre les pieds chez nous !* » devait-elle déclarer à Günther Stern, son premier époux, après sa première rencontre avec le philosophe allemand [Elisabeth Young-Bruehl, *Hannah Arendt*, Paris, Calmann-Lévy, 1999, p. 101]), elle a néanmoins le mérite de souligner les aspects problématiques de la relation Adorno-Benjamin. Des aspects problématiques que Rainer Rochlitz, en revanche, voudrait ignorer en les réduisant simplement à « *des épisodes d'une critique récurrente par laquelle le meilleur disciple de Benjamin somme son maître d'être à la hauteur de ses promesses* » (cf. R. Rochlitz, « Le meilleur disciple de Walter Benjamin », *Critique*, 1996, n° 593, p. 834). Si l'amitié et l'admiration d'Adorno pour Benjamin sont incontestables, il est sans doute exagéré d'affirmer qu'il se considérait comme son « disciple ».

quitter l'Allemagne en 1933 ; dès la mi-mars, il était déjà installé à Paris. Ses lettres à Scholem (et plus encore celles écrites par ce dernier, à Jérusalem) révèlent une prise de conscience extrêmement précoce et aiguë de « *la portée historique mondiale* » du tournant qui venait de se produire[19]. En tant que critique littéraire juif, connu pour son orientation politique de gauche, Benjamin réalisa vite que toute possibilité de travail pour la presse ou la radio – ses principales sources de revenu depuis des années – serait vite épuisée. Si le fait de ne jamais avoir adhéré au Parti communiste le protégeait de la menace d'une arrestation immédiate, il savait que sa carrière de critique était finie en Allemagne. Tous ses contrats avaient été annulés. Le 28 février, il écrivait à Scholem que « *l'air* [était] *devenu pratiquement irrespirable* » à Berlin et qu'il devait faire face à un véritable « *étranglement économique*[20] ». Son frère, Georg, dirigeant communiste, de même que le frère de Gershom, Werner, ancien député et animateur de l'opposition trotskiste allemande, avaient été arrêtés et torturés. Ils seront déportés et mourront dans les camps nazis. En avril, Scholem prenait acte de la « *catastrophe* » et mettait déjà en parallèle l'effondrement du mouvement ouvrier avec la fin du judaïsme allemand[21]. « *L'émancipation des juifs* – lui écrivait Benjamin quelques jours plus tard – *apparaît maintenant sous un jour nouveau.*[22] » Faut-il s'étonner, en lisant dans un *curriculum vitae* que ce dernier écrira en exil, dans sa demande de visa pour les États-Unis, que son parcours intellectuel se divisait « *de façon tout à fait évidente en deux périodes, avant et après 1933*[23] » ?

Avec la « mise au pas » de la culture allemande par le ministre de la Propagande Joseph Goebbels, Benjamin dut quitter un pays où il n'y avait pour lui plus aucune place. Son caractère d'intellectuel « *sans parti* » sous la république de Weimar contribua sans doute à accentuer son isole-

---

19. *BSB*, pp. 55.
20. *BSB*, p. 38.
21. *BSB*, pp. 55-56.
22. *BSB*, p. 59.
23. W. Benjamin, *Gesammelte Schriften*, Bd. VI, p. 227 ; M. Brodersen, *Walter Benjamin*, *op. cit.*, p. 204.

ment dans l'émigration, où il se trouva très largement coupé des réseaux d'accueil de l'antifascisme allemand. « *La vie parmi les émigrés* – écrivait-il à Scholem en décembre 1933 – *est insupportable, une vie solitaire n'est plus tolérable et il est impossible de vivre parmi les Français. Il ne reste donc que le travail, mais rien ne le menace davantage que de le distinguer si clairement comme la seule ressource intérieure.*[24] » Le nom de Benjamin ne figure pas parmi la liste fort étoffée des intervenants au Congrès international pour la défense de la culture, le premier grand rendez-vous de l'intelligentsia antifasciste qui se tint à Paris en 1935.

L'exil privait Benjamin de toute base économique un tant soit peu solide, en le plongeant dans la plus grande précarité. Bientôt il ne pourra plus rien publier, même sous un pseudonyme (pendant quelque temps il signa sous le nom de Detlef Holz). Son *Enfance berlinoise* ne sera pas éditée de son vivant ; *Deutsche Menschen*, un recueil de lettres de classiques allemands qu'il édita en Suisse, en 1936, eut un impact très limité et l'avenir de son grand projet, le *Livre des passages*, restait suspendu aux changements d'humeur du directeur de l'Institut de recherches sociales. En janvier 1940, il dressait à Scholem un état des lieux qui était à la fois une description de la situation mondiale et un bilan exact de ses années d'exil : « *L'avenir* [...] *est si incertain que la moindre ligne que nous pouvons aujourd'hui publier est une victoire arrachée aux puissances des ténèbres.*[25] » Sa bibliothèque, qu'il avait enrichie au fil des années avec une véritable passion de collectionneur, comme une œuvre d'art, était restée à Berlin ; il n'en récupéra qu'une partie à Paris, via le Danemark, pour être obligé de l'abandonner à nouveau lors de l'occupation allemande[26]. Entre 1933 et 1940, il changea d'habitation plusieurs fois dans la capitale française, surtout à cause de ses difficultés à payer un loyer.

---

24. *BSB*, p. 119. Voir à ce sujet Ingrid Scheurmann, « Un Allemand en France. L'exil de Walter Benjamin 1933-1940 », in Ingrid et Konrad Scheurmann (éds), *Pour Walter Benjamin*, Bonn, AsKI, Inter Nationes, 1994, pp. 248-264.
25. *BSB*, p. 316.
26. Sur les vicissitudes de cette bibliothèque, cf. la préface de Jennifer Allen à : W. Benjamin, *Je déballe ma bibliothèque*, Paris, Rivages, 2000.

Adorno, en revanche, ne se considéra comme un exilé, au sens propre du terme, qu'à partir de 1938, au moment de son départ pour New York[27]. Certes, l'arrivée de Hitler au pouvoir mettait fin à ses ambitions académiques en Allemagne, mais le fait de ne pas figurer sur les listes de la *jüdische Gemeinde* (il avait été baptisé catholique, la religion de sa mère, puis inscrit à la communauté protestante) et les moyens considérables de sa famille lui épargnaient l'« *étranglement économique* » décrit par Benjamin dans ses lettres. Il put ainsi être admis en qualité d'« *advanced student* » au Merton College d'Oxford, dans la perspective d'amorcer une carrière universitaire en Angleterre. Un projet qui ne l'attirait guère et qu'il abandonnera quelques années plus tard, au début de 1938, lorsqu'il fut appelé par Horkheimer à New York pour travailler auprès de l'Institut de recherches sociales. Entre 1933 et 1938, Adorno se déplaçait régulièrement entre Oxford et Francfort, où résidaient sa mère et sa tante, une chanteuse et une pianiste professionnelles qui l'avaient orienté vers la musique, et auxquelles il portait une très grande affection (dont témoigne cette même correspondance avec Benjamin). C'est sans doute cette liberté de mouvement et cette aisance économique qui permirent à Adorno de ne pas ressentir comme un « *choc* » le tournant de 1933. On n'expliquerait pas autrement la naïveté avec laquelle il conseillait à Benjamin, dans une lettre d'avril 1934, de s'inscrire à la *Reichsschrifttumskammer*, l'Association littéraire du Reich créée une année plus tôt par Goebbels, dont le statut ne contenait pas encore un « *Arierparagraph*[28] ». Il va sans dire que Benjamin ne suivra pas son conseil et que sa propre demande sera rejetée l'année suivante. On n'expliquerait pas non plus autrement son article – cette fois-ci vraiment indécent – paru dans *Die Musik*, en juin 1934 : une critique élogieuse consacrée à une œuvre du compositeur Herbert Müntzel s'inspirant d'un recueil de poèmes du dirigeant nazi Baldur von Schirach. Adorno y

---

27. S. Buck-Morss, *The Origin of Negative Dialectics. Theodor W. Adorno, Walter Benjamin and the Frankfurt Institute*, New York, Free Press, 1977, p. 137.
28. *ABB*, p. 53.

saluait l'apparition de « *l'image d'un nouveau romantisme* [...] *peut-être analogue à ce que Goebbels a appelé le "réalisme romantique"*[29] ». C'est en gardant en mémoire ce texte – qu'il reconnaîtra plus tard comme une erreur – qu'on peut mieux apprécier l'aplomb avec lequel il démolissait en 1937, dans ses lettres à Benjamin, le magnifique livre de Siegfried Kracauer sur Jacques Offenbach, un ouvrage « *honteux* » dans lequel il décelait des visées commerciales, un caractère « *apologétique* » et la marque certaine du « *ressentiment de l'émigré* »[30]. Il était pour lui évident que, après un tel crime, l'Institut devait modifier ses relations avec Kracauer, dont il avait d'ailleurs déjà refusé une contribution. Bref, Adorno ne semblait pas connaître les affres de l'émigration. Sa correspondance avec Benjamin n'en garde qu'une trace, en 1936, une année après l'entrée en vigueur des lois de Nuremberg, lorsqu'il lui demande de s'informer, avec insistance et discrétion à la fois, sur la possibilité d'être lui-même naturalisé en France en faisant valoir les origines corses de sa mère[31] (projet qui devait échouer, ainsi que la demande de naturalisation de Benjamin).

C'est à partir de 1939, avec l'éclatement de la Seconde Guerre mondiale, que l'Institut de New York entamera des efforts réels pour sauver Benjamin et que ce dernier abandonnera ses réticences à quitter l'Europe. Pendant des années, la possibilité de son émigration en Amérique avait été évoquée mais jamais aucune démarche dans ce sens n'avait été faite. Il faudrait mettre en parallèle à ce sujet la correspondance entre Adorno et Benjamin avec celle échangée par ce dernier avec Scholem à propos de son éventuelle émigration en Palestine - possibilité envisagée mais jamais encouragée par Scholem, conscient des difficultés considérables que cela

29. Th. W. Adorno, compte rendu de l'œuvre de Herbert Müntzel, « Die Fahne der Verfolgten. Ein Zyklus für Männerchor nach dem gleichnamigen Gedichtband von Baldur von Schirach », *Die Musik*, juin 1934, p. 712, cité in R. Wiggershaus, *L'École de Francfort. Histoire, développement, signification*, Paris, PUF, 1993, p. 151.

30. *ABB*, pp. 242-244. Le livre en question est S. Kracauer, *Jacques Offenbach ou le secret du Second Empire*, Paris, Le Promeneur, 1994.

31. *ABB*, p. 198.

impliquait tant sur le plan matériel (l'université de Jérusalem n'avait pas les moyens de le recruter) que sur le plan intellectuel (en Palestine, il aurait dû abandonner tous ses projets entamés en Europe). À plusieurs reprises, les lettres de Benjamin font état de son intention, jamais sérieusement poursuivie, d'apprendre l'hébreu et l'anglais. C'est donc à partir de l'été 1939 – surtout après l'internement de Benjamin, à l'automne, dans un camp pour ressortissants allemands, puis sa fuite de Paris, l'année suivante, lors de l'occupation allemande – que ses tentatives de quitter la France deviendront concrètes. L'Institut ne ménagea pas ses efforts, Adorno renonça à ses vacances pour suivre les opérations de sauvetage de son ami, sans résultat. Il est fort douteux qu'il eût pu faire davantage. Deux exilés très proches de Benjamin, Arendt et Kracauer, réussiront à rejoindre New York. S'il n'y parvint pas, cela ne tenait pas à un manque d'aide mais à sa malchance, au hasard, à son épuisement, à son désespoir. Il se suicida à Port-Bou, après avoir été refoulé à la frontière espagnole, menacé d'être livré aux autorités françaises (et par conséquent à la Gestapo), mais ses compagnons de voyage purent traverser la frontière espagnole, atteindre Lisbonne et embarquer pour New York. Il n'avait plus la force pour un tel périple, pour arriver dans un pays où il se serait senti comme une pièce de musée, « *le dernier des Européens*[32] ». Son suicide ne fut pas une démission, ce fut autant un acte de désespoir que sa dernière protestation contre le fascisme, au moment où aucune alternative ne lui semblait possible.

*

Il est frappant de constater le silence de cette correspondance sur les grands événements politiques de l'époque. Si la fascisation de l'Europe, puis la précipitation de la crise internationale jusqu'à l'éclatement de la guerre en constituent la toile de fond, elles ne font presque jamais l'objet de commentaires. Pas de réflexions sur les procès de Moscou, comme dans les conversations entre Benjamin et Brecht[33] (sauf une

32. H. Arendt, « Walter Benjamin », art. cit., p. 167.
33. W. Benjamin, *Essais sur Bertolt Brecht*, Paris, Maspero, 1969.

vague allusion d'Adorno à *La Révolution trahie* de Trotsky[34]), ni d'informations sur la répression en Allemagne, d'appréciations sur la guerre civile espagnole et sur le Front populaire en France ou d'hypothèses après la signature des accords de Munich, comme dans la correspondance de Benjamin avec Scholem ou d'autres exilés[35]. La raison fondamentale de ce silence réside sans doute dans le fait que ni Adorno ni Benjamin n'étaient des analystes politiques, mais elle tient aussi, au moins en partie, à leur différence d'appréciation du fascisme. Pour Benjamin, le fascisme prenait une forme historique et politique, celle de l'Allemagne nazie, et constituait une menace bien concrète, constamment rappelée, lorsqu'il écrivait ses thèses « Sur le concept d'histoire », par le masque à gaz qui décorait son studio, « *double déconcertant de cette tête de mort dont les moines studieux ornaient leur cellule*[36] ». Dans ces thèses, où il apparaît sous l'image métaphorique de l'« antéchrist », le fascisme représente un danger pour l'humanité dans son ensemble. Rien ne survivrait à son avènement, ni l'espérance d'une libération à venir ni la mémoire des combats perdus : « *Si l'ennemi triomphe, même les morts ne seront pas en sûreté*[37] ». Adorno, en revanche, prendra conscience plus tardivement de la rupture historique incarnée par le fascisme. Ce n'est que pendant la guerre, sous l'impact du génocide juif, qu'il percevra les régimes totalitaires comme le moment paroxystique de l'« *autodestruction de la raison*[38] ». À partir de 1944, Auschwitz sera placé durablement au centre de sa réflexion et de son œuvre. Jusqu'à la guerre cependant, le fascisme n'était à ses yeux que l'expression contingente d'une tendance plus générale vers la

---

34. *ABB*, p. 329.
35. Par exemple W. Benjamin, *Correspondance*, t. II, *op. cit.*, p. 224.
36. *Ibid.*, p. 320 (lettre à Gretel Adorno).
37. W. Benjamin, « Sur le concept d'histoire », *Œuvres*, t. III, *op. cit.*, p. 431. Sur l'identification de l'« antéchrist » avec les classes dominantes, cf. la mise au point de Rolf Tiedemann, *Dialektik im Stillstand. Versuche zum Spätwerk Walter Benjamins*, Frankfurt/M, Suhrkamp, 1983, p. 113.
38. Th. W. Adorno, M. Horkheimer, *Dialectique de la raison*, *op. cit.*, p. 14.

« *société administrée* » et la réification des relations humaines : l'uniformisation des modes de vie et de pensée, le rejet de l'altérité, l'élimination du « *non-identique* » (*Nichtidentisches*), ce qu'il appellera, dans plusieurs de ses écrits, la *ticket mentality*[39]. Le résultat est qu'on ne trouve pas dans ses écrits la moindre ligne sur les moyens de combattre le fascisme. Rien de comparable aux remarques cinglantes de Benjamin sur la politique des partis communistes ou sociaux-démocrates qu'il tenait pour responsable des défaites du mouvement ouvrier. Cela explique son interprétation assez paradoxale de l'essai de Horkheimer sur « Les juifs et l'Europe » (1939), dans lequel il croyait trouver une confirmation de sa propre « *inimitié farouche contre l'optimisme béat de nos leaders de gauche*[40] ». Le regard mélancolique que Benjamin portait sur l'histoire n'était point insensible aux bifurcations du présent, à l'autonomie du politique comme intervention active et consciente, à l'action révolutionnaire comme art du « *temps actuel* » (*Jetztzeit*), dont Blanqui restait à ses yeux le paradigme, avec sa « *résolution d'arracher au dernier moment l'humanité à la catastrophe qui la menace*[41] ». Pour Adorno, soucieux de concilier la dialectique hégélienne et le diagnostic wébérien de la modernité, l'histoire était un mouvement linéaire dont le parcours s'achevait bien en Occident, comme l'Esprit absolu de Hegel, mais sous la forme d'une sociétéaliénée, d'une « *cage de fer* » indestructible, du totalitarisme. Le fascisme était omniprésent, envahissant et surtout consubstantiel à la société moderne où, écrivait-il en 1942 dans un essai sur Aldous Huxley, la seule utopie encore

---

39. *Ibid.*, p. 215. Voir aussi Th. W. Adorno, « Types and Syndromes », in Th. W. Adorno, E. Frenkel-Brunswik, D.J. Levinson, R. Nevitt Sanford, *The Authoritarian Personality*, New York, Harper & Row, 1950, p. 747. Voir à ce sujet E. Traverso, *L'histoire déchirée. Essai sur Auschwitz et les intellectuels*, Paris, Cerf, 1997, pp. 137-140.
40. W. Benjamin, *Correspondance*, t. II, p. 318 (lettre à Horkheimer). Il faut rappeler que Scholem ne partageait nullement ce jugement sur le texte de Horkheimer (*Walter Benjamin. Histoire d'une amitié*, Paris, Calmann-Lévy, 1981, pp. 245-247).
41. W. Benjamin, *Charles Baudelaire*, Paris, Payot, 1983, p. 247. Sur Benjamin comme penseur politique du « temps actuel », cf. D. Bensaïd, *Walter Benjamin. Sentinelle messianique*, Paris, Plon, 1990.

concevable était celle d'une « *collectivisation totale* », sur la base de la technique la plus avancée, correspondant enfin à la « domination totale[42] ».

*

Les destins croisés mais distincts de nos deux correspondants éclairent les réflexions plus tardives d'Adorno sur les intellectuels en exil, écrites en 1944 et publiées ensuite dans *Minima moralia*. L'importance de ce passage mérite le détour d'une citation : « *Tout intellectuel en émigration est mutilé, aucun n'y échappe, et il fera bien de s'en rendre compte de lui-même s'il ne veut pas en faire cruellement l'expérience, jusque derrière les portes pourtant bien fermées de l'estime qu'il se porte à soi-même. Il vit dans un environnement qui lui reste nécessairement incompréhensible, quand bien même il s'y connaîtrait parfaitement tant en ce qui concerne la circulation automobile que les organisations syndicales du pays ; il ne cesse de faire fausse route. Entre la reproduction matérielle de sa propre existence, dans les conditions qui sont celles de la culture de masse, et le travail exigeant et consciencieux, il y a pour lui un fossé infranchissable. Sa langue est confisquée, et asséchée la dimension historique où s'alimente sa réflexion. La formation de groupes stables et politiquement organisés, méfiants à l'égard de leurs propres membres et hostiles à l'égard des autres étiquetés comme tels, ne fait qu'aggraver son isolement. La part du produit national brut qui échoit aux étrangers n'arrive pas à suffire, ce qui les pousse à se faire entre eux une concurrence désespérée, qui vient redoubler la concurrence générale. De tout cela, chaque individu portera les stigmates. Celui qui échappe à l'humiliation d'une mise au pas immédiate porte le stigmate personnel de ce privilège, et l'existence qui est la sienne au sein du processus de reproduction de la société apparaît fantomatique et irréelle. Les relations qu'ont entre eux les exilés sont empoisonnées, beaucoup plus encore que celles qui existent entre les autochtones. La mesure de toutes choses est altérée et les perspec-*

---

42. Th. W. Adorno, « Aldous Huxley et l'utopie », *Prismes*, Paris, Payot, 1986, p. 83.

tives sont faussées. La vie privée prend une importance disproportionnée, elle devient fébrile et envahissante, précisément parce qu'elle n'existe plus à proprement parler et qu'elle tente désespérément de prouver qu'elle existe encore. La vie publique prend l'allure d'un serment de fidélité au conformisme.[43] »

Il y a dans ces mots, à coup sûr, une part de témoignage : à l'aune d'un regard rétrospectif, l'exil ne manque pas de noblesse, mais il est subi par l'émigré comme une perte et une « *mutilation* » irréparables. Seul Kracauer, en 1938, sera capable de faire l'éloge de l'émigré comme figure « *ex-territoriale*[44] ». Bien peu d'exilés, à Paris, à Prague, à Londres ou à New York auront le sentiment de s'enrichir des privilèges épistémologiques de l'« étranger » décrits au début du siècle par Georg Simmel[45]. L'exil est triste et misérable pour ceux qui le vivent.

Donc une part de témoignage : il n'est pas difficile de saisir un trait autobiographique dans l'affirmation d'Adorno selon laquelle la langue de l'exilé est « *confisquée* ». Fier d'écrire dans une langue « *intraduisible* » qui méritait bien la définition donnée par Arthur Lovejoy : un « *pathos métaphysique de l'obscurité*[46] », Adorno n'aurait jamais pu accepter, comme Herbert Marcuse ou Hannah Arendt, de troquer définitivement l'allemand pour l'anglais. À l'instar du conservateur allemand Werner Sombart, il considérait la langue de Shakespeare comme beaucoup plus adaptée à un *Händlervolk* qu'à la pensée philosophique. Une part de témoignage, encore, dans son évocation des « *relations empoisonnées* » des exilés entre eux, de même que dans son allusion au « *conformisme* » qu'ils seraient tentés d'adopter pour survivre. Cela

---

43. Th. W. Adorno, *Minima moralia. Réflexions sur la vie mutilée*, Paris, Payot, 1991, pp. 29-30.
44. Cf. E. Traverso, « Sous le signe de l'exterritorialité : Kracauer et la modernité juive », in N. Perivolaropoulou, Ph. Despoix, J. Umlauf (éds), *Culture de masse et modernité. Siegfried Kracauer sociologue, critique, écrivain*, Paris, Éditions de la MSH, 2001, pp. 212-232.
45. Cf. G. Simmel, « Exkursus über dem Fremden », München, Duncker & Humblot, 1922, p. 510.
46. Cité dans l'introduction de M. Jay, *Adorno*, *op. cit.*

rappelle la censure à laquelle lui-même et Horkheimer soumettaient, par souci de respectabilité, les articles de la *Zeitschrift für Sozialforschung*, systématiquement nettoyés de toute expression à consonance trop radicale. Dans un article de Benjamin sur le collectionneur social-démocrate allemand Eduard Fuchs, « *fascisme* » devenait « *doctrine totalitaire* » et « *communisme* » laissait la place à « *forces constructives de l'humanité* » ; tout cela dans le but, expliquait Horkheimer à Adorno en 1938, de « *ne pas prononcer un mot qui pourrait recevoir une interprétation politique*[47] ».

Là où la méditation d'Adorno sonne juste, au-delà de toute part de subjectivité, comme diagnostic de la condition de l'exilé, c'est dans la référence à son isolement et à sa confrontation avec l'hostilité du milieu environnant. À bien regarder, toute la vie d'Adorno et de Benjamin, au cours des années trente, se déroula dans un univers peuplé d'exilés allemands, juifs pour la plupart. À Oxford, Adorno avait le sentiment de vivre comme « *un étudiant du Moyen Âge* in cap and gown[48] ». Il n'en gardera pas un bon souvenir (et ne laissera pas non plus de bons souvenirs, d'après le témoignage d'Isaiah Berlin[49]). Ses lettres ne mentionnent aucun contact fécond en Angleterre, pays dont la philosophie ne présentait à ses yeux aucun intérêt. Seule l'œuvre de l'exilé hongrois Karl Mannheim, ancien professeur de l'université de Francfort, méritait son attention et fit l'objet d'une étude critique. À New York, si l'on excepte la première période où il travailla au Princeton Radio Research Project dirigé par Paul Lazarsfeld, la vie intellectuelle d'Adorno évoluait exclusivement à l'intérieur des frontières de l'Institut de recherches sociales, dans lequel son interlocuteur principal était Horkheimer[50]. Il est une fois

---

47. Cf. R. Wiggershaus, *L'École de Francfort*, *op. cit.*, p. 199, et M. Jay, *L'imagination dialectique. Histoire de l'école de Francfrort 1923-1950*, Paris, Payot, 1977, ch. 6.
48. *ABB*, p. 76.
49. Cf. M. Jay, « The Ungrateful Dead », *Salmagundi*, 1999, n° 123, p. 25.
50. Voir surtout M. Jay, « Adorno in America », *Permanent Exiles. Essays on the Intellectual Migration from Germany to America*, New York, Columbia University Press, 1986, pp. 120-137.

question, dans ses lettres à Benjamin, d'un dîner avec un autre exilé de Francfort, le philosophe protestant Paul Tillich. La seule personnalité d'envergure qu'Adorno semble avoir découverte à New York est Meyer Schapiro, l'historien marxiste de l'art de l'université Columbia qui était proche des milieux de l'exil allemand dont il pratiquait la langue, et qui ne cachait pas à l'époque ses sympathies pour Trotsky.

À Paris, Benjamin était particulièrement isolé. Non seulement à cause d'une attitude diffuse de méfiance des Français à l'égard des exilés, qu'il ne manquait pas d'enregistrer dans une lettre à Scholem en citant un dicton alors à la mode : « *Les émigrés sont pires que les boches*[51] ». Hannah Arendt a écrit qu'il aimait la capitale française où il se sentait « *chez lui* » autant sinon davantage que dans les rues de Berlin. Il aimait cette ville qui, depuis un siècle, était « *comme une seconde patrie pour tous les sans-patries* ». Mais ce qui l'attirait le plus dans Paris, ajoute Arendt, c'était le passé : « *Le voyage de Berlin à Paris équivalait à un voyage dans le temps : non à un voyage d'un pays à un autre, mais un voyage du* XX*e* *au* XIX*e* *siècle*[52] ». Paris, pour Benjamin, c'était la ville du XIXe siècle demeurée presque intacte, une ville chargée de mémoire, qui l'avait séduit lors de son premier voyage en 1913 et qui l'amènera dix ans plus tard à concevoir le projet du *Passagen-Werk*. Dans son essai de 1935 sur Eduard Fuchs, Benjamin a résumé en quelques lignes son image de la France : « *Terre de trois grandes révolutions, pays des exilés, origine du socialisme utopique, patrie de Quinet et de Michelet qui haïssaient les tyrans, terre où reposent les Communards*[53] ». La culture française, qu'il avait contribué à diffuser en Allemagne aussi bien comme traducteur de Baudelaire et de Proust que comme critique de la *Literarische Welt*, ne découvrira son œuvre que bien des années après sa mort. Il connaissait Valéry et Gide, auxquels il avait consacré des essais importants et qui lui écriront une attestation pour soutenir, sans succès, son dossier de naturalisation,

---

51. *BSB*, p. 95.
52. H. Arendt, « Walter Benjamin », art. cit., p. 269.
53. W. Benjamin, « Eduard Fuchs, collectionneur et historien », *Œuvres*, t. III, *op. cit.*, p. 203.

mais leurs relations n'avaient rien d'intime. En 1935, Jean Paulhan refusera de publier un essai sur Bachofen qu'il avait écrit (en français) pour la *NRF* et seuls quelques textes en français paraîtront de son vivant. Paris, pour Benjamin, c'était surtout la salle de lecture de la Bibliothèque nationale – c'est là que la photographe Gisèle Freund fera de lui un célèbre portrait – où il passait des longues périodes régulièrement interrompues par ses voyages à San Remo, Svendborg et Ibiza, où il était l'invité de son ex-femme, de Brecht et de Jean Selz. La seule Française avec laquelle il entretenait, à l'instar d'autres exilés, des relations de familiarité, c'était la libraire Adrienne Monnier, qui mobilisera toutes ses connaissances à l'automne 1939 pour le sortir du camp de Nevers où il avait été interné [54].

Plus complexe et sans doute marquée par une incompréhension réciproque fut la relation de Benjamin avec le Collège de sociologie. Entré en contact en 1936 avec Pierre Klossowski, auquel on doit la première traduction française de *L'Œuvre d'art à l'époque de sa reproductibilité technique*, puis avec Georges Bataille, conservateur à la Bibliothèque nationale, Benjamin participa à quelques réunions du Collège, entre 1937 et 1939. Dernier mouvement d'avant-garde de l'entre-deux-guerres, ce regroupement intellectuel animé par Bataille, Leiris et Caillois s'orientait vers un dépassement du surréalisme à travers l'abandon de Marx et la récupération de l'héritage sociologique et anthropologique de Durkheim et Mauss. Son radicalisme antibourgeois, son interdisciplinarité et son regard nouveau sur le « sacré » attiraient et effrayaient à la fois Benjamin. Cette méfiance était partagée, voire accentuée, par Adorno qui saisissait chez Roger Caillois « *une foi dans la nature anhistorique et crypto-fasciste* », non sans affinités avec la mystique de Gustav Jung et Ludwig Klages, voire avec la conception nazie de la *Volksgemeinschaft* [55]. Beaucoup plus tard, Klossowski relatera une anecdote qui illustre bien l'incompréhension qui marqua toutes les relations entre les exilés allemands et les écrivains français regroupés autour des revues *Contre-*

---

54. A. Monnier, « Benjamin », *Rue de l'Odéon*, Paris, Albin Michel, 1960, pp. 171-184.
55. *ABB*, p. 277.

Attaque et *Acéphale*. À une question d'Adorno concernant les activités du Collège de sociologie, Klossowski répondait : « *Inventer de nouveaux tabous* ». Interloqué, Adorno répliquait : « *N'avons-nous pas assez de tabous ?* » tandis que Benjamin hochait la tête [56]. Selon Klossowski, Benjamin suivait les réunions du Collège « *avec autant de consternation que de curiosité* », évoquant à l'occasion « *la surenchère métaphysique et politique* » des écrits de ses membres comme une erreur impardonnable. À ses yeux, l'expérience allemande avait largement prouvé que ce jeu dangereux était susceptible de créer « *un terrain psychologique favorable au fascisme* [57] ». Il confirmera ce jugement négatif dans un compte rendu d'un autre ouvrage de Caillois, « L'aridité », paru dans le *Zeitschrift für Sozialforschung* et qu'il signa d'un pseudonyme pour ne pas compliquer ses relations avec Bataille qui lui rendait souvent de bons services [58] (c'est ce dernier qui sauvera, en le cachant à la Bibliothèque nationale, le manuscrit du *Passagen-Werk*).

*

Cette réserve partagée vis-à-vis du Collège de sociologie n'empêchait nullement Adorno et Benjamin de porter un regard sensiblement différent sur le surréalisme, dont témoigne leur correspondance. Le surréalisme était une composante essentielle de la fascination que la France exerçait sur Benjamin, depuis sa découverte du *Paysan de Paris* d'Aragon, dont il avait même traduit quelques extraits pour la *Literarische Welt*. Dans un long article de 1929, Benjamin saluait dans le surréalisme le premier mouvement d'avant-garde qui avait retrouvé en Europe « *une idée radicale de la liberté* » dont il ne restait plus de

---

56. Cité in D. Hollier (éd.), *Le Collège de sociologie 1937-1939*, Paris, Gallimard, 1995, p. 504.
57. *Ibid*., p. 884. H. Mayer, qui connut Benjamin et participa à quelques activités du Collège de sociologie, reste étrangement silencieux au sujet de cette controverse (cf. H. Mayer, *Walter Benjamin. Réflexions sur un contemporain*, Paris, Le Promeneur, 1995, pp. 67-69).
58. *ABB*, pp. 355-357.

traces depuis Bakounine[59]. Son projet consistait à « *gagner à la révolution les forces de l'ivresse* » en conciliant ainsi liberté et émancipation humaine. La magie, le rêve, la transfiguration onirique du réel devenaient chez les surréalistes des pratiques créatrices visant à « *anticiper* » une libération totale, non seulement affranchissement de l'exploitation mais aussi libération des corps, de l'imagination, de l'art, de l'esprit. C'était la « *composante anarchique* » du surréalisme dont il soulignait le potentiel explosif, tout en en dénonçant les limites dans son indifférence à « *la préparation méthodique et disciplinaire de la révolution*[60] ». Bref, la *pars construens* lui faisait défaut. Comme l'écrit Michael Löwy dans le sillage de Margaret Cohen, Benjamin partageait avec Breton un même « *marxisme gothique* », nourri d'une grande sensibilité pour la dimension magique du passé, puisant dans l'enchantement et dans le merveilleux les sources d'une imagination utopique ancrée dans le présent[61]. À l'instar des créations surréalistes, les aphorismes et le style fragmentaire, « micrologique », de Benjamin façonnaient des « *illuminations profanes* » qui laissaient apercevoir l'image d'une société libérée. Il n'est pas difficile de saisir une affinité entre la pratique surréaliste des « associations libres » et le détournement des lois du capitalisme érigé en art par le Flâneur de Benjamin, capable d'appréhender la modernité comme source de jouissance esthétique tout en se soustrayant à sa

---

59. W. Benjamin, « Le surréalisme », *Œuvres*, t. II, *op. cit.*, p. 130.

60. *Ibid.*

61. M. Löwy, « Walter Benjamin et le surréalisme. Histoire d'un enchantement révolutionnaire », *L'Étoile du matin*, Paris, Syllepse, 2000, pp. 40-42. « Marxisme gothique » est le titre du premier chapitre de M. Cohen, *Profane Illuminations. Walter Benjamin and the Paris of Surrealist Revolution*, Berkeley, University of California Press, 1993. M. Cohen suggère, de façon très séduisante, que le marxisme de Benjamin était aux manuels orthodoxes de matérialisme historique ce que le *Guide noir du Paris mystérieux* était aux *Guides bleus* traditionnels. Elle a tendance cependant à interpréter ce « *marxisme gothique* » simplement comme un marxisme contaminé par l'« irrationnel », pp. 1-3. Voir aussi J.-M. Lachaud, « Walter Benjamin et le surréalisme », in J.-M. Lachaud (éd.), *Présence(s) de Walter Benjamin*, Bordeaux, Publications du service culturel de l'université Michel de Montaigne, 1994, pp. 83-96.

réification marchande et à sa rationalisation productive, utilitariste, quantitative du temps. La théorie surréaliste du rêve avait stimulé l'intérêt de Benjamin pour Freud et lui avait donné une clef essentielle pour amorcer son étude de Paris au XIXe siècle. Pour l'auteur du *Livre des Passages*, « *le réveil* » (*Erwachen*) était « *le paradigme du ressouvenir* » (*des Erinners*) et la grande ville moderne, avec sa condensation du passé dans l'architecture et dans le paysage, constituait un lieu privilégié d'activation de la mémoire[62]. Les « *chocs électriques* » et les « *expériences vécues* », au sens proustien, de la grande ville pouvaient bien – au-delà et au travers de la fantasmagorie de son univers marchand, dans les ruines d'un passé broyé par le capitalisme industriel – instaurer une tension dialectique avec le passé. Dans le *Passagen-Werk*, Benjamin indiquait que le surréalisme avait montré cette articulation entre le rêve et la remémoration : « *Le XIXe siècle, pour parler comme les surréalistes : c'est la rumeur qui pénètre dans notre rêve, et que nous interprétons au réveil*[63] ». Pour Benjamin, un trait marquant du monde moderne réside dans le remplacement de l'« *expérience* » (*Erfahrung*), la mémoire transmissible, par l'« *expérience vécue* » (*Erlebnis*), fragmentaire et éphémère. La « *remémoration* » (*Eingedenken*), c'est-à-dire la réactivation du passé dans le présent, sa « *relique sécularisée* »[64], a cessé d'être une pratique sociale spontanée et naturelle dont les modalités sont léguées d'une génération à l'autre. Dans son essai sur la figure du « conteur », consacré à l'œuvre de Nicolas Leskov, Benjamin indiquait dans la Première Guerre mondiale le moment décisif de dissolution de l'expérience transmissible. C'est lorsque les massacres technologiques de 14-18 avaient brisé les rythmes naturels d'existence de millions d'êtres humains, en plaçant leurs corps « *minuscules et fragiles* » au milieu « *d'un champ de forces traversé de tensions et d'explosions destructrices* », que les expériences antérieurement acquises apparaissaient inutiles et périmées.

---

62. W. Benjamin, *Paris capitale du XIXe siècle. Le livre des Passages*, Paris, Cerf, 1989, p. 880.
63. *Ibid.*, p. 829.
64. W. Benjamin, *Charles Baudelaire*, *op. cit.*, p. 239.

La remémoration nécessite désormais un déclencheur, une mèche[65]. Le surréalisme était dans le domaine esthétique la tentative la plus ambitieuse de combler ce fossé entre l'instant, le choc fugitif, et la mémoire.

La dichotomie entre *Erlebnis* et *Erfahrung* ne laissait aucune place, dans l'interprétation d'Adorno, pour la remémoration condensée dans les rêves et les images utopiques, mais elle fondait, écrit-il à Benjamin en février 1940, « *une théorie dialectique de l'oubli* », autrement dit, « *une théorie de la réification* »[66]. L'annulation de la mémoire dans la société marchande ne faisait qu'achever un processus historique toujours placé sous le signe de la domination. Si pour Benjamin la remémoration signifiait *aussi* faire revivre dans le présent le souvenir d'une société sans classes, Adorno ne voyait dans une telle posture que l'idéalisation romantique du passé érigé en « âge d'or ». Dans « Paris capitale du XIXe siècle », Benjamin utilisait la mémoire afin d'exhumer une « *catégorie mythico-archaïque* » qui n'était pas à l'abri des dérives réactionnaires, puisqu'Adorno n'hésitait pas à la rapprocher de la théorie de l'« *inconscient collectif* » de Jung et à la vision du mythe de Klages[67].

Adorno critiquait l'essai de Benjamin sur « Le Paris du Second Empire chez Baudelaire », dont il refusera la publication dans la revue de l'Institut, pour son « *matérialisme immédiat* », presque « *anthropologique* », réduisant le concept de fantasmagorie au comportement de la bohème et s'enlisant dans une impasse, « *au carrefour entre la magie et le positivisme* ». En clair : la magie du flâneur et le positivisme d'une reconstruction historique de la bohème, travers majeur qui lui rappelait le sociologisme des écrits de Georg Simmel sur la ville et dans lequel, à ses yeux, était déjà tombé Kracauer en voulant rechercher dans les boulevards l'essence de Paris à l'époque du Second Empire[68]. Benjamin analysait les métamorphoses poétiques de Baudelaire (le flâneur, le

---

65. W. Benjamin, « Le conteur. Réflexions sur l'œuvre de Nicolas Leskov », *Œuvres*, t. III, *op. cit.*, p. 116.

66. *SWB*, p. 152, *ABB*, p. 417.

67. *ABB*, p. 142, *SWB*, p. 113.

68. *ABB*, pp. 366, 368 ; *SWB*, pp. 134, 136 ; R. Wolin, *Walter Benjamin*, *op. cit.*, pp. 173-179.

bohème, le dandy) à la fois comme un produit de la « *fantasmagorie* » de la société marchande – une définition qu'il empruntait à Marx – et comme une tentative d'échapper à ses contraintes. Il rattachait l'œuvre de Baudelaire à l'essor de la société de masse, marquée par l'avènement de l'éclairage au gaz, des grands magasins, du feuilleton, de la photographie, des passages, des boulevards et des foules, des insurrections urbaines et aussi, inévitablement, par l'apparition de nouvelles figures sociales telles le journaliste, le détective, le policier et le conspirateur professionnel. Les « *chocs* » qui rythment, à l'instar de la vie dans les grandes villes, la poésie de Baudelaire, trouvaient leur correspondant politique, selon Benjamin, dans les « *putschs* » de Blanqui, « *le plus important des chefs de barricade* »[69]. Les deux s'inscrivaient dans le même terreau de la grande ville moderne ; les deux partageaient le même rejet de la philosophie du progrès, avec sa foi positiviste dans la société industrielle. Au fond, c'est bien cette critique « pratique » du capitalisme, noyau commun tant de l'esthétique de Baudelaire et des surréalistes que de la politique de Blanqui, qui irritait Adorno. Ce dernier réaffirmera son hostilité foncière à l'égard du surréalisme dans plusieurs de ses écrits, de *Philosophie de la nouvelle musique* à une étude de 1956 reprise dans ses *Notes sur la littérature*. Dans ce texte, il soulignait l'impuissance du surréalisme face à la réification dominante et allait jusqu'à considérer avec mépris son engouement pour les objets oniriques comme une forme de fétichisme digne de la pornographie[70].

Après la guerre, Adorno donnera une définition tout à fait exacte du style de Benjamin en présentant ses textes aphoristiques et fragmentaires comme des « *images de pensée* » (*Denkbilder*)[71]. L'idée comme image, pas comme « représentation » mais comme « *un étant en soi que l'on ne peut contempler si ce n'est que d'une manière spirituelle* ». Cette inter-

69. Cf. E. Lunn, *Marxism and Modernism. An Historical Study of Lukács, Brecht, Benjamin, and Adorno*, London, Verso, 1985, pp. 163-165.
70. Th. W. Adorno, « Le surréalisme. Une étude rétrospective », *Notes sur la littérature*, Paris, Flammarion,1984, p. 68.
71. Th. W. Adorno, « Sens unique », *SWB*, p. 23.

prétation particulièrement pénétrante ne l'empêchera cependant pas de réitérer ses critiques à l'égard d'une « *philosophie du fragment* [...] *restée elle-même fragmentaire* » et d'une méthode micrologique toujours étrangère à l'idée hégélo-marxiste de totalité dialectique[72]. Ces divergences expliquent l'attitude contradictoire d'Adorno : d'une part, il intervint auprès de Horkheimer pour plaider la cause de Benjamin et soutenir son projet du *Passagen-Werk*, qu'il présentait comme « *une contribution réellement extraordinaire à la théorie* » en le qualifiant de « *chef-d'œuvre* »[73] ; d'autre part, il ne pouvait pas cacher ses réserves vis-à-vis de l'essai de Benjamin sur Baudelaire, jusqu'au point d'exercer son pouvoir de censure. L'amitié, l'admiration, une sensibilité partagée, des vues théoriques souvent convergentes mais parfois émaillées de désaccords et, surtout, une incontestable supériorité « hiérarchique » au sein de l'institution censée incarner la théorie critique : voilà l'ensemble qui déterminait la conduite d'Adorno à l'égard de Benjamin.

*

Une autre dissonance révélée par cette correspondance tient à l'analyse de l'art dans la société de masse. L'essai de Benjamin sur *L'Œuvre d'art à l'époque de sa reproductibilité technique*, qui parut en français en 1936 dans la *Zeitschrift für Sozialforschung*, suscita l'adhésion du jeune philosophe de la musique. Il partageait une théorie esthétique dont le point de départ était le constat de l'avènement de l'industrie culturelle, ce qui plaçait la création sous le signe du déclin de l'aura. Mais l'enthousiasme d'Adorno découlait d'une interprétation fort unilatérale du texte. Là où Benjamin analysait les transformations de l'art devenu techniquement reproductible en indiquant les deux conséquences majeures de ce processus – d'une part la fin du caractère irréductiblement unique de ses créations (la perte de l'« aura »), de l'autre les potentialités nouvelles de sa diffusion (sa démocratisation) –,

72. Th. W. Adorno, « Portrait de Walter Benjamin », *SWB*, pp. 20, 16.
73. *SWB*, p. 106.

Adorno ne voyait qu'une réflexion sur la « *liquidation de l'art*[74] ». Là où Benjamin soulignait que, « *pour la première fois dans l'histoire universelle* », l'œuvre d'art conçue pour être reproductible, comme le cinéma, « *s'émancipe de l'existence parasitaire qui lui était impartie dans le cadre du rituel* »[75], Adorno ne voyait qu'une nouvelle illustration du « *sadisme bourgeois* » s'emparant des masses[76]. Pour Benjamin, l'art de masse pouvait être porteur d'un noyau émancipateur, contrepoint et compensation dialectique du déclin de l'aura ; pour Adorno il ne pouvait qu'engloutir définitivement toute création dans la réification universelle. La systématisation théorique de Benjamin révélait les traces d'influences multiples : le théâtre épique de Brecht, le constructivisme soviétique (auquel il avait été introduit par Asja Lacis), sans oublier la réflexion de Kracauer sur l'« *ornement de la masse*[77] » ; la critique d'Adorno portait le sceau évident d'un certain conservatisme esthétique et d'un profond pessimisme culturel. Quelques années avant sa mort, Adorno n'hésitera pas à présenter l'essai de Benjamin de 1936, en termes psychanalytiques, comme une « *identification avec l'agresseur*[78] ».

L'Œuvre d'art à l'époque de sa reproductibilité technique contribuera à inspirer deux essais d'Adorno, le premier sur le jazz et le deuxième sur le « *caractère fétiche de la musique* », parus respectivement en 1936 et en 1938 dans la revue de l'École de Francfort. Comme il l'écrivait à Benjamin, il tenait les prétendus « *éléments progressistes* » du jazz pour une façade qui cachait en réalité « *quelque chose de profondément réactionnaire* »[79]. Dans son essai, l'essence du jazz était ramenée à ce qu'Horkheimer appelait, à la même époque, la « *révolte de la nature* » véhiculée par le fascisme,

---

74. *ABB*, p. 168, SWB, p. 123.
75. W. Benjamin, « L'Œuvre d'art à l'époque de sa reproductibilité technique », *Œuvres*, t. III, *op. cit.*, p. 281.
76. *ABB*, p. 172, SWB, p. 126.
77. S. Kracauer, « L'ornement de la masse », *Le Voyage et la Danse. Figures de ville et vues de films*, Saint-Denis, PUV, 1996, pp. 69-80.
78. Th. W. Adorno, « Benjamin, l'épistolier », *SWB*, p. 56.
79. *ABB*, p. 175, *SWB*, pp. 129-130.

c'est-à-dire une violence régressive susceptible de renforcer les chaînes de la domination[80]. Exutoire des masses prisonnières de la société aliénée, le jazz se limitait à éveiller le potentiel destructeur de la rationalité instrumentale. L'« *excitation monotone* » du jazz réalisait à ses yeux « *la fusion du geste de révolte avec le désespoir d'une obéissance aveugle* », mettant ainsi à jour sa composante « *sadomasochiste*[81] ». Les rythmes syncopés lui rappelaient la scansion régulière d'une marche militaire, ce qui faisait du jazz une expression parfaite du totalitarisme inhérent à la société de masse. Dans son essai sur le « caractère fétiche de la musique », il allait jusqu'à comparer les chefs d'orchestre américains de musique légère (*band leaders*) à des *Führer* fascistes[82]. Son analyse de la musique de masse, où il reformulait l'idée du déclin de l'aura en termes de « *régression de l'écoute* », se terminait par une condamnation sans appel : cette forme d'art était l'expression la plus achevée du masochisme de l'écoute, de l'aliénation généralisée (le « *sacrifice de soi* ») et de l'identification avec l'autorité[83]. Comme l'indiquent clairement ses écrits postérieurs, la réponse au déclin de l'aura n'était pas, selon Adorno, l'esthétique brechtienne mais la musique atonale de Schönberg. Cette musique, soulignait-il, ne voulait pas être « *décorative* » mais « *vraie* », en choisissant l'abandon des consonances harmoniques afin d'atteindre l'expression authentique d'un tourment intérieur, de l'inquiétude et de l'angoisse des hommes face à la violence du monde réifié[84]. Dans une lettre de 1936, Adorno présentait Vienne comme sa « *deuxième patrie* », au même titre que Paris pour Benjamin[85] : l'un avait son regard tourné vers la capitale des révolutions du XIXe siècle, l'autre sur l'épicentre de la crise du monde

---

80. M. Horkheimer, *Éclipse de la raison*, Paris, Payot, 1974, pp. 101-135.
81. Th. W. Adorno, « Über Jazz », *Musikalische Schriften IV*, Frankfurt/M, Suhrkamp, 1982, pp. 74-108. Voir aussi l'étude plus tardive « Mode intemporelle. À propos du jazz », *Prismes*, *op. cit.*, p. 116.
82. Th. W. Adorno, *Le Caractère fétiche dans la musique*, Paris, Allia, 2001, pp. 46-47.
83. *Ibid.*, p. 73.
84. Th. W. Adorno, *Philosophie de la nouvelle musique*, Gallimard, Paris, 1962.
85. *ABB*, p. 209.

bourgeois moderne et d'une remise en cause radicale de l'identité du sujet.

À partir du même constat – la naissance d'un art sans aura dans le capitalisme moderne –, Benjamin et Adorno tiraient des conclusions opposées : le premier proposait la *politisation de l'art*, rendue possible par ses nouvelles bases techniques, comme réponse nécessaire à l'*esthétisation de la politique* pratiquée par le fascisme[86] ; le deuxième ne voyait d'autre solution que le repli dans une sorte de romantisme conservateur et résigné, cantonné à une critique purement contemplative. Comment expliquer alors la lettre de Benjamin qui fait part à son ami, après avoir lu son essai sur le jazz, d'une « *communication intime, profonde et spontanée de nos pensées*[87] » (nuancée néanmoins lors de leurs entretiens à Paris en 1936[88]) ? On pourrait certes invoquer la méconnaissance du jazz par l'exilé de Paris, mais il est probable que les ressorts de son attitude sont liés davantage au contexte : la « peur » de Benjamin face aux hommes dont il dépend, les « relations empoisonnées » entre les émigrés et la part de dissimulation, plus ou moins consciente, que cela implique. Dans ses lettres, Benjamin n'ose plus critiquer Adorno.

*

Au printemps 1938, peu après son arrivée à New York, Adorno rencontre Scholem, de passage en Amérique pour effectuer des recherches et donner une série de conférences. Cette rencontre fort cordiale avec le grand ami de Benjamin fit l'objet d'une longue lettre qui donna à Adorno l'occasion d'une mise au point remarquable sur le rapport différent à la théologie de ses deux interlocuteurs, thème dont il avait déjà

---

86. W. Benjamin, « L'Œuvre d'art à l'époque de sa reproductibilité technique », *Œuvres*, t. III, *op. cit.*, p. 316. Si le fascisme offrait aux masses une « *représentation mimétique* », le communisme devait devenir l'instrument de leur action politique (voir à ce sujet les remarques essentielles d'Esther Leslie, *Walter Benjamin. Overpowering Conformism*, London, Pluto Press, 2000, pp. 162-167).
87. *ABB*, p. 190.
88. *ABB*, p. 435.

été question entre eux lors d'une précédente conversation à San Remo. Il opposait à la méthode de Scholem, qui essayait simplement de « *sauver la théologie* » d'une manière étrangement « *romantique* », celle de Benjamin qui s'efforçait de « *mobiliser la force de l'expérience théologique, de façon anonyme, au sein du profane* [*die Kraft der theologischen Erfahrung anonym in der Profanität mobil zu machen*] [89] ». Cette méthode, écrivait-il, se rapprochait de la sienne et s'éloignait aussi du matérialisme orthodoxe de Brecht, évoqué par une fugace allusion à la « *pierre philosophale et d'achoppement vivant au Danemark* [90] ». Il réaffirmera ce jugement en 1950, dans un article où il présente le projet de Benjamin comme une tentative d'introduire la mystique juive dans l'*Aufklärung*. Benjamin ne recherchait aucune transcendance, mais interprétait la littérature profane comme s'il s'agissait de textes sacrés et voulait préserver l'héritage théologique par les moyens d'une « *profanation radicale* [91] ». Ce jugement particulièrement pénétrant indique qu'Adorno avait saisi les lignes générales de la démarche de Benjamin. À la différence de Brecht, qui exprimera son admiration pour un superbe manifeste révolutionnaire comme les thèses « Sur le concept d'histoire » tout en regrettant leur enveloppe mystique, et de Scholem, qui tenait la pensée de son ami pour essentiellement « métaphysique » en lui reprochant son « *déguisement matérialiste* »[92], Adorno avait compris, avant même la rédaction de ce texte, que Benjamin était un marxiste et un théologien à la fois. Politique et religion, marxisme et messianisme juif coexistaient dans sa pensée sans jamais se dissoudre. Innombrables seront les exégètes de ses thèses sur l'histoire, qui, tantôt dans la lignée religieuse de Scholem et tantôt dans la lignée rationaliste de Brecht, décréteront l'échec de cette tentative de greffer le marxisme dans la théologie juive ou vice-versa. Benjamin, pourrait-on répliquer en suivant Michael Löwy, n'a jamais

---

89. ABB, p. 324.

90. *Ibid.*

91. Th. W. Adorno, « Portrait de Walter Benjamin », *SWB*, p. 14.

92. B. Brecht, *Journal de travail*, Paris, L'Arche, 1976, p. 15, et G. Scholem, *Benjamin et son ange*, Paris, Rivages, 1995, p. 53.

voulu « théologiser » le marxisme ni « séculariser » le messianisme juif dans le matérialisme historique. Il les interprétait comme deux éléments complémentaires : « *Le religieux et le politique entretiennent chez Benjamin un rapport de réversibilité réciproque, de traduction mutuelle, qui échappe à toute réduction unilatérale : dans un système de vases communicants, le fluide est nécessairement présent dans toutes les branches simultanément*[93] ».

Cette articulation originale du religieux et du profane, du messianique et du séculier, débouche finalement chez Benjamin sur une nouvelle vision de l'histoire et de la révolution. Dans ses thèses de 1940 – qu'il fera miraculeusement parvenir à Adorno, par l'intermédiaire de Hannah Arendt, et que ce dernier publiera deux années plus tard, à New York, dans un cahier de l'Institut de recherches sociales – cette nouvelle vision de l'histoire prend des traits sombres et apocalyptiques. La plus célèbre, la neuvième, place l'histoire sous le regard effrayé d'un Ange, poussé vers le ciel par la tempête, et identifie le progrès à une chaîne ininterrompue de défaites des opprimés. C'est surtout cette « *image de pensée* » qu'Adorno et Horkheimer adoptent dans *La Dialectique de la raison*, leur *opus magnum* des années de guerre, en l'interprétant de manière assez restrictive[94]. Mais pour Benjamin, l'histoire ne se réduit pas à ce redoutable cortège des vainqueurs célébré par les chroniqueurs du temps linéaire, homogène et vide du progrès ; elle porte aussi la mémoire des vaincus, le souvenir des défaites subies et la promesse d'une rédemption future. Cette promesse se situe dans l'avenir où, selon la tradition juive, « *chaque seconde est la porte étroite par laquelle le Messie pouvait entrer*[95] ». À l'approche historiciste du passé, il oppose une vision messianique de la révolution : l'avènement d'une ère nouvelle qui, brisant cet

93. M. Löwy, *Avertissement d'incendie. Une lecture des thèses « Sur le concept d'histoire »*, Paris, PUF, 2001, p. 179.

94. « *L'ange au glaive de feu, qui chasse les hommes du paradis et les pousse sur la voie du progrès technique, est lui-même le symbole de ce progrès* » (Th. W. Adorno, M. Horkheimer, *La Dialectique de la raison*, *op. cit.*, p. 189).

95. W. Benjamin, « Sur le concept d'histoire », *Œuvres*, t. III, *op. cit.*, p. 443.

enchaînement de défaites, interrompt le cours de l'histoire. Au lieu de « *faire avancer* » l'histoire sur son chemin, la révolution doit l'« *arrêter* ». À la différence de Marx, qui définit les révolutions comme les « *locomotives de l'histoire* », Benjamin les interprète comme le « *frein d'alarme* » qui peut arrêter la course du train vers la catastrophe, une catastrophe éternellement renouvelée[96]. C'est là, dans cette brisure soudaine du temps historique, qu'il fait entrer en jeu le messianisme, une force rédemptrice qui ne vise pas l'accomplissement mais la *sortie* de l'histoire. Pour Benjamin, les révolutions assouvissent aussi un besoin de mémoire. Il écrit, à propos des révolutions du XIXe siècle, qu'elles étaient porteuses d'« *images de désir* » (*Wunschbilder*) renvoyant à un passé ancestral : « *À la forme du nouveau moyen de production, qui reste d'abord dominé par la forme ancienne (Marx), correspondent dans la conscience collective des images où s'entremêlent le neuf et l'ancien. Ces images cristallisent des désirs* [...]. *Dans le rêve où chaque époque se dépeint la suivante, celle-ci apparaît mêlée d'éléments venus de l'histoire primitive, c'est-à-dire d'une société sans classes. Déposées dans l'inconscient collectif, les expériences de cette société se conjuguent aux réalités nouvelles pour donner naissance à l'utopie, dont on trouve la trace dans mille figures de la vie, dans les édifices durables comme dans les modes passagères.*[97] » La remémoration engendre ici une tension utopique qui, polarisée avec le messianisme et le surréalisme dans un même *champ magnétique*[98], donne forme au matérialisme historique de Benjamin.

Si Adorno avait saisi l'articulation des sources inspiratrices de la pensée de Benjamin, il était loin d'en accepter les visées révolutionnaires. Pour Benjamin, fidèle en cela à Lukács et à Korsch, « *le sujet de la*

---

96. W. Benjamin, *Sens unique*, Paris, Les Lettres Nouvelles/Maurice Nadeau, 1978, p. 206, et aussi les notes préparatoires de W. Benjamin à ses thèses « Sur le concept d'histoire », *Gesammelte Schriften*, Bd. I, 3, p. 1232.

97. W. Benjamin, « Paris, capitale du XIXe siècle », *Œuvres* t. III, cit., pp. 47-48.

98. J'emprunte cette définition à Miguel Abensour, « Walter Benjamin entre mélancolie et révolution. Passages-Blanqui », in H. Wismann (éd.), *Walter Benjamin et Paris*, Cerf, Paris, 1986, p. 247.

connaissance historique est la classe combattante, la classe opprimée elle-même[99] ». Pour Adorno en revanche, cette posture ne faisait que révéler l'influence pernicieuse de Brecht sur la pensée de son ami. Quant à lui, Adorno se cantonnait à un marxisme esthétique foncièrement étranger, sinon hostile, à toute idée de lutte de classes. Il ne voyait dans le concept marxiste de prolétariat qu'un *deus ex machina* abstrait et déroutant, qui affleurait trop souvent dans l'essai de Benjamin sur « Paris, capitale du XIXe siècle » et dont il fallait au plus vite se débarrasser – « *C'est ici, précisément ici, le moment de dire "stop !"* », lui écrivait-il le 20 mai 1935[100] –, quitte à renoncer définitivement à toute possibilité de collaboration avec l'Institut. Au fond, Adorno refusait *a priori* toute hypothèse d'engagement politique, tandis que Benjamin dénonçait comme stérile et impuissante une critique du capitalisme limitée à la sphère esthétique. Dans la conclusion de son essai le plus brechtien – « L'auteur comme producteur », texte qu'il n'osa pas envoyer à Adorno – il écrivait que la lutte finale n'opposerait pas le capitalisme et « l'esprit », comme un combat entre des essences métaphysiques, mais le capitalisme et le prolétariat en tant que forces sociales[101].

C'est peut-être à l'aide de cette articulation originale et inclassable entre communisme et théologie, entre révolution et messianisme que Benjamin s'efforçait d'échapper aux impasses dans lesquelles s'enfermaient les versions du marxisme qui l'entouraient : le stalinisme, l'évolutionnisme social-démocrate et le réductionnisme esthétique[102]. Retranché dans cette dernière posture, Adorno restera toujours imperméable à toute tentation de donner une traduction politique à sa théorie critique. La racine du désaccord esquissé dans sa correspondance avec

---

99. W. Benjamin, « Sur le concept d'histoire », *Œuvres*, t. III, *op. cit.*, p. 437.
100. *ABB*, p. 112, *SWB*, p. 103.
101. W. Benjamin, « L'auteur comme producteur », dans le recueil cité *Essais sur Bertolt Brecht.*
102. Ch. Hering, *Die Rekonstruktion der Revolution. Walter Benjamins messianischer Materialismus in den Thesen « Über den Begriff der Geschichte »*, Frankfurt/M, Lang, 1983, p. 180.

Benjamin est au fond la même que celle du conflit qui l'opposera, au cours des années soixante, au mouvement étudiant allemand. Herbert Marcuse, auquel on doit une lecture autrement radicale des thèses de Benjamin « Sur le concept d'histoire », n'hésitera pas à reprocher à Adorno son attitude conformiste et conservatrice[103].

Le dialogue amorcé en 1923, juste après la période trouble et chaotique dans laquelle était née la république de Weimar, s'interrompt tragiquement en septembre 1940, à Port-Bou, au début d'un autre tournant catastrophique de l'histoire. C'est à Adorno que Benjamin adressa, en français, ses derniers mots, lorsqu'il se trouvait désormais dans « *une situation sans issue*[104] ». Ils étaient le témoignage ultime d'une amitié consolidée au fil d'un débat qui devait rester inachevé. Ces lettres demeurent comme l'épitaphe d'une époque parmi les plus riches et les plus sombres à la fois de la culture européenne, lorsqu'il était minuit dans le siècle.

---

103. H. Marcuse, « Revolution und Kritik der Gewalt », in P. Bulthaup (Hg.), *Materialen zu Benjamins Thesen « Über den Begriff der Geschichte »*, Frankfurt/M, Suhrkamp, 1975, pp. 23-27. Voir la correspondance entre Adorno et Marcuse in *New Left Review*, 1999, n° 233, précédée par une excellente introduction d'Esther Leslie, pp. 118-136. À Adorno, qui qualifiait le mouvement des étudiants de « *fascisme de gauche* », avec une expression que Marcuse considérait comme une « *contradiction dans les termes* », ce dernier répondait que leur « *cause* » était mieux défendue par les étudiants que par la police. Mais l'attitude d'Adorno était, au fond, toujours la même. C'étaient les circonstances qui, à cette occasion, l'avaient obligé de prendre une position politique, en révélant ainsi son hostilité à toute contestation radicale du capitalisme.

104. *ABB*, p. 445.

MICHAEL HIRSCH

ADORNO APRÈS BENJAMIN. POLITIQUES DE L'ESPRIT

1

Il semble que Benjamin soit plus proche de nous qu'Adorno. Plus proche, plus actuel en quelque sorte, c'est-à-dire plus compatible avec nos désirs intellectuels et avec l'esprit de notre temps. Dans ce qui suit, je vais tenter de m'expliquer de cette intuition intellectuelle. Pour cela, je propose de lire Adorno comme une réponse à la pensée de Benjamin. À beaucoup d'égards, en effet, la pensée d'Adorno semble une explication implicite (*Auseinandersetzung*) avec la pensée de Benjamin – une explication critique, et surtout polémique. Contrairement à l'explication explicite avec l'ennemi Heidegger, l'explication avec l'ami Benjamin est réellement intéressante ; intéressante en raison de la proximité des mondes intellectuels qu'habitent Benjamin et Adorno. Il s'agit d'un chapitre remarquable de la politique de l'esprit du XXe siècle. D'un chapitre de cette histoire qui nous permet de mieux comprendre notre propre situation intellectuelle et politique (une situation marquée par un embarras persistant).

La pensée d'Adorno peut être vue comme occupant une position solitaire dans le paysage spirituel de la gauche du XXe siècle. Elle est située entre les deux grands courants de pensée de la gauche non- ou post-marxiste : entre la pensée d'une politique de la *Gegenaufklärung* libertaire, anarchique, vitaliste et apocalyptique (juive et non-juive), et la pensée d'une politique de l'*Aufklärung* « libérale », de la croyance dans la raison et dans le progrès. C'est Benjamin qui représente peut-être le mieux le premier courant, jusque dans sa fascination et ses apories ; et son disciple Habermas qui représente peut-être le mieux le second. Mon idée est qu'Adorno ne se situe pas seulement au milieu de ces camps, ou de ces fronts, de la lutte entre les idéologies, mais au-delà – contrairement à Benjamin, qui se situe entre les fronts de lutte, participant activement au combat, opérant des alliances de plus en plus surprenantes. Adorno déconstruit l'idée du sens même de la compacité, de l'unité d'une *Weltanschauung*, c'est-à-dire de l'unité dense entre l'éthique, le politique, et le religieux. La thèse que je poursuis est celle-ci : la pensée d'Adorno représente un retrait d'une certaine forme de la lutte intellectuelle au moyen de la déconstruction d'une présupposition idéologique présente au cœur de cette lutte. Et c'est l'exemple de Benjamin qui lui a fourni le matériau nécessaire à ce retrait – un retrait qui témoigne d'une rupture ontologique fondamentale entre le personnel (l'éthique) et le collectif (la politique). « *Dialectique des lumières* », tel est le nom pour un projet qui combine l'autocritique de la raison *et* du non-rationnel avec le refus de la nécessité de construire des camps idéologiques adverses – nécessité dictée par le désir d'identification collective des sujets-penseurs, par leur désir d'action et d'engagement. L'idée centrale d'une dialectique des lumières – ne pas laisser la critique de l'*Aufklärung* à ses ennemis – est dirigée non seulement contre la contre-révolution conservatrice et le rationalisme totalisant, mais aussi contre la *Gegenaufklärung* de la gauche. Le projet radicalement négativiste d'Adorno consiste en une explication *via negationis* avec les fausses réponses de son ami à un vrai problème historique. Ainsi, il suit la logique de Beckett et propose un canon de « *tout ce qui ne marche plus*[1] ».

---

1. Cf. Th. W. Adorno, « Versuch, das Endspiel zu verstehen », in : *Noten zur Literatur*, GS 11, p. 283. *Notes sur la littérature*, Paris, Flammarion, 1984, pp. 201-238.

2

Dans l'une des interminables discussions qu'eurent, par lettre, Benjamin et Scholem, sur l'engagement politique de Benjamin, sur son oscillation entre l'anarchisme et le communisme, Scholem écrivit le 30 mars 1931 à Benjamin : « [...] *tu ne serais sans doute pas la dernière victime, mais peut-être* la plus incompréhensible, *de la confusion entre religion et politique, alors qu'on pouvait s'attendre à ce que toi plus que tout autre les éclaires avec netteté dans leur juste relation*[2] ». Au cours de leur correspondance, pendant les années 1924-1932 surtout, c'est Benjamin qui explique à Scholem sa position politique propre. Il montre implicitement pourquoi l'éclaircissement des relations entre l'éthique, le religieux et le politique, l'*Aufklärung* de leur rapport, n'est pas la tâche de sa pensée. C'est alors que la *Gegenaufklärung* est la plus forte dans celle-ci : au lieu d'éclaircir les relations entre politique et religion, il témoigne lui-même de leur confusion apparemment inévitable, il obscurcit volontairement le problème dont il témoigne. L'ambiguïté extrême de sa position fait faire à Benjamin l'expérience d'un problème objectif. Il témoigne de la confusion systématique entre politique et religion que partagent avec lui beaucoup des penseurs de son époque. La religion ou la confession religieuse est, dans ce contexte, le noyau dur de la politique (ou plus précisément d'un certain concept du politique). Dans ses lettres à Scholem, Benjamin n'explique pas le problème que soulève cette confusion, il ne répond pas vraiment aux critiques et aux objections de son ami. Bien plutôt, il montre l'évidence éthique et spirituelle de sa position. C'est dans une lettre du 29 mai 1926 que Benjamin est le plus clair à cet égard. En quelque sorte, il explique les raisons de sa confusion : il pose une identité secrète entre la religion et la politique, une identité qui se montre dans la transformation brusque et paradoxale de l'un dans l'autre. Le centre du travail de Benjamin se trouve dans une théorie spéculative et ésotérique du

2. W. Benjamin, *Correspondance*, t. II, 1929-1940, Paris, Aubier Montaigne, 1979, p. 48.

rapport dialectique entre le monde profane et le monde messianique[3]. C'est précisément le caractère ésotérique de la pensée de Benjamin qui interdit l'éclaircissement que Scholem souhaite. Je vais commencer mon explication par un commentaire de cette lettre très connue : « [...] *pour l'heure il m'apparaît plutôt comme un essai pour délaisser la sphère purement théorique. Cela n'est possible à un homme que de deux façons : se soumettre à une observance ou politique ou religieuse. À considérer leur nature profonde, je ne vois pour ma part aucune différence entre ces deux observances. Pas davantage, non plus, de médiation. Je parle ici d'une identité qui ne se manifeste, si paradoxal que cela paraisse, que si on les relie l'une à l'autre et sous réserve expresse que l'action (quelle qu'en soit l'orientation) se présente comme cela même qui embrasse tout et qu'on ne discute pas. Et c'est pourquoi la tâche ici n'est pas achevée une fois pour toutes, il faut s'y décider à chaque instant. Mais vainement* s'y décider. *Il existe peut-être entre ces deux domaines un autre type d'identité que celui produit par cette liaison du point de vue pratique ; elle existe même sûrement, mais pour nous qui voudrions y tendre ici et maintenant, cela conduirait à une erreur totale. Agir toujours sur les phénomènes à leurs racines et non au niveau de leurs effets, et ce dans les domaines les plus essentiels, c'est ce que je chercherais aussi si un jour j'entrais au Parti communiste (ce que je continue de lier à un coup de pouce du destin). Alors, en ce qui me concerne, l'expérience seule décidera de ma possibilité d'y rester ; plus que le oui et le non, n'est-ce pas la durée ici qui est intéressante et soulève un problème ? Quant à certaines de mes positions irrévocables (par exemple le caractère pour moi non pertinent de la métaphysique matérialiste ou de la conception matérialiste de l'histoire), j'y vois des armes solides qui, le cas échéant, dans la pratique peut-être fonctionneraient sans doute aussi bien et même mieux dans une alliance avec le communisme qu'en opposition à lui. S'il devait s'avérer, comme tu l'écris, que je me mette "à la traîne de certains*

3. Cf. Benjamin, « Fragment théologico-politique », *Œuvres,* t. I, Paris, Gallimard, 2000, pp. 263-265.

principes" que j'ignorais du tout au tout lorsque tu étais là, c'est surtout "à la traîne de celui-ci" : quiconque dans notre génération éprouve et conçoit, pas seulement en phrases, le moment historique qui est le sien comme une lutte, ne peut renoncer à l'étude, ne peut renoncer à la praxis *de ce mécanisme selon lequel les choses (ainsi que les rapports) et les masses agissent en étant intérieures les unes aux autres. À moins que du point de vue du judaïsme cette lutte ne se structure de manière tout autre, en ordre dispersé (jamais de façon hostile). Cela ne change rien : une politique "juste", une politique radicale qui de ce fait n'a d'autre prétention que politique, agira toujours en faveur du judaïsme et, ce qui est infiniment plus important, trouvera toujours dans le judaïsme un allié. Mais en disant cela, j'ai déjà touché au point où l'éloignement du concret humilie. Et justement parce que par ta vie actuelle et les décisions qu'elle implique tu te sens beaucoup plus à l'aise, ainsi que je le reconnais sans réserve, au cœur du concret que je ne le suis moi-même, vu ma vie et les décisions qui l'orientent, tu dois tirer, sauf erreur, un certain nombre de conclusions des balbutiements qui précèdent ; en tout premier lieu, pour quelles raisons je ne pense pas "abjurer" mes convictions, pour quelles raisons je ne rougis pas de mon "ancien" anarchisme, car si je considère les méthodes anarchistes comme assurément impropres, je considère les buts communistes comme un non-sens et comme n'existant pas. Ce qui n'enlève pas un iota à l'action communiste, parce qu'elle est le correctif de ces buts et parce qu'il n'y a pas de buts* politiques *censés.*[4] »

Dans cette lettre, nous avons présents presque tous les motifs importants des discussions des penseurs du « *judaïsme libertaire*[5] » (Benjamin, Bloch, Buber, Lukács, Landauer, Rosenzweig...) dans les années dix et vingt du siècle passé : « pratique » ou *praxis* ; politique et religion ; décision ; radicalité ; lutte ; anarchisme et communisme ; buts et moyens politiques. Pourquoi et en quoi y a-t-il une identité profon-

---

4. W. Benjamin, *Correspondance*, t. I, 1910-1928, Paris, Aubier Montaigne, 1979, pp. 387-389.
5. Cf. M. Löwy, *Rédemption et utopie. Le judaïsme libertaire en Europe centrale.* Une étude d'affinité élective, Paris, P.U.F., 1988.

de entre religion et politique pour Benjamin ? Cette identité apparaît quand surgit le désir de quitter la sphère uniquement théorique ou « culturelle », le désir de la *praxis*, le désir intellectuel anti-bourgeois par excellence où convergent l'extrême gauche et l'extrême droite de l'époque dans leur recherche désespérée d'identité personnelle et collective. Je résume les points essentiels de la lettre citée : 1. Le travail actuel de Benjamin, avec ses signes d'une radicalisation politique, est présenté par lui comme une tentative de quitter la sphère pure de l'intériorité théorique (« bourgeoise ») ; 2. ce mouvement vers la pratique n'est possible que par les « observances » religieuse ou politique qui sont identiques quant à leur essence ; 3. cette identité se montre par la transformation brusque et « pratique » de l'un dans l'autre ; 4. la radicalité de l'analyse de l'action ou de l'engagement (politique) se montre dans la résolution ou la décision concrète et nouvelle de l'homme dans chaque moment ; 5. la radicalité de la décision dans les affaires les plus importantes est opposée au calcul de ses conséquences, soit éthiques, soit politiques (elle est une radicalité auto-reférentielle) ; 6. par conséquent, l'adhésion possible au parti communiste dépend d'un hasard, d'une décision arbitraire plus que d'une réflexion proprement politique sur le programme de ce parti ; 7. le moment historique est perçu par Benjamin comme une lutte, un combat essentiel qui demande à l'intellectuel l'étude *et* la pratique du mécanisme par lequel les conditions sociales et les masses humaines travaillent ensemble ; 8. Benjamin, par son engagement nouveau dans un certain communisme, ou matérialisme, ne révoque pas sa position anarchiste. Il précise plutôt le sens *et* de l'anarchisme *et* du communisme (qui ne s'excluent donc pas) ; 9. si, pour Benjamin, les méthodes anarchistes sont nulles et les buts communistes inexistants, il s'ensuit que l'*action* communiste est légitimée par le fait qu'elle corrige ses buts ; 10. il n'y a pas de buts politiques sensés.

Ce dernier point est particulièrement important. Le fait qu'il n'y ait pas de buts politiques (sensés) signifie que le politique en tant que tel n'a pas de sens. Le politique, dans cette perspective, est une pure surface de projection éthico-religieuse, quelque chose donc qui doit inévitablement être chargé, doué d'un sens qui n'est pas le sien. Dans la modernité, c'est la surface de projection par excellence pour les énergies psychiques et psychosociales. Signifiant vide et universel, il perpétue l'héritage de la religion comme centre de la production de l'ordre symbolique d'une communauté, d'une identité collective (centre et attracteur central donc de la fonction de la « *méconnaissance* » selon Althusser). C'est l'évidence, Benjamin, dans cette lettre à son ami, va assez loin dans la reconnaissance du caractère vide du politique, et du vitalisme intrinsèque du champ sémantique qui l'entoure : action ; décision ; lutte/combat ; radicalité... Le contenu du choix politique est donc reconnu comme arbitraire. Pour le dire encore une fois avec une formule propre à Althusser : l'important dans les choix politiques n'est pas leurs effets sur la réalité des rapports sociaux, mais leurs effets sur les relations imaginaires des sujets à leurs rapports sociaux. On peut lire dans cette lettre de Benjamin un manifeste de la *Gegenaufklärung* pour la gauche du XXe siècle. Mais on peut lire aussi dans ce volontarisme ouvert une conscience aiguë du caractère fictif de tout engagement politique. Les différents camps de la *Weltanschauung* politique se montrent comme des compléments, des fictions nécessaires du désir de la lutte et de l'action tout court.

Il y a là, à mon avis, une volonté d'action et d'engagement à la recherche d'une *mission*. La mission est ce qu'il faut pour donner aux acteurs engagés dans leur combat un sens objectif, voire nécessaire. Ils sont à la recherche d'un mandat. Ainsi l'on trouve dans les notes sur « Le caractère destructeur » la phrase significative : « *Ce n'est pas l'aventure individuelle qui lui importe, mais la certitude de ne pas vivre sans être investi d'une mission historique, ne fût-ce qu'un instant.*[6] »

Les intellectuels de l'époque étaient obsédés par la recherche d'une conduite, d'une attitude juste (*Haltung*). C'est cette recherche qui soumet la politique à l'éthique. Tout choix politique est en réalité un choix

---

6. W. Benjamin, GS IV 2, p. 1000.

éthique, un geste, une conduite éthique et inévitablement religieuse. La question d'un engagement dans le communisme, d'un jugement de la pratique politique du communisme, se pose pour Benjamin non pas comme un problème théorique (du jugement d'une position politique, ou des conséquences politiques de la réalisation d'un dogme politique) mais, d'abord, comme la question d'une attitude ou d'une conduite engageante, obligeante (« [...] *nicht als theoretisches Problem sondern zunächst als verbindliche Haltung* »). Ainsi le sens de l'engagement politique est un sens éthique plus que politique : le sens de l'engagement est qu'il engage l'individu, qu'il le lie à un groupe de semblables, qu'il institue une communauté, qu'il crée une identité collective. C'est en cela que politique et religion, engagement politique et confession religieuse sont identiques. Ils sont identiques dans le désir « pratique » de l'intellectuel : la recherche d'une position propre, d'une place propre dans le monde social. C'est la recherche d'une identité collective qui unit le personnel et le politique, et charge ainsi le politique d'une mission éthique et religieuse. L'anarchisme de Benjamin (mais aussi de la quasi-totalité de ses contemporains) n'est pas un programme politique, mais plutôt l'expression d'un désir profondément religieux de fusion des sujets dans une communauté utopique. Un « anarchisme théocratique » est le point de départ commun à Benjamin et Scholem, leur « réponse » commune à la question de la politique[7]. Michael Löwy a montré que l'anarchisme théocratique était le trait commun du « judaïsme libertaire » de l'époque : une idée infra- ou ultra-politique d'une communauté mystique ou magique[8]. Cet anarchisme est un communisme pneumatique par-delà l'État et la société. L'an-archie vise proprement l'élément magique et théologique, non-construit (non-politique) d'un ordre nouveau où tout serait finalement à sa place. Cette communauté immédiate vise une harmonie spirituelle au-delà ou en deçà de la domination humaine. C'est ici que la théocratie biblique et l'anarchisme moderne

7. Cf. G. Scholem, *Walter Benjamin, histoire d'une amitié*, Paris, Calmann-Lévy, 1978.
8. Cf. M. Löwy, *Rédemption et utopie, op. cit.*

convergent[9]. Ce messianisme anarchique voit surgir, sur les ruines de la domination humaine et mondaine sur la terre, un ordre divin de la grâce qui est la suppression ou le dépassement (*Aufhebung*) de l'ordre profane de la politique. Le goût de Benjamin pour la destruction vient de son mandat divin. Le texte « Zur Kritik der Gewalt » est clair dans son idée d'une violence pure, divine, qui interrompt toute violence humaine[10]. La critique de la violence par Benjamin est une critique de la politique en tant que telle, en tant que celle-ci implique une rationalité des buts et des moyens. La rationalisation de la relation entre buts et moyens politiques par la loi démocratique est justement ce que nie l'anarchisme. Le rêve de l'anarchisme théocratique est le rêve de l'immédiateté, le rêve de la présence immédiate d'un monde dans l'état de rédemption. C'est pourquoi Benjamin rêve, dans ce texte, de l'existence de moyens purs (« *reine Mittel* »).

Pour désigner l'ordre magique (communiste) nouveau visé par cette destruction (anarchique) de toutes les formes extérieures de la domination, nous pouvons utiliser soit le terme juif cabalistique *tikkoun*, soit le terme chrétien *apokatastasis*. Tous les deux indiquent un état de la rédemption aussi utopique que restaurateur, où toute chose reviendra à sa place (originaire).

Dans ce contexte historique, le communisme anarchique du judaïsme libertaire a pour fonction de dépasser, théoriquement, le déchirement caractéristique de l'homme bourgeois entre les principes éthiques « personnels » et les contraintes pratiques et politiques de la société capitaliste. Il est évident que le passage à (l'idée de) l'action, anarchiste ou marxiste-communiste (peu importe), symbolise justement le mouvement de quitter « *la sphère uniquement théorique* ». J'ai déjà souligné le caractère arbitraire des choix politiques en question. L'important ici est de distinguer ce décisionnisme libertaire du décisionnisme autoritaire de la révolution conservatrice, qui réserve la décision politique au

---

9. *Ibid.*, p. 238.
10. Cf. Benjamin, *Zur Kritik der Gewalt*, GS II 1, p.179-203.

gouvernement représentant l'ordre existant. Le désaccord entre Benjamin et Scholem (et, plus tard, Adorno) se trouve justement ici : Benjamin utilise l'idée messianique de la rédemption communiste pour légitimer ou fonder un choix politique. Ainsi Benjamin travaille-t-il au moyen d'une étrange théologie politique négative – une espèce de négatif de la théologie politique autoritaire de Carl Schmitt (un négatif qui nie l'axe vertical de la domination au profit de l'axe horizontal de la communauté). Cependant, le centre de son intérêt ne se trouve pas dans la sphère publique de l'État, mais dans la sphère de l'identification des sujets. Ici, l'axe « vertical » de la rédemption se trouve accompagné par l'axe horizontal de la réconciliation. Le désir de réconciliation produit les mêmes effets que le désir de rédemption. Il produit surtout, chez Benjamin, le désir d'un engagement et d'une action pour une cause commune, le désir d'un mandat historique. Au centre de ce geste d'engagement se trouve la confession *publique* de l'intellectuel comme signe de l'appartenance à la cause commune et comme acte performatif. La confession doit prouver la possibilité de la réalisation de l'utopie messianique-communiste en tant qu'elle pose son auteur comme le représentant ou le héraut d'un futur nouveau.

« *Un homme hostile à toute tradition soumettra d'autant plus impitoyablement sa vie privée aux normes dont il veut faire les lois d'un état social futur. Comme si elles lui imposaient le devoir de les préfigurer, elles qui ne sont encore nulle part réalisées, au moins dans le cercle de sa vie intime. L'homme, cependant, qui se sait en accord avec les plus anciennes traditions de son état social ou de son peuple, peut à l'occasion mettre ostensiblement sa vie privée en contradiction avec les maximes qu'il défend impitoyablement dans la vie publique, et considère secrètement, sans la moindre gène pour sa conscience, sa propre conduite comme la preuve la plus contraignante de l'autorité inébranlable des principes qu'il affiche. C'est ainsi que se distinguent les deux types de l'homme politique conservateur et de l'anarcho-syndicaliste.*[11] »

11. W. Benjamin, *Sens Unique*, trad. J. Lacoste, Paris, Les Lettres nouvelles, 1978, p. 162.

Ce passage montre l'importance du motif de l'identité. L'important dans l'engagement politique est la *conduite* qu'elle produit, non la *pratique* politique qu'elle défend. L'engagement pour le communisme désire la conduite éthique du communiste et avoue en même temps : au diable la pratique (réelle) du communisme [12] ! L'attitude de Benjamin vis-à-vis du communisme bolchevique dans les années 20 et 30 est d'une ambiguïté très grande. Selon moi, c'est sa recherche d'une conduite juste qui l'a fait passer des compromis hasardeux avec les pouvoirs réels de son époque. Cette ambiguïté n'a pas seulement une fonction tactique, elle exprime des convictions profondes. Au centre de ces convictions se trouve l'idée de la suppression, du dépassement de la vie privée, de l'intériorité « bourgeoise » qui est (Benjamin le savait bien) l'élément vital de l'intellectuel occidental. Dans le journal de son voyage à Moscou en hiver 1926/1927 nous pouvons lire : « *Le bolchevisme a aboli la vie privée* [13] ». L'auteur ne cache pas sa fascination pour un système qui cherche à établir un ordre nouveau où tout un chacun se trouve à sa place. Ce qui rend cet ordre fascinant pour Benjamin, c'est le fait qu'il n'y a plus de place pour l'intellectuel libre. Le penseur libre et l'opposition intellectuelle à l'ordre existant ont disparu. Benjamin semble même éprouver une certaine fascination pour l'épuration, la persécution des éléments oppositionnels. Dans le passage qui suit, Benjamin donne deux explications différentes pour l'absence d'opposition intellectuelle en Russie : 1. elle a été « *anéantie* » ; 2. elle a perdu son sens. « *L'opposition telle qu'on aimerait se l'imaginer en Occident – une intelligentsia qui se tient à l'écart et gémit sous le joug – n'existe pas, ou mieux, n'existe plus. Elle a signé – avec toujours quelques réserves – un armistice avec les bolcheviks, ou elle est anéantie. Il n'y*

---

12. Cf. Benjamin, « Karl Kraus », *Œuvres,* t. II, Paris, Gallimard, 2000, pp. 228-273.
13. W. Benjamin, « Moscou », *Images de pensée*, trad. J.-Fr. Poirier et J. Lacoste, Paris, Christian Bourgois éd., 1998, p. 44.

a en Russie – en dehors du parti – aucune autre opposition que la plus loyale. Cette vie nouvelle en effet ne pèse sur personne d'autre plus lourd que sur le spectateur qui regarde de l'extérieur. Il est impossible de supporter cette existence en flâneur, parce qu'elle n'est belle et intelligible, dans ses moindres détails, que dans le travail. Inscrire ses pensées propres dans un champ de forces préalablement donné, un mandat, même s'il est encore bien hypothétique, un contact assuré, organisé avec des camarades – cette vie est tellement liée à tout cela que celui qui y renonce ou qui ne peut l'acquérir, dépérit intellectuellement comme un prisonnier depuis des années au secret.[14] »

Le collectivisme extrême du système bolchevique est en quelque sorte la réalisation pervertie, positiviste, du rêve communiste de Benjamin et des autres penseurs du judaïsme libertaire. Mais Benjamin n'était pas le seul à ne pas dénoncer la perversion impliquée dans ce système, et à lui garder une fidélité spirituelle. Pourquoi cela ? Le bolchevisme est associé, chez Benjamin, à une « barbarie positive » qu'il veut utiliser contre la culture bourgeoise occidentale. Il projète le motif utopique de la rédemption et de la réconciliation messianique dans les formes très concrètes de la disparition des êtres singuliers dans le collectif. La disparition de quelques esprits libres est pour lui le signe d'une future résurrection de tous : « *Il n'empêche que l'individu peut de temps à autre donner un peu d'humanité à cette masse qui la lui rendra un jour avec usure*[15] ».

3

La position de Scholem vis-à-vis de la « politique » de Benjamin est claire : il dénonce les signaux politiques de son ami comme une confusion, un malentendu, et une illusion néfaste (*Selbstbetrug*). En 1919 déjà, il avait noté dans son journal à propos du socialisme que, inscrit

---

14. *Ibid*, p. 43.
15. W. Benjamin, « Expérience et pauvreté », *Œuvres*, t. II, *op. cit.*, p. 372.

dans un tel ordre, l'homme spirituel serait concevable seulement comme un fou (« *Der Geistige wäre in solcher Ordnung nur als der Wahnsinnige zu fassen*[16] »). Dans la lettre déjà citée du 30 mars 1931, il critique de nouveau la différence entre la méthode propre à la pensée métaphysique de Benjamin, et les intentions manifestes de Benjamin de placer cette méthode dans un contexte politique « matérialiste ». Il commence à comprendre le « jeu » de son ami avec les ambiguïtés de sa conduite éthico-spirituelle : « *Je ne suis pas loin de croire que tu veux cet état de flottement, alors qu'il faudrait accueillir avec joie tout moyen d'y mettre fin. Que ta dialectique n'est pas la dialectique matérialiste dont tu cherches à la rapprocher, serait l'évidence, exploserait le jour où – ce qui ne saurait manquer d'arriver – tu serais démasqué par tes co-dialecticiens comme le type même du contre-révolutionnaire et du bourgeois.*[17] » Il me semble important que Scholem comprenne alors (après des années de discussions) que Benjamin *veut* cet état de suspens (*Schwebezustand*), cette ambiguïté politique systématique et cette confusion systématique entre politique et religion. Il commence à mesurer la résolution de Benjamin à poursuivre son chemin, lequel est l'expression de son identité profonde. C'est pourquoi il nomme le prix de la confusion intellectuelle de son ami : « [...] *la seule question est de savoir, pour prendre ici aussi des termes décents, combien de temps, dans une liaison aussi ambiguë, la "moralité de tes idées", l'un de tes biens les plus précieux, peut encore rester saine.*[18] »

Scholem nomme ici une dimension capitale de la politique de l'esprit : la moralité de l'intelligence (*Moralität der Einsichten*) est pour lui le bien intellectuel suprême. C'est en cela qu'il se distingue fondamentalement de Benjamin. Celui-ci subordonne ce bien à son désir de la « pratique », et de l'identité collective qu'il refuse de rationaliser. On pourrait dire que Benjamin défend l'irréductibilité de

---

16. G. Scholem, *Walter Benjamin, histoire d'une amitié*, *op. cit.*, p. 108.
17. W. Benjamin, *Correspondance*, t. II, *op. cit.*, p. 46.
18. *Ibid*, p. 47.

l'inconscient politique. Surtout, qu'il refuse de discuter ou de justifier sa position à cet égard. Son volontarisme est tout à fait net ici, conscient de lui-même. Cela signifie, sans doute, que sa pensée se soumet volontairement à la fonction politique ou idéologique de l'intelligence. Scholem se trompe, semble-t-il, sur un point central : la *Moralität der Einsichten* n'est pas, pour Benjamin, un bien essentiel. Au contraire, la confusion ou l'ambiguïté politique systématique est la condition de la productivité intellectuelle de Benjamin, la source de l'immense fascination qu'il exerce sur ses lecteurs. Il y a à la base de sa pensée un malentendu et une méconnaissance systématique : il s'agit là du bien suprême de l'intellectuel qu'est Benjamin, de la condition même de sa propre conduite éthique (de ce qui, pour lui, a rendu intéressant ce qu'il faisait, comme de ce qui le rend intéressant pour nous). Scholem se trompe également quand il dit, à la fin de cette même lettre, que Benjamin n'est pas la dernière, mais la plus incompréhensible ou inconcevable (*unbegreiflichste*) victime de la confusion entre politique et religion. Il s'agit bien plutôt d'un exemple très compréhensible de l'intelligence de la *Gegenaufklärung* de la première moitié du XXe siècle. L'*Aufklärung* de ce type de pensée n'appartient plus à cette génération.

Adorno comprend ce type particulier de pensée comme un fait déjà accompli. Dans ces remarques sur Benjamin il critique surtout son collectivisme, sa recherche désespérée et vaine de collectifs, son désir d'autorité dans le sens d'une garantie collective (« [...] *l'espoir d'un discours autorisé garanti par le collectif*[19] »). Le passage le plus remarquable dans le petit texte « Portrait de Walter Benjamin » est celui où Adorno commente la « *naïveté* » particulière de Benjamin : « *Cette naïveté le conduisait parfois à sympathiser avec des tendances politiques qui – il le savait bien – auraient nié ce qui lui était essentiel, l'expérience intellectuelle non réglementée. Mais là encore, plein d'astuce, il adoptait une attitude d'exégète, comme s'il suffisait d'interpréter l'esprit*

19. Th. W. Adorno, *Notes sur la littérature, op. cit.*, p. 409.

objectif pour satisfaire à ses exigences et comme si son horreur était neutralisée par le concept. Plutôt que de renoncer à la spéculation, il était prêt à fournir des théories spéculatives aux tendances hétéronomes.[20] »

C'est ici qu'il est possible d'apercevoir le programme particulier d'Adorno : le programme d'une non-naïveté radicale. Malgré la proximité d'un grand nombre d'intuitions communes, Adorno résiste à la fausse immédiateté et à l'ésotérisme messianique de la doctrine benjaminienne du politique. Adorno pousse à l'extrême un désillusionnement de l'analyse politique que Benjamin s'est manifestement contenté de revendiquer comme programme. C'est surtout le « judaïsme libertaire » qu'Adorno soumet à une critique sévère. À l'ésotérisme du rapport secret entre monde profane et monde messianique, à la confusion systématique entre politique et religion, il oppose un programme dialectique combinant fidélité à l'*Aufklärung* de la politique moderne et fidélité au messianisme juif, tout en les séparant infiniment. Le noyau dur de cette pensée est l'idée de la négation déterminée (*bestimmte Negation*) qui contient un tabou sur le positif, un tabou sur la fausse immédiateté du désir de la *praxis* et de l'identité (par exemple du désir très compréhensible de réaliser le messianique dans le profane, d'utiliser le théologique comme fondement d'une politique). La phrase suivante peut être lue comme étant dirigée contre le type spécifique de la *Gegenaufklärung* chez Benjamin : « *La religion judaïque n'autorise aucun mot qui consolerait du désespoir que tout doive mourir. Elle n'associe l'espoir qu'à l'interdiction de donner le nom de Dieu à ce qui n'est pas lui, de donner au fini le nom d'infini, et au mensonge celui de vérité. La garantie du salut se trouve dans le refus de toute croyance qui pourrait se substituer à lui, la connaissance est la dénonciation de l'illusion.*[21] »

---

20. Th. W. Adorno, *Prismes. Critique de la culture et société*, trad. de G. et R. Rochlitz, Paris, Payot, 1986, p. 209.
21. M. Horkheimer, Th. W. Adorno, *La Dialectique de la raison*, trad. de E. Kaufholz, Paris, Gallimard, 1974, p. 40.

4

On s'identifie difficilement avec Adorno. Son point de vue de la rédemption est un point de vue strictement impossible. Adorno développe une politique de l'esprit en retrait de la lutte pour l'hégémonie. C'est ici que réside la force de sa négativité : résister à tout désir d'identification, à tout désir de « pratique », et de décision éthique pour une *Weltanschauung* réunissant le personnel et le politique. Il s'agit donc d'une lutte étrange, désarmée, scandaleusement impuissante. La loi de cette lutte est : ne rien proposer de positif. On pourrait dire : il s'agit d'une lutte qui consiste dans le retrait de la lutte. Le seul espoir se trouve dans la description critique (illuminée par une lumière messianique, par la lumière du point de vue de la rédemption) de l'état des choses, du *Bestehenden*, qui du coup revêt un aspect gnostique. Devenir, par la *bestimmte Negation*, le plus étranger possible au monde tel qu'il est. Mais c'est une gnose sans la substance « sûre », positive, de la gnose, sans l'absolue sécurité de l'âme comme propriété « intérieure » du sujet, et sans la « *sublimation de la négativité en rédemption* [22] ». Et c'est un messianisme juif sans confession politique au sens fort (sans sa tendance intrinsèque libertaire aussi).

La différence entre le point de vue sur la rédemption selon Adorno et celui selon Benjamin est éclairée par Jacob Taubes au moyen d'une remarque dirigée contre le premier. Il dit : le messianisme d'Adorno est seulement « *comme si* » (*als ob*), tandis que celui de Benjamin est substantiel [23]. Taubes ajoute que le messianisme d'Adorno décrit une place merveilleuse, mais finalement vide. Ceci mérite attention. Toute la question est ici : quel est le sens de la différence entre un messianisme plein, substantiel, et un messianisme vide ? À mon avis le travail d'Adorno apporte la réponse : le messianisme vide détruit la confusion entre politique et religion et radicalise ainsi le tabou sur le positif, le

---

22. *Ibid.*
23. J. Taubes, *Die Politische Theologie des Paulus*, München, 1993, p. 103.

tabou sur l'image (*Bilderverbot*) politique. Et ce, parce qu'il pense un point de vue de la rédemption qui arrache le théologique à la *Gegenaufklärung* en réfléchissant justement sur sa propre impossibilité. Ainsi Adorno, dans le dernier aphorisme de *Minima Moralia*, médite le caractère impossible de la position messianique (en dehors de l'étant existant) qu'il postule. La pensée (*der Gedanke*) doit accéder à une conscience extrême de sa propre position impossible : « *Même sa propre impossibilité, elle doit la comprendre par amour du possible*[24] ».

La lumière messianique dont il parle est doublée, ou superposée, par la lumière de l'*Aufklärung*. Je ne crois pas qu'Adorno ait résolu le problème, immense, d'une telle superposition. Il nous a exposé un paradoxe, ou plutôt une rupture, entre les deux positions. « Dialectique », en ce sens, signifie : conscience extrême des contradictions. Le seul résultat « sûr » de cette dialectique est un résultat négatif : la séparation radicale entre le monde profane ou temporel, et le monde messianique ou spirituel. Il peut y avoir une ligne de contact entre eux (une transformation brusque de l'un dans l'autre, comme le pensait Benjamin) – mais elle ne peut strictement pas légitimer, par un savoir ésotérique, une position politique. Cette séparation crée une division des pouvoirs entre la politique d'un côté, la religion et l'éthique de l'autre. Le caractère « vide » du messianisme d'Adorno a la fonction d'une délégitimation absolue de la politique : le messianisme ne peut et ne doit jamais justifier (servir) une politique. Adorno, par sa déconstruction de la confusion entre politique et religion, déconstruit leur instrumentalisation, leur réduction réciproque. La délégitimation se débarrasse du fantôme du fondement (éthique, religieux) de la politique comme du fantôme du fondement politique des formes culturelles sur la politique (c'était là aussi une tendance majeure dans les écrits de Benjamin sur l'art).

Ainsi, le problème de la conduite éthique et celui du choix politique sont catégoriquement distingués. C'est-à-dire qu'ils doivent être justi-

---

24. Th. W. Adorno, *Minima Moralia, Réflexions sur la vie mutilée*, Paris, Payot, p. 230.

fiés selon des critères différents. Cette rupture ontologique entre l'éthique et la politique est, telle est ma thèse, notre condition historique. Une condition contre laquelle il semble, précisément, que nous résistions. Adorno est sans doute le seul qui ait résisté et au dépassement typiquement *gegenaufklärerisch* de cette condition, et à la tentation de donner la forme résignative d'une métaphysique « libérale » (d'une ontologie de la séparation entre le « privé » et le « public ») à cette condition. Cela veut dire : il a gardé dans sa pensée l'utopie communiste et an-archique, mais en insistant sur leur caractère utopique et surtout non-politique. Le communisme devient un communisme ontologique, négatif, impossible, vide. En cela sa pensée est proche des méditations de Blanchot et Nancy sur le concept d'une communauté par-delà ses figurations politiques substantielles[25].

Le désillusionnement d'Adorno est source à la fois d'une libération immense et d'une difficulté immense. Il libère l'idée communautaire de sa forme pleine et substantielle de la figuration identitaire, mais en insistant sur le caractère utopique de ce communisme ontologique : « *L'utopie serait par-delà l'identité et par-delà la contradiction, une conjonction du différent.*[26] »

Adorno insiste donc sur l'impossibilité réelle, dans les conditions politiques existantes, de la réconciliation communiste. C'est en cela qu'il se distingue de la pensée contemporaine sur la communauté. Le commun, le *Miteinander* libéré appartient à l'état de la rédemption et à lui seul. Le particulier, le singulier (termes autour desquels une partie de la pensée avancée contemporaine circule) n'est pas encore. Dans le petit texte « *Zu Subjekt und Objekt* », il écrit : « *S'il était permis de spéculer sur ce qu'est l'état de réconciliation, il ne serait possible de se le représenter ni comme l'unité indifférenciée du sujet et de l'objet ni comme leur antithétique adversité : il serait plutôt la mise en commun du différent.*

25. Cf. M. Blanchot, *La Communauté inavouable*, Paris, Minuit, 1983 ; Jean-Luc Nancy, *La Communauté désœuvrée*, Paris, Bourgois, 1986.

26. Th. W. Adorno, *Dialectique négative*, *op. cit.*, p. 122.

Dès lors, le concept de mise en commun, en tant que plus objectif, ne viendrait le remplacer qu'ensuite. [...] *La paix est l'état d'un différent sans domination.*[27] »

La préfiguration de l'état de réconciliation dans les formes d'une conduite éthique libre et plurielle, dans les conditions sociales actuelles, doit résister, selon Adorno, à la tentation de se poser comme une pratique immédiatement possible, positive. Une telle conduite (dans l'*avec* d'une communauté d'êtres singuliers, dans les formes fictives de l'art) porte la trace d'un impossible, d'une exception coupable dans le « bloc » de l'étant existant. Toute « pratique » dans ce sens porte la marque d'un impossible. C'est peut-être le propre d'Adorno qu'il résiste au désir de la fausse immédiateté d'une pratique éthique à tout prix. On pourrait dire que, pour Adorno, les rares exemples d'une pratique libre portent la trace de l'exception comme un signe de culpabilité *et* comme un signe d'honneur intellectuel. La conscience de l'impossible fait que les signaux communistes et anarchistes, dans le passage cité plus haut, ne sont pas méconnaissables comme signaux d'une action politique anarchiste ou communiste. Mais ils n'ont pas de sens politique immédiat, ni le sens de fonder une position politique. L'utopie d'un état de réconciliation, sans domination humaine, ne justifie rien du tout dans le domaine de la réalité politique (tout comme la théologie politique de l'ordre donné ne peut rien justifier). Cette utopie indique plutôt la direction d'un changement politique « progressif ». Mais ce changement doit être strictement compatible avec les formes constitutionnelles existantes de la démocratie libérale. Le but de ce changement « réformiste » converge avec l'utopie anarcho-communiste : il vise la réduction maximale de la domination politique, avec les moyens donnés et légaux du pouvoir politique. En quelque sorte, le minimalisme de cette politique est compatible avec le minimalisme étrange de l'état de rédemption dans la pensée d'Adorno et son tabou sur l'image politique : « *Dans une situation juste, comme dans le Theologumenon judaïque, tout ne*

---

27. Th. W. Adorno, « Kulturkritik und Gesellschaft », in *Stichworte*, GS 10 2, p. 743.

serait qu'un peu autre que ce qu'il est aujourd'hui, mais la moindre des réalités ne peut se représenter telle qu'elle serait alors[28] ».

5

Le minimalisme mentionné ici s'oppose au maximalisme d'un discours révolutionnaire qui déclare vouloir tout changer à tout instant. Il s'agit, dans ce maximalisme, d'un fétichisme de l'action et d'une politisation totale. Adorno choisit le chemin opposé au courant surpuissant de la pensée de la *Gegenaufklärung* de gauche. Ce courant est dominant jusqu'à nos jours dans la tendance à l'élargissement du concept de politique. Notamment la pensée politique, dans la tradition du concept du politique de Claude Lefort (*le* politique par opposition à *la* politique), pose le politique comme pôle symbolique central d'une société et continue ainsi à concevoir la sphère politique comme écran de projection : comme lieu absolu de l'apparition de la communauté. Par opposition à ce symbolisme, la pensée d'Adorno vise à une réduction du concept de la politique, à la transformation « matérielle » des conditions de la société, et à un minimalisme formel de l'auto-réduction des moyens politiques de la domination. Cette position contient une critique aussi bien de la droite que de la gauche contemporaines.

C'est dans le contexte ouvert par 1968 qu'Adorno fut vivement confronté à une opposition de gauche de sa théorie critique. La différence entre lui et Benjamin fut alors rendue évidente par le refus d'Adorno de s'allier au mouvement oppositionnel le plus puissant de l'époque. Le désaccord était double. D'un côté, nous pouvons voir l'horreur d'Adorno devant tout collectivisme, devant toute identification collective et idéologique. De l'autre, nous pouvons apercevoir un désaccord profond de celui-ci avec les *formes* politiques et symboliques d'un mouvement de révolte. Pour Adorno, les fins ne peuvent jamais justifier les moyens. Il éprouvait un sentiment d'horreur devant le culte

28. Th. W. Adorno, *Dialectique négative*, *op. cit.*, p. 232.

de la pratique, la fausse immédiateté des actions de ces mouvements. Dès le début il vit dans ceux-ci les formes d'un collectivisme répressif, supprimant l'individu déjà écrasé par la surpuissance des rapports sociaux. Adorno a occupé, dans ce contexte historique, mais occupe aussi jusqu'à nos jours, une position infiniment faible. C'est une théorie critique, certes, mais une théorie critique qui n'offre rien de « positif », rien de ce que, probablement, dans notre immense faiblesse éthique et politique, nous cherchons tous. Adorno pense une conduite critique, une *Haltung*, qui ne cherche à aucun moment l'appui d'une identité collective politique. Dans le texte « Marginalien zu Theorie und Praxis[29] », il expose les paradoxes de sa position. Il n'accuse pas seulement les « *pseudo-réalités* » et les « *pseudo-actions* » de la quasi-totalité des mouvements politiques de masse de son siècle d'avoir été victimes d'une dangereuse confusion entre imagination et réalité. Il défend aussi sa propre position de théoricien face à une hostilité croissante contre le médium propre à l'intellectuel. Il réclame le droit à une pensée non politique et non pratique ; mais ceci en faisant de la théorie une pratique propre – en fait la seule pratique défendable selon lui. La pensée théorique acquiert en elle-même un statut utopique : elle représente le dépassement de la *praxis*, la place d'une pratique finalement libérée de son utilité soit économique soit politique. Au lieu de charger la politique d'une mission impossible, Adorno plaide pour une rationalisation de la politique.

La rationalité politique et le messianisme restent dans une tension irréductible et incommensurable (c'est-à-dire, pour le moins, dans un rapport conflictuel). Le messianisme doit chercher des points de vue, des positions impossibles, en dehors de l'étant existant. La politique démocratique doit chercher des mesures possibles pour changer du dedans l'étant existant. Aucune « révolution », aucune « décision », aucune « mission », aucune « action » ne doit unir les deux. C'est ici le propre de la théorie critique d'Adorno. Son radicalisme et son négati-

29. Cf. Adorno, *Stichworte*, *op.cit.*, p. 759-782.

visme radical ne justifient rien dans la sphère « profane » de la politique. La conduite éthique est an-archique, bien sûr – mais à condition de reconnaître son caractère non politique. L'an-archie de la conduite éthique a surtout un sens négatif : elle n'a pas de fonction politique. L'utopie communautaire qu'elle poursuit ne peut pas prétendre changer les conditions des rapports sociaux.

Ce qui constitue à la fois une perte et un gain énormes. Je propose qu'on le considère comme une chance, comme un avantage considérable. La difficulté que cette description de notre situation entraîne est celle d'une perte des repères pour ce que j'ai appelé : politique de l'esprit. La rupture ontologique entre politique et éthique crée une difficulté considérable dans le jugement sur le sens des pratiques spirituelles ou culturelles. Ils ont, au moins pour une partie, un sens « critique » ou négatif par rapport à l'ordre existant. Mais cette qualité ne se laisse pas représenter dans cet ordre, ne se laisse pas traduire dans une politique. Cela détruit le sens même de la lutte entre les *Weltanschauungen* – ils vivent tous de la traductibilité, voire de la confusion même entre l'éthique (« le messianique ») et le politique (« le profane »).

Quitter le champ de la lutte des idéologies n'est pas chose facile pour quiconque est animé par la critique féroce de l'étant existant. Le sens de la conduite éthique critique, selon Adorno, réside dans la lutte contre le mythe ou l'idéologie de ce qui est[30]. La fonction « pratique » de la théorie est la lutte contre le « ban » (*Bann*), la figure mythique du pouvoir de la réalité existante sur les hommes. Cette réalité sociale nous *apparaît* comme un bloc, une totalité autonome. Le réel apparaît comme un mythe. Pour Adorno (lecteur de Marx), ceci est la figure contemporaine du mythe, du pouvoir mythique qui se reproduit à travers la *croyance* des êtres singuliers dans son pouvoir. L'éthique de la pensée d'Adorno veut donc résister à cette magie du ban. Adorno montre d'un côté la puissance formidable du ban, de l'autre il insiste

30. Cf. Adorno, « Beitrag zur Ideologienlehre », in Adorno, GS 8, *Soziologische Schriften* I, p. 477.

sur le fait qu'il est « seulement ban » : « *Aussi impénétrable que soit le ban, il n'est que le ban*[31] ».

Cette vision n'est possible que par la construction d'un point de vue de la rédemption ; d'un point de vue fictivement en dehors de l'étant existant. La conscience de l'impossibilité de ce point de vue empêche qu'il soit projeté dans le réel. Mais Adorno emploie toute sa force de pensée pour montrer que cet impossible reste toujours possible, pour permettre l'existence d'une force éthique de résistance, et le partage de cette voix résistante par la communauté. L'utopie de cette résistance est l'utopie du non-identique. Elle converge avec le but politique de l'émancipation : créer la plus grande distance possible entre les êtres singuliers et l'ordre existant de la société. L'esprit libre préfigure, avec sa résistance, la place utopique et non-identique du particulier dans un monde libéré. Il doit supporter le destin d'être critiqué comme quiétiste, impuissant, bourgeois et décadent par la gauche radicale – et comme utopiste par les sociaux-démocrates.

Février 2003

---

31. Th. W. Adorno, « Spätkapitalismus oder Industriegesellschaft? », in: *op.cit.*, p. 370.

ALEXANDER GARCÍA DÜTTMANN

RÉUSSIR OU PRESQUE

Dans son livre *The Claim of Reason*, Stanley Cavell parle « *d'une intelligence du point où la continuation de notre communication, son cheminement* [path], *dépend de ce que tu fasses un pas, sans autre soutien que ma croyance en ta disposition à faire ce pas.* [1] » Essayons de comprendre cette intelligence à laquelle Cavell se réfère en prêtant attention à la lettre de sa remarque. Si la remarque s'avère tout à fait intelligible lorsqu'on la rapporte à l'expérience, si le point auquel elle fait allusion est un point que nous avons atteint à plusieurs reprises lors de nos échanges avec un ami ou un amant, si ce point est fondamental pour la constitution et le renouvellement de l'amitié et de l'amour, puisque c'est là que l'amour et l'amitié sont mis à l'épreuve, il est pourtant difficile d'en comprendre exactement l'enjeu. Nous ne devrions pas identifier l'intelligence ou la conscience au savoir, du moins si tout savoir implique un contrôle exercé sur la communication. Lorsque je prends conscience du fait que je dois te laisser faire le pas, tout ce que je sais est que quelque chose qui se produit dans la communication entre toi et moi m'oblige à m'arrêter. Dans la mesure où je veux que la communication continue, dans la mesure où je cherche à en éclaircir les termes, je ne peux qu'interrompre notre rapport. Je semble alors m'éloigner de toi. Mais peut-être ne suis-je jamais aussi proche de toi qu'à ce moment-là. C'est alors que nous avons l'occasion de réussir. Il

1. S. Cavell, *The Claim of Reason*, Oxford, Oxford University Press, 1979, p. 358.

ne s'agit pas d'une rupture abolissant toute communication. Il s'agit plutôt du moment où nous y sommes le plus attentifs. Jamais notre aptitude à être à l'écoute n'a dû se mesurer à une telle exigence. J'espère que tu seras capable de comprendre la différence. Peut-être que ce sera toi qui me permettras de la comprendre. Comment puis-je prendre conscience d'un point si instable et si fugace ? D'un point si réfractaire à l'identification que ma réponse à l'obligation indéniable de m'arrêter devra être une décision, un pari, une provocation, un terrible fardeau confié à ton engagement ? La voie de notre communication nous fait traverser une zone de violence. Chaque pas franchi ou évité est aussi violent que les mouvements des danseurs en train d'exécuter la chorégraphie de William Forsythe intitulée *One Flat Thing Reproduced*. Téméraires, ils se déplacent rapidement et dangereusement entre, sous et sur des tables aux angles aigus. Ils les ont disposées les unes près des autres. Nous blesserons-nous ? Je peux savoir pourquoi notre communication a atteint le point où s'impose l'obligation de nous arrêter. Pourtant, cette obligation m'apprend que le point d'arrêt est un point tournant, un point où surviendra quelque chose qui affectera notre communication en tant que telle. Nous irons plus loin ou nous cesserons de communiquer. Ainsi, que je prenne conscience du fait que nous avons atteint un point tournant signifie que je prends conscience des limites de mon savoir en ce qui concerne notre communication. Ce qui est en jeu dans la conscience ou l'intelligence dont parle Cavell est la communication elle-même, la communication entre toi et moi, non pas une question qui pourrait se résoudre au sein d'un processus de communication déjà établi. On se demandera, toutefois, si la notion de communication n'est pas trop rassurante et donc trop contraignante pour décrire ou nommer un rapport soumis à une telle épreuve.

Il se pourrait que l'image d'une voie prolongée vers l'avenir par ma croyance en ta disposition à faire le pas se révèle une idéalisation de l'épreuve à laquelle nous sommes soumis – comme si, en fin de compte, il était tout à fait possible d'intégrer cette épreuve et la réponse que nous y donnons au récit d'une histoire partagée. Est-ce que je m'abstiens de faire un pas moi-même parce que je crois que tu auras une connaissance beaucoup plus claire de ce qui doit être fait ? Certainement pas. Je dois te laisser faire le pas car, en un sens, je l'ai déjà fait. J'ai touché au point où notre communication est en jeu et j'ai mis en évidence mon engagement. Tu t'en aperçois ? Si tu t'en aperçois, tu devras, toi aussi, mettre en évidence ton engagement. Ou alors tu devras me faire comprendre que tu n'es plus de la partie. Certes, je ne peux pas faire le pas de façon simplement arbitraire. Sinon je risque d'affaiblir mon engagement et de porter atteinte à notre communication. Tu ne serais plus en position de faire le pas. Peut-être jugeras-tu que le pas que j'ai franchi a produit des effets désastreux. Tu attends que je fasse un pas de plus, un pas qui pourrait contribuer à rendre mon comportement plus clair. Mais si mon radicalisme n'est pas entièrement gratuit, qu'est-ce qui provoque alors ce geste radical ? Qu'est-ce qui te met dans la position de celui dont on attend qu'il fasse le pas, et qu'il le fasse sans aucun soutien ?

Nous pouvons considérer plusieurs possibilités. Tu sembles ne pas avoir compris quelque chose d'important. Toi seul es en mesure de le comprendre. Je ne peux pas communiquer avec toi tant que tu n'essaies pas de le faire, même si tu pourrais sans doute m'obliger à voir les choses différemment en les comprenant de façon inattendue ou en m'avertissant que mon point de vue est déformé. Ou alors je m'aperçois que notre communication est en panne sèche et que, pour ainsi dire, elle a lieu en l'absence de ceux qui sont supposés communiquer. Ou encore, les fondements mêmes à partir desquels la communication pourrait se produire n'ont pas encore été créés. Il n'est pas certain qu'il soit possible de les établir, surtout dans des circonstances historiques particulières. Chaque pas sonde la possibilité de poser les fondements de la communication. Je cherche à examiner la nature d'un engagement à venir. Bien entendu, cette recherche ne précède pas simplement mon engagement, mais en fait déjà partie. Il n'empêche que ce qui ressortira de mon effort dépendra entièrement de ta réponse et de mon attention. Nous sommes ici confrontés à la différence entre une communication établie et donc conventionnelle, et une communication constamment suspendue, une communication qui semble se suspendre au moment où elle semble se produire. Or une communication qui a lieu sans avoir lieu peut être appelée communicabilité. Il est impossible de contrôler une telle communication et d'en faire un objet du savoir. Ni toi ni moi ne savons ce que faire le pas veut dire, au juste. Comment montres-tu ton engagement en réponse à la mise en évidence de mon propre engagement ? Nous ne le saurons qu'après coup. Mais le moment où nous le saurons sera peut-être aussi le moment où il sera inutile de faire le pas parce que notre communication en sera venue à sa fin.

Imaginons deux extrêmes. Il y aurait, d'une part, ceux qui s'engagent dans la voie d'une communication au cours de laquelle ils font tout ce qu'ils peuvent pour éviter d'atteindre le point où l'un d'entre eux devra faire le pas sans le soutien de l'autre. Dira-t-on qu'ils s'accrochent aux conventions et que leur communication est moins intense ? D'autre part, il y aurait ceux qui suivent une autre voie et qui font tout pour atteindre le point où l'un d'entre eux devra faire le pas sans que l'autre soit en mesure de lui offrir de l'aide. Dira-t-on qu'ils protègent la communication contre sa réification ou sa transformation en un réseau de conventions stables ? Communiquent-ils avec plus d'intensité ? Dans la communication qui est suspendue au moment où elle a lieu, rien d'autre que la communication n'est communiqué. Inversement, dans la communication qui a lieu sans se suspendre, tout sauf la communication peut être communiqué. Ces deux extrêmes indiquent deux aspects incompatibles de la communication, car comment communiquer la communication *et* autre chose ? (Pourtant, il n'y aurait pas de communication si elle ne se communiquait pas elle-même en communiquant quelque chose.)

Peut-être allons-nous réussir. Mais quelque chose nous restera pour toujours secret en raison de notre manque essentiel de savoir. Quelque chose en quête de notre intelligence se soustraira à notre attention. Notre manque de savoir nous empêchera d'expliquer notre réussite en nous réclamant de la chance que nous avons pu avoir ou de la vigueur de notre engagement. Nous y sommes parvenus. Or supprimer l'indétermination de la phrase revient à abandonner l'idée qu'elle exprime, car cette idée ne nous invite pas à déterminer son contenu. Elle nous prévient contre une telle tentative. N'avons-nous pas réussi lorsque nous ne désirons ni poser de questions ni trouver de réponses ? « *Une vie qui aurait un sens ne se poserait pas la question du sens de la vie* », écrit Adorno dans sa *Dialectique négative*[2]. Et dans *Minima Moralia*, il affirme qu'« *il n'y a pas de vie vraie dans la fausse vie*[3] ». Sans doute, si nous avons réussi, c'est que la chance, certaines circonstances favorables et une attention vigilante au moment opportun ont contribué à notre réussite. Mais il n'est pas nécessaire d'acquérir un savoir préalable afin de pouvoir réussir. L'éclaircissement des termes de notre communication n'est pas une méthode d'analyse qui vise à obtenir des résultats justifiables. Si en matière de peinture « *le dessin aide le peintre à "réussir"* », comme Leo Bersani et Ulysse Dutoit l'affirment dans leur étude sur Caravaggio, alors il n'y a plus ici de place pour « l'illusion » selon laquelle nous pourrions nous soustraire épistémologiquement à notre propre engagement[4]. Nous devons suivre l'exemple du peintre italien qui se passe du dessin et s'implique lui-même dans ses représentations de la relation. Il n'est même pas nécessaire de savoir *que* nous avons réussi. Bien entendu, cela ne veut pas dire qu'il nous manque les arguments persuasifs pour lutter contre « la fausse vie ». La leçon à tirer de l'acharnement avec lequel Adorno insiste sur l'importance de la négativité, surtout par rapport à la revendication d'une réussite en ce qui concerne l'art et le comportement moral, est la facilité et la rapidité avec laquelle de telles revendications se dégradent en leur contraire. En affirmant que je réussis, j'échoue ; en affirmant que quelque chose est beau, sa beauté est détruite. Voici un exemple tiré d'une conférence d'Elaine Scarry sur le beau. La beauté, qui est supposée rehausser notre

---

2. Th. W. Adorno, *Negative Dialektik*, Frankfurt/M, Suhrkamp, 1975, p. 369.
3. Th. W. Adorno, *Minima Moralia*, in *Gesammelte Schriften*, vol. 4, Frankfurt/M, Suhrkamp, 1980, p. 43.
4. L. Bersani et U. Dutoit, *Caravaggio's Secrets*, Cambridge (Mass.) and London (Eng.), The MIT Press, 1998, p. 73.

attention envers le monde et éveiller notre sens de la justice et de l'équité, de la proportionnalité et de la distribution symétrique, se transforme en un phénomène kitsch. Elle est trahie par le ton emphatique et exagéré de l'auteur. Soulignons sa façon d'employer le mot « même » : « *Nous nous apercevons que le travail en cours est accompli activement par la présence continue d'un foyer vers lequel l'aspiration peut se conduire : les ciels du soir, le chorus matinal des coqs et des colombes en deuil, la rose sauvage qui, tout comme le pois de senteur, grimpe même le long des murs de prison*[5] ».

Le social est l'espace des conventions où le point tournant de la communication n'est atteint qu'accidentellement. Dans l'espace de l'éthique et peut-être de l'art et de la politique aussi, on exige des réponses pour lesquelles il n'existe pas de cadre conventionnel. C'est pourquoi l'impossibilité d'appliquer un critère préalable pour distinguer entre les cas où l'on réussit et où l'on échoue ne devrait pas être interprétée dans le sens d'une thèse communautaire, ou comme présupposant l'existence d'un ensemble de règles et de pratiques. Car une telle interprétation dissimulerait le pouvoir d'invention sans lequel les réponses demeureraient entièrement conventionnelles.

Cavell soutient que seule ma « *croyance en ta disposition* » à faire le pas pourrait t'aider. Est-ce qu'il compte sur quelque pensée magique ? Une disposition qui se nourrit d'une croyance extérieure à elle n'est pas un objet du savoir et fait signe vers une communication intuitive ou une communion spirituelle. Peut-être ne recules-tu pas devant mon appel. Simplement tu échoues. C'est une situation autre que celle où tu ne réponds pas parce que tu évites de faire un pas. N'ai-je pas cru en ta disposition avec suffisamment de conviction ? Il est évident que ma croyance ne peut pas s'exprimer par une exclamation (« fais-le ! ») ou dans un silence significatif, car dans les deux cas, je t'aurais empêché de faire ce que je souhaite que tu fasses ou que tu es prêt à faire. Ma croyance doit plutôt s'exprimer en faisant comme si je

5. E. Scarry, *On Beauty and Being Just*, Princeton, Princeton University Press, 1999, p. 100.

n'attendais rien de toi, ou en me déplaçant aisément le long du sentier que nous avons dégagé. Plus la croyance est forte, moins elle sera du ressort de la dissimulation et du déguisement, de la fiction d'un *comme si*, et plus la communication et la communicabilité, la communication de quelque chose et la communication de la communication auront tendance à coïncider. Cependant, la croyance qui nourrit ta disposition ne peut pas elle-même se nourrir de la disposition que je t'attribue. Elle ne peut pas se nourrir de l'expérience que nous partageons pour avoir battu le sentier de notre communication, puisque c'est précisément cette communication qui est en jeu. Qui donc s'adresse à moi de façon si étrange ?

N'est-ce pas dans la présence d'une œuvre d'art que je sens que l'on s'adresse à moi sans qu'une phrase ne soit prononcée, sans qu'un geste ne soit effectué ? Lorsque je sens que l'œuvre d'art s'adresse à moi depuis son retrait, mon intelligence est frappée par la nécessité d'avoir à faire le pas et de m'avancer sans soutien. Je dois répondre, je dois inventer une forme de communication, je dois créer un rapport que je ne peux pas considérer comme acquis, même si autrefois j'ai pu avoir l'occasion de montrer mon expertise en matière d'art ou ma réceptivité envers d'autres œuvres artistiques. Tout se passe comme si, ne prétendant pas être ce qu'elle n'est pas, l'œuvre d'art tenait pour réels ses spectateurs, ses lecteurs ou ses auditeurs, les mettant ainsi à l'épreuve avec une violence sans précédent. La prétention des mauvaises œuvres d'art révèle qu'elles ne se fient pas à ceux qui semblent les apprécier. Souvent, la tâche de répondre à une œuvre d'art qui mérite son nom est si difficile que nous nous sentons impuissants devant la probabilité d'un échec. Il faut chercher la force nécessaire à une réponse dans son interpellation [*adresse*] oblique et pourtant intransigeante. Nous ne voulons pas décevoir. Il est secondaire que nous répondions en proposant une interprétation, en produisant nous-mêmes une œuvre d'art, ou en regardant le monde d'un nouveau regard et en modifiant notre comportement. Un poème d'Eileen Myles tiré de son recueil *Skies* commence par les vers suivants : « *Un des / grands accomplissements / ma vie / est que je suis /*

uni / à toi.[6] » Les deux derniers mots pourraient sembler ostentatoires s'ils avaient le même poids que le mot « *uni* » qui se tient seul. Cependant, Myles leur a ajouté un des mots les plus communs, le mot « *le* ». Par ce mot commence une nouvelle phrase. Il appartient donc aux vers suivants, son isolement créant une sorte d'enjambement. Comment être uni à ce qui m'appartient déjà, à toi, ma vie ? Comment un tel rapport peut-il être un accomplissement ? Il le peut seulement parce que toi, ma vie, n'est pas mienne et parce que pour être uni à toi, mon attention doit être éveillée, rehaussée et intensifiée par une interpellation.

Adorno définit les œuvres d'art en fonction de leur *Rätselcharackter*, de leur caractère ou qualité intrinsèquement énigmatique, et donc en fonction d'une vraie interpellation. Comment une œuvre d'art apparaît-elle lorsqu'elle apparaît comme une énigme, comme un chiffre qui s'oppose à son déchiffrement, survivant même aux interprétations qui fournissent la réponse attendue ? Dans sa *Théorie esthétique*, Adorno maintient que les œuvres d'art « *disent et cachent quelque chose à la fois*[7] ». C'est dans leur interpellation, dans « *le regard qu'elles tournent vers le spectateur* » que réside « *l'insolubilité* »[8] de leur énigme, de leur chiffre. Or, étant énigmatiques de par leur constitution, on ne peut pas séparer ici la dissimulation de la révélation. Le retrait fait partie de l'interpellation même. Ce qui rend l'interpellation vraie ou ce qui la transforme en quelque chose comme une pure interpellation est le fait qu'elle ne s'ajoute pas au contenu afin de le transmettre. Une œuvre d'art n'est pas intentionnellement énigmatique, puisqu'une intention impliquerait la possibilité de séparer la forme du contenu. Adorno emploie une terminologie hégélienne pour souligner la différence entre l'intention et la constitution. L'énigme, écrit-il, appartient à « *l'éther* » ou à « *l'esprit* » de l'art[9]. Nous avons tendance à supposer qu'il y a un léger

6. E. Myles, *Skies*, Santa Rosa, Black Sparrow Press, 2001, p. 147.

7. Th. W. Adorno, *Ästhetische Theorie*, Frankfurt/M, Suhrkamp, 1970, p. 182. Voir aussi : A. García Düttmann, *Kunstende. Drei ästhetische Studien*, Frankfurt/M, Suhrkamp, 2000, p. 34.

8. Th. W. Adorno, *Ästhetische Theorie*, *op. cit.*, p. 185.

9 *Ibid.*, p. 180.

retard temporel entre la dissimulation et la révélation, entre le taire et le dire, et nous croyons à tort que tout ce que nous avons à faire pour réussir est de découvrir ce qu'une œuvre d'art dit, comme s'il y avait quelque passage secret vers un contenu dissimulé ou comme si l'œuvre d'art avait une arrière-pensée. Pourquoi devrions-nous prendre les œuvres d'art au sérieux ? Pourquoi devrions-nous nous y intéresser lorsque nous ne cherchons pas une simple distraction ? Si, sous une forme dissimulée, les œuvres présentaient quelque chose qu'on pourrait aussi présenter autrement, sans détour, on aurait du mal à trouver une explication satisfaisante à l'intérêt que nous portons à l'art. Dans la mesure où la forme et le contenu, la dissimulation et la révélation demeurent inséparables, il faut aussi se garder de transformer le caractère énigmatique des œuvres en leur contenu. Que les œuvres d'art soient constitutivement énigmatiques ne veut pas dire que la condition humaine reste une énigme insoluble. Répondre à l'interpellation de l'œuvre d'art et saisir leur énigme ou leur chiffre est aussi difficile que répondre à ta croyance en ma disposition à faire le pas. Cela est aussi difficile que de comprendre une interpellation qui essaie d'atteindre un point où l'intérieur et l'extérieur deviennent indiscernables, où la communicabilité et la communication convergent, où je ne te dis rien parce que je te dis tout : « *La musique n'est comprise que par celui qui peut l'écouter à partir d'une position extérieure, comme le font ceux qui sont insensibles à elle, et aussi à partir d'une position de familiarité, comme le fait Siegfried lorsque qu'il entend le chant de l'oiseau de la forêt.* [10] »

Un des traits distinctifs de la pensée d'Adorno est la façon dont il examine un problème à deux niveaux différents, l'un historique et l'autre structural, sans que ces niveaux soient distingués clairement ou sans que soit indiquée de façon précise la façon dont il faudrait concevoir leur médiation dialectique [11]. Tout comme le refus d'introduire des distinctions qui sépareraient les différents niveaux de l'argumentation

---

10. *Ibid.*, p. 185.

11. Voir A. García Düttmann, *Zwischen den Kulturen. Spannungen im Kampf um Anerkennung*,

peut signifier l'urgence de penser dialectiquement, le refus d'opérer des médiations dialectiques peut indiquer la nécessité de soumettre la dialectique à une critique qui souligne ses défaillances. Mon interpellation, mon expression de la croyance en ta disposition à faire le pas te déconcerte-t-elle parce que, d'une part, tu ne peux pas la détacher de cette séquence temporelle ou historique que la métaphore d'une voie de la communication s'efforce d'énoncer, alors que, d'autre part, tu dois aussi tenir compte du fait qu'elle équivaut à une rupture par rapport à cette voie, à un départ, à une mise en question de la communication elle-même ? L'interpellation qui exprime la foi que l'œuvre d'art a en son spectateur, est-elle déconcertante pour lui parce que, d'une part, il ne peut pas la dissocier du contexte historique auquel elle appartient, du contexte formé par l'œuvre d'art elle-même, alors que, d'autre part, il doit aussi reconnaître qu'elle crève ce double contexte, le mettant au défi de répondre sans le soutien de critères contextuels ? Du point de vue historique, l'argument structural apparaît comme une exagération, mais du point de vue structural, l'argument historique doit être relégué dans le domaine des différences empiriques. Nous trouvons l'exemple d'un tel passage abrupt d'un niveau historique à un niveau structural dans les sections de la *Théorie esthétique* consacrées à l'incompréhensibilité de l'œuvre d'art, à une incompréhensibilité qui s'enracine dans son caractère énigmatique ou dans son interpellation. Adorno affirme que l'incompréhensibilité que l'on reproche aux « *œuvres d'art hermétiques* » est en fait une « *confession* », l'aveu du caractère énigmatique particulier à l'art en général [12]. En devenant de plus en plus difficile à comprendre, l'art dit ou produit la vérité à son sujet et témoigne historiquement d'un caractère énigmatique qui s'avère irréductible et déterminé structurellement. Nous pourrions dire aussi qu'à travers

---

Frankfurt/M, Suhrkamp, 1997, p. 132. Voir aussi : A. García Düttmann, « Lifeline and Self-Portrait », in *Time and the Image*, dir. par Carolyn Gill, Manchester, Manchester University Press, 2000, pp. 30-31.

12. Th. W. Adorno, *Ästhetische Theorie*, *op. cit.*, p. 186.

l'hermétisme de ses manifestations modernes, l'art attire l'attention sur son interpellation. Par conséquent, il est impossible de distinguer les œuvres compréhensibles du passé des œuvres incompréhensibles du présent en opposant la tradition à la modernité comme si la modernité avait laissé la tradition intacte. Cette assertion peut être traduite en une assertion positive. Adorno affirme que l'ancien trouve refuge « *à l'extrémité du nouveau* », c'est-à-dire dans les ruptures que le nouveau marque plutôt que dans une prétendue continuité [13]. Au début de l'introduction ébauchée pour la théorie de la reproduction musicale qu'il envisageait d'écrire, Adorno écrit que même la partition la plus méticuleusement composée ne peut être lue avec assez de précision pour dissiper toutes les interrogations relatives à l'interprétation de la musique qu'elle rend graphiquement. Cependant, il serait erroné de considérer cette divergence entre la notation et l'interprétation comme séparant une œuvre d'art idéale de son incarnation historique, et d'en venir ainsi à la conclusion que chaque époque a son propre style. « *Les œuvres d'art récentes éclairent les moins récentes* [14] » parce que, en art, le présent affecte le passé. Il est insensé, selon Adorno, de rechercher un style d'interprétation musicale authentique, si par authentique l'on entend une pertinence historique. Une fois que l'art a touché à « *l'extrémité du nouveau* », une fois que l'hermétisme a révélé le caractère énigmatique inhérent aux œuvres d'art, il est tout aussi insensé d'opposer une incompréhensibilité moderne à la compréhensibilité traditionnelle. Sans doute est-ce vrai, surtout en matière de musique mais peut-être aussi de façon plus générale, que la tradition elle-même ne peut pas faire l'objet d'une tradition, ou qu'elle ne peut pas être préservée par une tradition [15]. Mais comment alors l'évaluer ? « L'extrême du nouveau » est un point de non-retour. Lorsque je m'aperçois que tu

---

13. *Ibid.*, p. 40.
14. Th. W. Adorno, *Theorie der musikalischen Reproduktion*, Frankfurt/M, Suhrkamp, 2001, p. 254.
15. *Ibid.*, p. 266.

dois faire un pas sur la voie de notre communication, que je ne peux pas le faire pour toi, c'est à un tel point de non-retour que j'ai atteint. Je ne peux pas revenir en arrière. L'idée adornienne très contestée d'un « *canon d'interdictions* », d'une histoire de l'art dominée par une perception idiosyncrasique pertinente et non pas simplement subjective, inscrit cet historicisme radical dans le domaine de l'expérience artistique et esthétique.

Pourquoi Adorno affirme-t-il que l'art confesse son caractère énigmatique au moment où l'hermétisme moderne atteint une limite, un point de non-retour ? Pourquoi n'affirme-t-il pas que l'art manifeste un aspect important de sa vérité en parvenant à une certaine fin, en cessant d'être ancré dans la tradition qui le rend intelligible ? C'est seulement lorsque quelque chose de moi me reste énigmatique que je peux en témoigner, même si je ne le ferai probablement pas explicitement aussi longtemps que je demeure incapable de reconnaître ce qui résiste ainsi à ma compréhension, voire le fait que quelque chose m'échappe. Adorno appelle la révélation de l'hermétisme dans les œuvres d'art modernes une confession parce que, en tant qu'interpellation, l'art n'est pas transparent à lui-même. Il reste pris entre la concrétion et l'abstraction, entre la communication et la communicabilité, entre la détermination historique et contextuelle de son interpellation et l'immédiateté violente avec laquelle il frappe ses spectateurs de ses interpellations. Dans la mesure où l'on ne peut pas atténuer cette tension, où l'histoire et la structure, la communication et la communicabilité, la concrétion et l'abstraction ne convergent jamais entièrement, il est tout aussi improbable qu'une interpellation ait lieu qu'il est improbable qu'une œuvre d'art voie le jour. Aucune confession ne sera jamais assez lucide pour déclencher l'émergence d'une transparence. Les spectateurs de l'art moderne se partageront toujours entre ceux qui se cramponnent à une analyse historique ou philologique, formelle ou axée sur le contenu, ceux pour qui faire le pas est d'abord faire un *pas de plus*, et ceux dont la réponse vigoureusement ingénieuse et inventive ne peut pas ne pas sembler arbitraire et exagérée aux autres, ceux pour qui faire un pas est avant tout *faire le pas*. La polémique qui oppose le philologue Emil Staiger et le philosophe Martin Heidegger au début des années 1950 concerne, comme on le sait, l'interprétation d'un seul mot à la fin d'un poème d'Eduard Mörike. Bien que le ton de la conférence de Staiger et celui de l'échange de lettres auquel elle donne lieu soient assez semblables, relevant d'une pratique linguistique qu'Adorno appellera le jargon de l'authenticité, la différence entre les deux conceptions de la littérature sur laquelle Staiger insiste reste indéniable. Elle repose sur l'incompatibilité entre un regard historique et un regard plus spéculatif[16]. Or il serait injuste de nier que la conception de Heidegger semble moins historique ou philologique. Mais ce que Heidegger entend par histoire n'a rien à voir avec la notion que Staiger peut en avoir. Cette différence n'est jamais rendue explicite, et si elle ne peut finalement être rendue explicite, elle peut quand même susciter un commentaire ironique comme celui que Leo Spitzer produit en réponse au débat entre le philologue et le philosophe.

Comment donc répondre à une interpellation infiniment improbable, au caractère énigmatique d'une œuvre d'art qui n'existera vraisemblablement jamais, si je veux que faire un pas soit bien *faire le pas de plus* et *faire le pas* ? Le passage d'un registre historique à un registre structural de l'argumentation, dans la phrase où Adorno affirme que l'art témoigne d'un caractère énigmatique, est abrupt non pas parce qu'il lui manque une justification, mais à cause de la tension qui fait trembler et résonner l'interpellation de l'œuvre d'art.

Le caractère énigmatique de l'œuvre s'exprime donc par une interpellation. La modernité hermétique de l'art l'avoue. Mais ce caractère

---

16. E. Staiger, « Zu einem Vers von Mörike. Ein Briefwechsel mit Martin Heidegger », in M. Heidegger, *Aus der Erfahrung des Denkens*, Gesamtausgabe, vol. 13, Frankfurt/M, V. Klostermann, 1989, p. 109. Heidegger affirme que « *le beau demeure ce qu'il est, quelle que soit la réponse que l'on apporte à la question "qui s'en préoccupe ?"* » (*ibid.*, p. 105). Il semble donc séparer la beauté de son appréhension historique. Pourtant, il affirme aussi que « *l'incapacité* » de se préoccuper du beau, d'en prendre soin, appartient à « *l'essence de l'œuvre d'art* » (*ibid.*, p. 107), comme si une adresse lui était essentielle.

dépend aussi d'une transformation que l'art effectue. Adorno la décrit en termes logiques. Alors que le monde des faits, le monde déterminé par les modalités de l'existence et de la nécessité est constitué et réfléchi par une synthèse qui se condense en un jugement, le monde de l'art, le monde déterminé par la modalité du *comme si*, est inauguré et créé par une synthèse qui, n'allant pas jusqu'à se condenser en un jugement, acquiert une qualité entièrement nouvelle. Cette synthèse se manifeste dans une interpellation qui ne réussit jamais autant ou qui n'est jamais si vraie que lorsqu'elle apparaît clairement comme le point de convergence de la communication et de la communicabilité. Une interpellation, si elle est vraie, ne rend pas de jugement. Cependant, si elle demeure ambiguë, elle peut être perçue comme un jugement, comme une convocation qui fait que celui qui a été convoqué se sent coupable avant même qu'aucun jugement n'ait été rendu sur lui. La sphère juridique, la sphère de la loi, et peut-être plus généralement la sphère que les citoyens des états souverains habitent aujourd'hui, ne s'opposent-t-elles pas au domaine de l'art et de l'éthique de la même façon qu'une interpellation qui s'installe dans l'ambiguïté en finissant toujours par se transformer en jugement, s'oppose à une interpellation qui fait tout pour fuir une telle ambiguïté ? Lorsque le président des États-Unis s'adresse au monde entier pour proclamer l'hégémonie culturelle et militaire de son pays, et pour menacer toute résistance active contre cette hégémonie par des moyens militaires dissuasifs, son interpellation est déjà une condamnation à mort et n'appelle que deux réponses.

L'art n'est ni le résultat d'une punition, d'une occasion manquée de changer le monde, ni le symptôme d'une démission, d'un désenchantement provoqué par l'état actuel du monde. Ces deux attitudes l'évaluent par rapport à la factualité et assimilent l'interpellation au jugement ou à un semblant de jugement. Elles réduisent l'œuvre d'art à une attitude, un énoncé, un message qui se substitue à l'engagement réel. Si tu ne fais pas le pas malgré ma croyance en ta disposition à le faire, je dois résister à la tentation de compromettre mon interpellation et de la transformer en jugement. Je peux invoquer un certain nombre de raisons afin d'expliquer ton comportement. Mais à la fin, c'est-à-dire à supposer que le problème de la temporalité ait été résolu, tout ce qui peut être dit est que tu n'auras pas fait le pas.

L'art transforme un jugement en une interpellation, s'éloigne de l'ambiguïté de l'interpellation plutôt que de s'y installer. Or Adorno affirme que la synthèse esthétique, « *ce qui crée l'unité des œuvres d'art* », ne peut pas prendre la forme d'un jugement. Peu importe, à cet égard, que les phrases qui font partie de telle ou telle œuvre soient des jugements ou non [17]. Pourtant, Adorno se réclame aussi d'un certain type de jugement. L'œuvre d'art, observe-t-il, porte des jugements sur le monde tel qu'il est, sur des conditions qui se sont transformées en faits, précisément en s'abstenant de porter des jugements et en reproduisant « *l'immanence fermée sur elle-même* » ou la fatalité rituelle de ce monde [18]. Tout se passe comme si l'art consistait en une répétition qui, *comme telle*, avait un effet transformateur et rendait possible une interpellation qui dénonce la factualité ou qui siège dans le jugement sur le monde des faits (historiques). Cette interpellation et ce jugement seraient aussi dépourvus de contenu que la répétition elle-même. L'interpellation de l'œuvre d'art dénoncerait quelque chose du monde, une affaire factuelle, et porterait des jugements sur elle. Dans le poème qu'Adorno choisit comme exemple, il s'agit de « *la coutume civilisée* » qui met au ban les animaux. En même temps, il serait impossible d'épingler le jugement que l'œuvre, par son interpellation, prononce, sur un cas particulier. L'art serait dans la position d'un souverain quelque peu impuissant qui a toujours déjà porté des jugements parce que sa souveraineté infiniment puissante n'est rien d'autre que la pure forme d'une interpellation en mesure de viser tous les cas possibles. Mais qu'est-ce que la répétition transformatrice est donc supposée dénoncer, au juste ? Car le monde de « *l'immanence fermée sur elle-même* », c'est-à-dire la factualité, est aussi le monde dans lequel les rapports doivent être

---

17. Th. W. Adorno, *Ästhetische Theorie*, *op. cit.*, p. 187.
18. *Ibid.*, p. 188.

conçus comme jugements dont le caractère essentiel est la copule, cette « *forme universelle* » nécessaire à leur « *énonciation effective* »[19], qu'ils opèrent en tant que propositions existentielles ou en tant que prédications qui présupposent l'existence de leur sujet. Le monde tel qu'il est, est un monde dans lequel il n'y a pas de place pour faire le pas. Ainsi, le raisonnement d'Adorno ne résiste pas à son absorption complice dans ce monde lorsqu'on le réduit à l'idée d'un jugement qui n'en est pas un. Il faut donc y déceler une autre idée – l'idée d'une interpellation qui en appelle à faire le pas, à donner une réponse sans aide extérieure, de manière analogue à celle dont parle Cavell dans ses réflexions sur « *la reconnaissance et l'évitement* ». *Ou bien* le *comme si* propre à l'œuvre d'art accomplit une suspension grâce à laquelle l'usage implicite ou explicite de la copule sépare le *est* de sa « *signification conceptuelle*[20] ». Une telle suspension implique que quelque chose qui est dit exister en fait n'existe pas, et transforme l'œuvre d'art en un jugement qui s'avère inévitable parce qu'il n'est jamais prononcé ouvertement. *Ou bien* il s'agit d'une suspension grâce à laquelle l'œuvre passe du jugement à l'interpellation, de l'ambiguïté de l'interpellation au point où la communication et la communicabilité convergent en une interpellation. Cette interpellation est peut-être l'origine de l'esthétique et de l'éthique, des *minima moralia* et de la théorie esthétique.

Un des personnages principaux du film *Arrebato*, réalisé en 1979 par Iván Zulueta, a la passion du rythme au cinéma. En tant que cinéaste et spectateur, il cherche des moments de ravissement. Après une série d'expérimentations avec une caméra qui tourne sans répit pendant son sommeil, il disparaît. Il cesse d'exister en face de la caméra et réapparaît comme élément d'un film qui peut être vu sur un écran sans pourtant y

---

19. Th. W. Adorno, *Negative Dialektik*, *op. cit.*, p. 108. Dans sa réponse à Staiger, Heidegger essaie de montrer comment, dans le poème de Mörike, la copule est dégagée de sa « *signification usée* », et nomme la beauté comme l'essence même de l'art (E. Staiger, « Zu einem Vers von Mörike. Ein Briefwechsel mit Martin Heidegger », *op. cit.*, p. 106). Spitzer s'oppose à cette interprétation de la copule.
20. Th. W. Adorno, *Ästhetische Theorie*, *op. cit.*, p. 187.

être projeté. La caméra s'adresse-t-elle au personnage ? Le cinéaste, fait-il le pas ? Dans leur dernier ravissement, la caméra et le cinéaste parviennent à l'éternité.

Lorsque Adorno rappelle au lecteur l'incompatibilité de la synthèse de l'œuvre d'art et de la forme du jugement, lorsqu'il distingue une interpellation (« *dire et cacher quelque chose à la fois* ») et un jugement porté sur le monde des faits (historiques), il semble se référer à une certaine autonomie de l'œuvre d'art. En tant qu'interpellation, les œuvres d'art ne prétendent pas faire ce qu'elle ne font pas, ou être quelque chose qu'elles ne sont pas, car ce n'est qu'en tant que jugement qu'elles se déplacent de façon ambiguë et hétéronome entre *est* et *comme si*, entre deux usages de la copule. Une telle autonomie exprime quelque chose qui ne peut pas s'exprimer différemment et qui en appelle à une réponse libre et inconditionnée, tout comme agir *comme si* je n'attendais rien de toi exprime ma croyance en ta disposition à faire le pas et en appelle à ton initiative. Un point est atteint où il est impossible d'exprimer autrement l'appel à faire le pas. C'est pourquoi il n'y a pas d'ambiguïté dans la communication qui, étant expressive, se communique aussi elle-même. Lorsque agir comme si je n'attendais rien de toi est la seule façon d'exprimer ma croyance en ta disposition, lorsqu'il s'agit d'une expression pure ou d'une vraie interpellation, on ne peut pas m'accuser d'être hypocrite. Lorsque sans soutien et sans avoir recours à des critères cognitifs, tu réponds en faisant le pas, il n'y a pas d'épreuve, malgré le fait que ma radicalisation n'ait pas été arbitraire et que ton geste se soit déployé en un point sur la voie de notre communication. L'épreuve est objective, elle est le sort de la communication – mon engagement est mis à l'épreuve autant que le tien, puisqu'en choisissant de le mettre en évidence, je n'avais pas le choix. La réponse à une œuvre d'art réussie a provoqué une transformation qui ne se laisse pas reconnaître de l'extérieur, c'est-à-dire en adoptant un point de vue neutre et indéterminé.

Y a-t-il une réponse dans les commentaires d'Adorno sur la « *rime de la souricière* », le poème de Mörike qu'il cite en exemple ? Comme en passant, Adorno considère la possibilité que ce poème évoque « *l'image involontaire d'un enfant, un chat et une souris dansant ensemble, les deux animaux debout sur leurs pattes de derrière* [21] ». Peut-être la réponse d'Adorno consiste-t-elle dans le fait *qu*'il considère une telle possibilité. On ne devrait donc pas y reconnaître une simple métaphore qu'il ne faut pas prendre trop au sérieux. Pourquoi sommes-nous attirés vers les tableaux de Caspar David Friedrich dans lesquels les figures tournent le dos au spectateur ? Peut-être parce que ces figures ne peuvent pas se retourner et nous signaler qu'elles ne sont, en vérité, qu'une simple métaphore. C'est ainsi que je dois croire en ta disposition à faire le pas.

Traduit de l'anglais par Céline Surprenant

---

21. *Ibid.*, p. 188.

ANTONIA BIRNBAUM

« FAIRE AVEC PEU ». Les moyens pauvres de la technique

« Nous devons nous réveiller de ce que fut l'existence de nos parents. »
Walter Benjamin

Pour Stéphane D.

Un jour où un passant vit Diogène mendier une obole à une statue et lui demanda pourquoi il agissait ainsi, il répondit : « *Je m'exerce à ne rien recevoir* ». Ce trait d'esprit résume à lui seul l'attitude cynique. Le philosophe transforme la difficulté de supporter la pauvreté en une occasion de ridiculiser la gloire des statues : par là même, il expose la pauvreté comme condition de sa franchise.

Rarement la pauvreté fut traitée avec autant de désinvolture. Le plus souvent, elle s'impose à nous comme une condition involontaire et subie qui envahit aussi bien le présent que l'avenir, la vie des individus que celle de la planète. Alors même que la pauvreté est déjà l'état avéré du monde, nous ne cessons de devoir lutter pour tenter « d'en sortir », voire simplement pour en contenir les effets. Parce qu'elle creuse le sillon du besoin, la pauvreté est généralement perçue comme souffrance ou comme obstacle [1].

Cette perception est si forte qu'on en oublierait presque que la vie des pauvres n'est pas faite essentiellement de misère, mais bien de toute la complexité de ce qu'ils vivent. Or, en toute conséquence, si le malheur était vraiment l'unique détermination d'une existence pauvre, alors l'immoralité devrait être l'unique détermination d'une vie riche, et la dénonciation l'unique tâche d'une vie éclairée. Voilà sans doute pourquoi Walter Benjamin qualifie l'auteur Werner Hegemann, dont le livre fait le procès des « *casernes à louer* » berlinoises (*Mietskasernen*), d'éternel « *vertueux mécontent* ». Les preuves qu'il avance contre ceux qu'il accuse d'avoir créé des conditions de vie sinistres sont certes accablantes, mais il est bien trop occupé à les réunir pour s'attarder sur la physionomie réelle des lieux et de ses habitants : « *Il lui est étranger que la caserne à louer, aussi terrible soit-elle comme logement, a créé des rues dans les fenêtres desquelles s'est reflété comme nulle part ailleurs non seulement la souffrance et le crime mais aussi le soleil du matin et du soir dans une triste grandeur, et que l'enfance du citadin a de tout temps tiré de la cage d'escalier et de l'asphalte des substances aussi indestructibles que le petit paysan de l'étable et des champs*[2]. »

Contre l'extériorité de la critique de Hegemann, Benjamin fait valoir l'intuition que le monde de la pauvreté urbaine contient une force et une perception qui lui sont propres et que les enfants qui y grandissent en formulent les multiples possibilités. Benjamin fait partie d'une génération formée par le leibnizianisme et ce n'est sans doute pas un hasard si ce passage fait stylistiquement écho à une des propositions les plus célèbres de la *Monadologie* : « *Or cette* liaison *ou cet accommodement de toutes les choses créées à chacune et de chacune à toutes les autres, fait que chaque substance simple a des rapports qui*

---

1. Évidemment, il y a aussi une figure chrétienne de la pauvreté choisie, mais c'est encore une figure de sa conversion en un « plus » : saint François abandonne ses richesses pour s'élever spirituellement.

2. « Ein Jakobiner von heute », in : W. Benjamin, *Gesammelte Schriften*, publiés sous la direction de R. Tiedemann et H. Schweppenhäuser, Francfurt/M, Suhrkamp, 1982, t. III, p. 265. (Traduction A. B.)

exprimment toutes les autres, et qu'elle est par conséquent un miroir vivant perpétuel de l'univers[3]. »

Comment considérer la pauvreté autrement que sous le seul aspect du manque et de ses tristes corollaires, la nécessité soit de le combler, soit de le supporter ? Or, on l'a vu, pour répondre à cette question, il ne suffit pas de « prendre le parti » du pauvre. Il faut bien plutôt rejoindre la pauvreté qui conditionne déjà nos existences et montrer en quoi celle-ci peut être une ressource : un moyen de connaissance, un effort, dont les aspirations et la diversité sont irréductibles à l'aliénation d'une vie soumise à l'économie. C'est cette modalité que Benjamin expérimente dans un bref article écrit en 1933, intitulé « Expérience et pauvreté ». L'analyse qui en est présentée ici ne vise nullement à resituer ce texte comme une partie dans le développement d'ensemble de l'œuvre. Elle cherche plutôt à éclairer en quoi la modalité particulière de son énonciation modifie et recompose certains traits de l'œuvre, en quoi elle en développe une des potentialités.

La disqualification de l'expérience : une émancipation de la technique

L'essai commence par relater une fable bien connue sur les vertus de la pauvreté, extraite des livres de lecture de Benjamin enfant. Pour lui, aujourd'hui, il y a deux leçons à tirer du récit. La première lui appartient, elle a la forme d'une morale : le père mourant dit à ses enfants qu'il y a un trésor caché dans le vignoble. Retournant la terre à sa recherche, ils découvrent que la vraie richesse est dans le fruit de leur travail.

La seconde leçon prend la forme d'un constat brutal. Dans l'espace d'un monde transformé par une guerre sans précédent en un champ de bataille quasi permanent, ceux qui prêchaient ainsi, dans la langue du bon sens, toute la dureté, toute la peine de la vie, n'ont plus rien à nous apprendre. Mais le constat ne s'arrête pas là. Car le mutisme induit par la guerre des tranchées et du conflit chimique, l'impossibi-

3. G. W. Leibniz, *La Monadologie*, Paris, Le Livre de poche, 1990, p. 156.

lité d'en tirer des fables et des morales n'ont pas seulement produit un silence de mort. L'impuissance nouvelle de ces paroles autrefois si dignes deconfiance fait retour dans un épanchement assourdissant : « *L'expérience, on savait exactement ce que c'était : toujours les anciens l'avaient apportée aux plus jeunes.* [...] *Où tout cela est-il passé ? Trouve-t-on encore des gens capables de raconter une histoire ? Où les mourants prononcent-ils encore des paroles impérissables, qui se transmettent de génération en génération comme un anneau ancestral ?* [...] *Qui chercherait à clouer le bec à la jeunesse en invoquant son expérience passée*[4] *?* »

L'état multiple de notre pauvreté se précise. Le paysage physique est jonché de fils de fer, le ciel rougi d'explosions. Le paysage économique est peuplé de chômeurs et de billets sans valeur. Enfin le paysage discursif est jonché de lamentations nostalgiques. La répétition par laquelle se transmettait une expérience s'est transformée en la répétition inlassable et ressassée d'une plainte. Le caractère obsolète de ces paroles se mesure à ce que leur forme même, celle de la communication continue entre les différents âges de la vie, est devenue un obstacle à tout mode d'existence un tant soit peu lucide.

En toute rigueur, la leçon à tirer de ce constat est la suivante : il faut couper court à la plainte et surtout se couper soi-même de l'espace de la plainte. Cela implique qu'il faut se délester de toutes les expériences acquises en allant à l'école en tramway hippomobile pour se retrouver entièrement « *à découvert dans un paysage où plus rien n'*[est] *reconnaissable, hormis les nuages et, au milieu, dans un champ de forces traversé de tensions et d'explosions destructrices, le minuscule et fragile corps humain*[5] ».

C'est exactement ce à quoi se résout ici Benjamin. Dans ce petit essai, il n'adopte pas son attitude habituelle d'historien, mais se situe en

4. « Expérience et pauvreté », trad. P. Rusch, in W. Benjamin, *Œuvres,* t. II, Paris, Gallimard, 2000, p. 364-365.
5. *Ibid.*, p. 365.

contemporain qui cherche à se débarrasser des leçons et des fables apprises dans et pour une autre époque. Il se limite alors à puiser les éléments de sa réflexion dans le bref intervalle que constitue le rapport entre la défaite de la Première Guerre mondiale et l'imminence d'un nouvel affrontement. Ce changement de position consonne de la manière la plus radicale avec un appauvrissement de sa propre démarche théorique, voire avec une réinvention de celle-ci.

Premier appauvrissement. Puisque le choc que nous avons subi nous laisse dans un champ de ruines, puisque cette ruine n'a pas épargné la notion même de culture, il faut avoir le courage de la congédier. Réponse pour réponse. Si, comme le diagnostique Benjamin, l'événement de la Première Guerre mondiale est impossible à formuler en termes d'expérience pour ceux qui l'ont vécue, il nous faut alors inventer une vie qui ne se déroule plus sous l'autorité de l'expérience, mais au regard de son impossibilité.

La notion de front, qui pose encore la violence en termes d'attaque et de défense, s'est dissoute dans les attaques aériennes au gaz. Est apparue une nouvelle violence qui n'affronte plus des armées l'une à l'autre, mais bat des records d'agression comptés en nombre de morts. Une stratégie de destruction pure s'est substituée à une stratégie guerrière. Dans ces conditions, vouloir encore opposer les acquis de la culture au déchaînement barbare de la technique équivaut tout simplement à une pure déclaration d'impuissance. Au lieu de poser un front, d'édifier un barrage, le philosophe va se situer au milieu de ce qui est arrivé et introduire une « *conception nouvelle, positive de barbarie* » qui doit nous permettre « *de survivre à la disparition de la culture*[6] ».

---

6. *Ibid.*, p. 372. Le texte original est : « [...] *bereitet die Menscheit sich darauf vor, die Kultur, wenn es sein muß, zu überleben* ». Pierre Rusch traduit *Kultur* par civilisation. Or la culture évoquée par Benjamin fait référence au concept organique de culture développé par Jacob Burckhardt, lequel privilégie l'art comme la forme la plus haute de la vie de l'esprit d'un peuple, alors que la notion de civilisation renvoie davantage à une réalité institutionnelle et sociale.

Quelle est cette nouvelle espèce de barbare ? C'est d'abord, tout simplement, un nom inventé par Benjamin pour faire droit à l'existence du « *minuscule et fragile corps humain* » contre toutes les galvanisations qui tentent de le recouvrir. En effet, alors même qu'il n'y a plus rien qui relie l'expérience au patrimoine culturel, celui-ci prolifère en un effroyable méli-mélo de styles de vie et de conceptions du monde : astrologie et yoga, végétarisme, gnose et spiritisme. À cette invasion de nos vies par une nouvelle *Armseligkeit* (littéralement une « pauvreté d'âme ») vouée à en combler le vide spirituel, le philosophe oppose une perception encore inarticulée, la perception de l'*infans* qui « *crie comme un nouveau-né dans les langes sales de l'époque* ».

Cet enfant sans parole ne représente pas l'innocence primordiale d'avant le péché, son corps n'est pas celui de la vie nue. Le petit vêtement rudimentaire, souillé et un peu ridicule qu'il porte le désigne comme celui qui n'a jamais rien connu d'autre que la dévastation et le dénuement de la situation présente, celui qui n'a pas de souvenir d'un autre temps et qui, s'il ne meurt pas dans la prochaine guerre, grandira dans les conditions catastrophiques de ce présent. Benjamin lui emprunte son ignorance du passé et son appétit pour l'avenir afin de poser quelque chose qui fait « *tache* » dans sa propre œuvre[7]. À la manière d'un barbare, sans s'encombrer de trop de justifications, le philosophe en appelle ici directement à la force active de l'oubli, par-delà toute la sophistication de sa conception messianique de la philosophie de l'histoire.

De quoi doit nous délivrer cet oubli ? De la stupidité torturée (*gequälte Stupidität*[8]) qui paralyse ceux hantés par leur perte. Leurs sens sont inhibés, ils se retranchent sur des certitudes aussi vides qu'insistan-

7. « *Faire tache* » signifie communément rompre une harmonie, mais, dans la pensée de Benjamin, l'expression renvoie également à un médium qui résout la personnalité en éléments primordiaux. Voir à ce propos : « Sur la peinture : signe et tache », trad. P. Rusch, in W. Benjamin, *Œuvres*, t. I, *op. cit.*, p. 172-178.

8. Expression tirée de « Linke Melancholie, Zu Erich Kästners neuem Gedichtbuch » in W. Benjamin, *Gesammelte Schriften*, *op. cit.*, t. III, p. 283.

tes. Au lieu de partir de l'effondrement de celles-ci, ils accusent le monde de ne plus y correspondre. Du présent, ils ne perçoivent qu'une seule chose : la haine qu'ils lui vouent et dont ne cessent de témoigner leurs plaintes. Dès lors, oublier la culture signifie exactement se rappeler à la réalité présente dans tout son dénuement, pouvoir y exercer son discernement. C'est l'oubli d'un jugement moral qui a fait faillite, d'une volonté d'accumulation qui a conduit à la guerre. Balayant les repères, supprimant les acquis, cet oubli donne lieu à une perception instable, à une connaissance sans fondement autre que les décombres parmi lesquels elle opère. Ainsi, le désintérêt pour toute conservation ou reconstruction produit la formule d'une lucidité nouvelle capable de s'accommoder de cette nouvelle pauvreté en expérience. Sa devise est de « se débrouiller avec peu ».

La barbarie de ce nouveau précepte ne prend tout son sens que si l'on part de sa visée polémique, si l'on demande contre qui elle se dirige. L'on a déjà vu que Benjamin a pris acte de l'impuissance de toute attitude défensive face à l'attaque aux gaz. Il sait, et peut-être le sait-il d'autant mieux qu'il est situé du côté de ceux qui ont perdu la guerre, que cette impuissance vaut également pour la situation politique : quand la maison brûle déjà, il est absurde de vouloir sauver les meubles. S'il reste une chance à saisir, c'est celle des vaincus.

Mais comment saisir une telle chance, comment transformer l'appauvrissement économique, culturel, spirituel causé par la défaite en une ressource ? D'abord, en l'affirmant comme telle, en ne pervertissant pas une défaite historique réelle en la victoire intérieure d'un guerrier spirituel, en congédiant toute la dialectique du déclin et de la renaissance. Ensuite en se débrouillant, sans patrimoine à conserver, sans richesse à accumuler, sans sol à occuper, sans langage propre : sans tout ce qui contribue à alimenter la renaissance fasciste du patriotisme allemand. En effet, dans la catastrophe actuelle, la culture est loin d'être neutre ; avant tout, elle constitue le champ privilégié où se redéploie le mythe d'une nation organique. La force de la nouvelle pauvreté en expérience réside d'abord dans son indifférence à ce mythe.

Se situant à l'extrême opposé d'une démarche ordonnée par une morale de l'esprit et par la transmission de cet esprit, les nouveaux barbares éclairent leur implication dans le monde présent à partir de tous les moyens et de toutes les circonstances de leur vie : à partir de la technique. Alors que la tradition pose celle-ci comme un moyen subordonné à une fin, la raison qui s'en soustrait procède à une conceptualisation politique de ces moyens ; elle articule les conflits humains qui s'y logent.

Habituellement, Benjamin intègre la notion de technique à sa réflexion sur l'œuvre d'art. Mais la pauvreté le conduit à une intuition différente, à savoir qu'il faut désenclaver la pensée de la technique, lui restituer son caractère multiple. En effet, pour pouvoir procéder à une élucidation morale des conditions réelles de notre existence, il faut récuser le départage des sphères qui commande à celles de la technique elle-même. Car tant que l'on accepte d'inscrire la pensée de la technique dans les catégories de l'économie et du travail, de l'État, de l'art et de la science, on reconduit l'aliénation de la technique à une organisation sociale qui lui reste extérieure, au lieu de repenser toutes les catégories de celle-ci à partir des possibilités émancipatrices de la technique.

En ne donnant pas à la pensée de la technique « *son mot à dire* » (*sein Mitbestimmungsrecht*[9]), nous nous rendons sourds aux véritables « *organes sensibles* » que sont, en vrac, tous les moyens techniques qui articulent l'existence individuelle à l'existence collective. Or, qu'est ce retranchement de la sphère dite technique des questions concernant les rapports des hommes entre eux, sinon une façon de considérer l'économie comme une contrainte naturelle, les rapports des hommes entre eux comme une réalité à administrer, la nature comme une réalité à exploiter, la science comme une discipline permettant de la maîtriser, et

9. Dans « Théories du fascisme allemand », Benjamin tente de retrouver ce langage possible de la technique – une articulation non aliénée de notre rapport à la nature – par-delà le langage mystique de la guerre universelle. Pour Walter Benjamin comme pour Leroi-Gourhan, il n'y a pas d'existence humaine qui ne soit déjà technique.

l'art comme la production d'une souveraineté illusoire ? C'est cet enchaînement continu de différents degrés d'aliénation qui provoque la *« révolte d'esclave de la technique* [10] », selon l'expression précise du philosophe.

Les esclaves sont ceux qui n'ont à comprendre du langage que les ordres qui leur sont donnés. Ils peuvent l'entendre, mais ne le possèdent pas. Leur rapport à celui-ci coïncide entièrement avec leur instrumentalisation au service d'un monde qui leur dénie toute qualité de dire un autre monde, d'en infléchir le cours. Rien ne doit dépendre d'eux, car eux dépendent entièrement de la raison de leurs maîtres. La révolte d'esclave de la technique, c'est le retournement violent de tous les moyens chimiques, mécaniques, tactiles, optiques, pharmaceutiques, spectaculaires, dramatiques, rhétoriques, sonores, contre ceux-là mêmes qui prétendaient l'asservir : tous ces moyens déchaînent les forces élémentaires sociales, mais dans la fureur d'une destruction. C'est ce qui est arrivé dans la guerre.

Le champ de bataille n'est plus au front, toutes les conditions de nos vies sont devenues le front. Dès lors, il n'y a plus lieu de considérer l'art comme la scène privilégiée où déchiffrer les signes d'une émancipation à venir, tout comme il n'y a plus lieu de considérer le rapport agonal entre le sacré et la technique propre à l'œuvre comme le schème originaire de l'existence sensible [11].

C'est ici qu'intervient un deuxième appauvrissement de la théorie de Benjamin. Puisque l'œuvre d'art ne cesse de réarticuler ses propres

---

10. « Theorien des deutschen Faschismus », in W. Benjamin, *Gesammelte Schriften, op. cit.*, t. III, p. 238. Le texte original est *Sklavenaufstand der Technik*, soit littéralement une *« révolte d'esclave de la technique »* et non une *« révolte de la technique contre la condition servile dans laquelle elle est tenue »*, comme le traduit Pierre Rusch.

11. Non seulement il n'y a plus aucune raison à cela, mais il y a une nécessité urgente de mettre cette scène en rapport avec d'autres scènes, de faire droit aux disputes concernant l'assignation même des scènes propres ou non à telle ou telle technique, à tel ou tel usage : car la réduction de toutes les scènes agonistiques à la seule scène de l'œuvre est exactement le scénario fasciste que Benjamin cherche à déjouer.

moyens techniques au mythe d'une souveraineté originaire, d'une *aura* ou d'une « magie » dans le lexique de Benjamin, il faut minorer l'œuvre pour n'en retenir que ce qui relève de l'hétéronomie de la connaissance sensible. Or, justement, celle-ci n'est présente dans l'art qu'au titre de son agencement technique [12]. Pour accéder à cette hétéronomie en tant que telle, il faut renverser la proposition : non pas élucider la technique au sein d'une théorie de l'œuvre d'art, mais réinscrire celle-ci au sein d'une réflexion sur l'agencement technique de l'existence.

La tâche de la démythologisation se transforme. À la place de l'historien de la culture qui s'efforce de soustraire l'œuvre à sa remythologisation par l'exposition de sa facture technique se glisse un Benjamin contemporain de son époque, soucieux de parer au plus pressé. Ce dernier énonce le concept d'une procédure technique variable à l'infini, destinée à accommoder les moyens de l'art comme de la science aux questions les plus urgentes de la réalité quotidienne. La problématisation de l'organisation matérielle de la vie ne passe plus nécessairement par le schème de l'œuvre, mais directement par une problématisation de la construction, de l'effacement, de la simplification et de l'attention. Et celui qui en explore les possibilités n'est autre que le nouveau-né criant dans les langes sales de l'époque. Le schème de la technique, ce sont les schématisations multiples de l'enfance.

Les moyens techniques du jeu

Le nouveau barbare dispose des moyens de celle-ci. Il recommence, il débute, bref : il joue. À la manière d'un barbare, le philosophe coupe la notion de jeu du problème de sa dérive spectaculaire ou sportive en l'arrachant à sa dimension artistique. Il « oublie » l'histoire de l'art pour ne s'en remettre qu'à l'urgence épistémologique qui constitue le jeu d'enfant. C'est en elle et non dans l'éclipse de l'apparence esthétique

---

12. Une excellente analyse des rapports complexes entre la première et la seconde technique se trouve dans l'ouvrage de Bruno Tackels, *L'Œuvre d'art à l'époque de W. Benjamin*, Paris, L'Harmattan, 1999, p. 61-117.

que l'essai trouve la ressource d'un gain d'espace formidable pour le jeu entre nature et technique.

Le jeu de l'enfant se tient si près du commencement des choses qu'il ne discrimine pas entre ce qui est humain et ce qui ne l'est pas. Le dialogue enfantin engage tous les rapports entre un corps et ce qui l'entoure : son rapport aux autres, aux choses, aux éléments, à la mobilité, au chromatisme, aux sons. « Tout se laisserait aisément arranger si on pouvait accomplir les choses deux fois *(Goethe) ; l'enfant procède selon cet adage goethéen. Simplement pour lui, il ne s'agit pas d'une seconde fois, mais de nouvelles fois, de centaines, de milliers de nouvelles fois. Ce n'est pas seulement le moyen de venir à bout des premières expériences traumatiques par abrutissement, conjuration obstinée ou parodie, mais c'est aussi le moyen de goûter sans cesse, de la manière la plus intense, triomphes et victoires. L'adulte se déleste de l'horreur, jouit doublement d'un bonheur en le racontant. L'enfant recrée toute la chose depuis le début, il recommence*[13]. »

Hors de toute expérience communicable qui marque le récit, le langage du jeu se construit dans l'exploration répétitive, par tous les moyens dont dispose un corps, de l'énigme du monde. L'enfant parle aux étoiles avec ses mains, avance vite en zigzag à quatre pattes, lentement debout. Il s'adresse indifféremment à une peluche ou à une personne. Ses gestes ne sont pas attribuables à la psyché, au corps ou aux éléments du monde physique. Leur portée vient entre psyché, corps et monde, habiter un passage. Le petit d'homme met en jeu le côté des hommes qui est étranger à leur humanité.

Un tel petit ressemble moins à ses aînés qu'aux éléments du monde dans lequel il voit le jour : « *L'enfant ne joue pas seulement à être épicier ou instituteur, mais aussi à être moulin ou locomotive*[14] ». Les

---

13. « Spielzeug und Spielen. Randbemerkungen zu einem Monumentalwerk », in W. Benjamin, *Gesammelte Schriften*, *op. cit.*, t. III, p. 127-132. (Traduction A.B.)
14. « Sur le pouvoir d'imitation », in W. Benjamin, *Œuvres,* t. II, *op. cit.*, p. 359. (Traduction modifiée.)

créateurs de la nouvelle barbarie, eux, ressemblent à ces petits. Ainsi opèrent-ils sans l'autorité d'un modèle. Leur planche à dessin a de multiples usages, artistiques ou scientifiques. Ils débutent chacun de leur côté, avançant par eux-mêmes, sans regarder de gauche ni de droite. Descartes commence avec le simple élément du *cogito* et déduit toute sa philosophie de cette seule certitude. Einstein ne voit qu'une chose, l'écart entre des équations de Newton et l'observation astronomique. Klee s'inspire des ingénieurs pour construire des visages dont tous les traits sont structurés par leurs états affectifs : ligne de sourcils froncés pour la concentration du *Savant* (1931), motif des yeux fermés pour *Absorbé dans ses pensées, autoportait* (1919).

La *mimesis* du jeu engendre une sorte de vagabondage de la ressemblance qui s'attache à relier de la façon la plus improbable des éléments fort éloignés, sans aucun égard pour la vraisemblance. Pris en ce sens, imiter ne signifie pas redoubler un objet dans une représentation, mais produire une nouvelle ressemblance qui modifie les rapports entre les choses, entre l'humain et l'inhumain. Cette transposition hétérogène d'un élément en un autre articule l'inconstance d'un corps à l'imprévisibilité de la nature. La contingence des moyens qui nous relie au monde physique, tel est l'alphabet dont le jeu épelle les lettres comme autant de possibilités matérielles inédites. En faisant « *accéder la nature au langage* », il libère la puissance inventive des moyens techniques au lieu de les enchaîner à une fin. Un tel langage ne connaît pas la séparation du travail et du loisir, du sérieux et de l'amusement, tout comme l'enfant qui joue ne divise pas le sensible en éléments de connaissance et en éléments de sensations, en passivité et en activité. Pour Benjamin, tout geste d'enfant se résout dans la relation exacte d'une innervation créatrice avec une innervation réceptive.

Or dans « Expérience et pauvreté », Benjamin met lui-même à l'œuvre une telle logique de la ressemblance. Ainsi, il relie de la façon la plus improbable les remarques du communiste Brecht sur le rapport entre justice et pauvreté et celles de l'architecte Adolf Loos concernant une sensibilité esthétique basée sur le refus de l'ornement, le programme esthétique simplificateur de ce dernier à l'art complexe de Klee, les impératifs de l'effacement à la fiction utopique proposée par Paul Scheerbart.

Mais quelle est la similitude que le philosophe tire de ces gestes singuliers ? La première est négative : si variables soient-elles, ces démarches ont en commun de récuser toute ressemblance avec « l'homme », principe de l'humanisme. Elles font droit à la part inhumaine du monde, engagent tous un rapport distancié à la nature, à l'écart de toute maîtrise. La seconde est cumulative. Prises séparément, ces démarches ne se ressemblent sans doute en rien. Néanmoins, pris ensemble, tous leurs moyens esquissent une ressemblance nouvelle de la vie humaine avec le monde pauvre au milieu duquel nous vivons.

La notion de jeu s'approfondit pour inclure la dimension collective de l'existence. En effet, en rapprochant des gestes politiques et architecturaux, des logiques programmatiques et des attitudes esthétiques, Benjamin transforme le problème de savoir comment habiter ce monde appauvri en une tâche nouvelle. Quel espace de jeu nouveau reste à construire entre la sphère privée et la sphère publique, entre toutes les fonctions matérielles différentes de notre existence ? Quels matériaux et quels moyens pourraient restituer la technique dans sa dimension émancipatrice, c'est-à-dire dans sa capacité à produire une relation exacte entre l'innervation réceptive des possibilités de la nature et l'innervation créatrice des possibilités de la vie commune ?

En toute conséquence, Benjamin n'élucide pas les moyens d'habiter un monde appauvri à partir d'une idée de l'homme, ni même à partir d'une idée de « l'homme nouveau ». Il adopte une démarche contraire qui consiste à prêter son attention aux côtés inhumains de nos vies, à ses relations avec l'étrangeté matérielle du monde. Et il ne s'agit pas d'humaniser ces rapports, car, d'un monde centré sur l'homme, il n'y a plus rien à attendre ; il s'agit de demander comment des matériaux, des instruments et des circulations peuvent nous débarrasser du souci de l'expérience et nous redonner un accès tactile à tout ce qui nous entoure, y compris aux autres.

C'est cette préoccupation qu'il partage avec « *les meilleurs esprits* » que sont Paul Scheerbart, Bertolt Brecht et Adolf Loos. « *Il existe des romans* [de Scheerbart] *qui de loin ressemblent à un Jules Verne, mais à la différence de Verne, chez qui les véhicules les plus extravagants ne transportent à travers l'espace que de petits rentiers français ou anglais, Scheerbart s'est demandé en quelles créatures tout à fait nouvelles, aimables et curieuses, nos télescopes, nos avions et nos fusées transformeront l'homme d'hier. Ces créatures, du reste, parlent déjà une langue tout à fait nouvelle*[15]. »

Un des matériaux aptes à susciter cette nouvelle langue est le verre. Mais là encore il faut se tenir près des choses, élucider ses qualités physiques plutôt que se focaliser sur sa teneur idéologique de transparence, d'uniformité ou de grandeur. Le verre correspond au choix d'un matériau qui laisse filtrer la lumière de l'extérieur, qui ouvre l'espace clos sur un espace plus large que lui-même. Tel le verre des fenêtres, qui marque la frontière entre le dehors et le dedans, il a pour avantage d'être perméable et on peut en faire usage en ce sens.

Scheerbart parle de maisons faites entièrement en verre coloré, où les habitants opacifient ou éclairent les parois de leurs demeures selon leurs activités et leurs humeurs, où ils déplacent les murs selon leurs besoins et leurs envies de solitude ou de partage. Cette mobilité leur permet d'articuler leur espace propre à celui de tous, sans pour autant être soumis à un contrôle du regard. Ils rejouent sans cesse leur façon de passer du privé au public, du public au privé. Ainsi, les gens peuvent vivre en un endroit sans nécessairement adopter les habitudes d'un cadre domestique, en articulant le cadre à cela même qui lui échappe : l'irruption de l'extérieur.

Cette variabilité est encore modulée par le caractère lisse et froid du verre. Celui-ci n'accroche pas, il ne reflète pas la personnalité de l'habitant et réserve une possibilité à la circulation imprévisible des autres. Dans ces conditions, le recroquevillement sur le secret, le stockage de

---

15. « Expérience et pauvreté », in W. Benjamin, *Œuvres*, t. II, *op. cit.*, p. 368.

soi-même et la fixation en un lieu se transforment, si seulement on suit le conseil de Brecht tiré du *Manuel des habitants des villes* : « *Efface les traces* ». La recherche du geste exact se substitue à la pérennité de l'habitude : cette modification est synonyme de l'introduction dans le collectif d'une disparité des rythmes.

Le nouveau barbare ne hiérarchise pas des éléments extérieurs à lui-même selon un ordre, il devient lui-même un élément actif au sein d'une situation. De même, il ne partage pas inégalement son attention entre ce qui est supposé lui revenir en propre et les choses communes. Sa curiosité peut s'accrocher n'importe où. Les voies obliques de celle-ci persistent à le rendre étranger aux divisions généralement connues sous le nom de réalité. Ce va-et-vient incessant entre le propre et le commun disjoint la question du nom de celle de l'identité. Tous les mots peuvent servir à nommer, toutes les nominations ont partie liée avec le commun. Il n'y a pas de noms plus propres que d'autres. Ainsi, Paul Scheerbart donne à ses personnages des noms qui ressemblent à des activités, par exemple *Lesabéndio* (soirée de lecture), nom du héros d'un de ses ouvrages et titre du livre.

Variabilité, perméabilité, expropriation de l'identité. Ces quelques exemples montrent à quoi s'emploient les schématisations du jeu : à formuler d'innombrables « *combinaisons harmonieuses* » entre l'innovation technique et l'innovation de la vie collective. Leurs ajustements, toujours provisoires, déjouent la contradiction dialectique qui oppose le progrès technique et la régression sociale. En eux, la technique est rendue à elle-même et peut alors s'avérer comme « *l'organe* » de la vie collective.

Ce langage nouveau des barbares diffère du langage de la culture en ceci que son champ est celui de l'improvisation, son espace celui des circonstances traversé de perpétuelles polémiques, travaillé d'innombrables dissentiments et son temps celui d'un présent instable : tout le présent multiple et presque indiscernable de ce qui se propose déjà comme alternative à ce que l'on a connu. C'est à ce titre qu'il a la puissance de nous libérer de ce dont nous sommes fatigués. De notre savoir-faire devenu inutile, de notre subordination à une culture qui a perdu son autorité, de notre référence constante à un passé détruit, bref, de l'expérience quelle qu'elle soit.

Il apparaît alors que la pauvreté en expérience ne désigne nullement un rabattement de la réalité sur elle-même. Jamais Benjamin ne fait appel à une rationalité désenchantée, prête à s'arranger du monde tel qu'il est. En écrivant que les gens fatigués de l'expérience « *aspirent à un environnement dans lequel ils puissent faire valoir leur pauvreté, extérieure et finalement aussi intérieure, à l'affirmer si clairement et si nettement qu'il en sorte quelque chose de décent*[16] », il évoque la nécessité de faire un vide d'où pourra surgir une autre existence.

La chose va plus loin encore. L'on a vu que la vie des nouveaux barbares se tient au plus près du jeu de l'enfant, au point d'indistinction entre l'humain et la nature, au point où le concret émerge de l'infinité virtuelle de ses variations. Or, que nomme ce rapprochement avec l'*infans*, sinon une existence qui n'a encore rien perdu de sa charge utopique ? La pauvreté en expérience se révèle alors comme une formulation singulière de l'utopie benjaminienne, une formulation qui se débrouille avec peu, sans détour par un passé lointain et sans horizon théologique, mais non sans rêve.

Utopie et pauvreté

Pour dégager la spécificité de cette formulation, il faut brièvement rappeler quelques caractéristiques de l'utopie benjaminienne[17]. Pour ce philosophe, l'utopie a un caractère composite ; elle ne relève ni de la rationalité d'un projet, ni d'un pur imaginaire, mais de l'accès à une lucidité que retiennent dans leurs plis archaïques les images de souhait du rêve. Or ces images sont enracinées dans l'irrationalité du mythe, dans

---

16. *Ibid.*, p. 371. (Traduction modifiée.)

17. Ce bref résumé est redevable à l'analyse précise et différenciée faite par Miguel Abensour de l'intrication complexe entre les images de souhait du rêve et le réveil à l'histoire dans la conception utopique de Benjamin dans « Walter Benjamin le guetteur de rêves », in *L'utopie de Thomas More à Walter Benjamin*, Paris, Sens & Tonka, 2000, p. 109-211.

cela même qui refoule toutes les possibilités de distanciation des choses et des êtres au profit d'une communauté identifiée à l'Un. Dès lors, Benjamin va développer une technique du réveil qui fait irruption dans les lieux mêmes du rêve ; il en appelle au désir de réveil qui anime les images oniriques contre le poids du sommeil qui les leste. Loin de simplement se détourner des images de rêve collectif, il tente de réactualiser les virtualités émancipatrices de leurs souhaits.

Cette tâche est conçue comme la tâche politique de l'historien de la culture : pour libérer la charge utopique que recèle le moment présent, ce dernier met en tension les images d'un âge d'or lointain avec l'aspiration au nouveau qui détermine le présent. C'est un travail d'anamnèse particulier, qui compose une image de l'imprévisible à partir des éléments d'un passé transfiguré par son éloignement. Une telle image n'est elle-même attribuable à aucune époque, mais elle passe entre les époques pour visualiser un écart, lancer un pont entre ce qui est et ce qui pourrait être.

Or dans le cas de la pauvreté en expérience, ce passage par le lointain n'est pas accessible. Les nouveaux barbares sont passés hors du champ de la culture. En toute conséquence, cette extériorité les prive aussi des ressources du passé et les contraint à reformuler autrement la question de l'utopie. Mais ici encore plus qu'ailleurs, il suffit peut-être de se tourner vers le jeu d'enfant, le jeu de ceux qui manquent totalement d'expérience alors même qu'ils débordent d'imagination.

Si l'on considère le mythe à partir de ce jeu de l'imagination enfantine, il est possible de l'éclairer dans sa dimension technique. Car le mythe n'est pas seulement un refoulement des possibilités de la technique au profit d'une ritualisation et d'une sacralisation sociale, ou plutôt il n'est tout cela qu'en vertu du fait qu'il est aussi une technique de l'imaginaire.

Ainsi, l'indifférence aux mythes, caractéristique d'une vie tournée de manière résolue vers le présent, n'annule pas la puissance de rêver une autre vie, bien au contraire : elle fait resurgir la dimension technique du mythe. D'ailleurs, sauf à retomber dans l'idéalisation, la lucidité barbare ne peut que constater à quel point l'époque qui est la sienne donne encore matière au mythe : « *Tant qu'il y aura encore un mendiant, il y aura du mythe* », selon l'expression de Benjamin. Simplement, les rêves collectifs liés à la nouvelle pauvreté en expérience renvoient à la forme nouvelle de l'objectivation des hommes. Leurs images de souhait sont faites à partir de l'innervation corporelle qu'induisent les chocs et la discontinuité de la vie contemporaine.

Encore une fois, la tâche de Benjamin se transforme à mesure qu'elle s'appauvrit. Les images du passé organisées par la tradition ne peuvent lui être d'aucun secours. Elles permettent certes de se détacher du présent, mais comme lui-même l'a déjà constaté, ce détachement est essentiellement fait de nostalgie : c'est le rêve d'une continuité retrouvée. Pour libérer la charge utopique que recèle la nouvelle expérience en pauvreté, il lui faut se tourner vers les images qu'elle génère pour y déceler les éclats d'un avenir en rupture avec le présent. Bref, Benjamin le contemporain doit contredire le présent moyennant les images du présent. Plus exactement encore, il doit rompre leur coïncidence.

À cet égard, il n'est pas du tout anecdotique ni fortuit que le philosophe se tourne vers les images du rêve collectif produites par le dessin animé de Walt Disney [18]. Car d'un côté, ces images concrétisées par le seul dessin accusent un écart avec la réalité, écart qui va de pair avec une exposition de leur technique. De l'autre, ces dessins incarnent le mythe d'un âge d'or retrouvé, d'une existence sans peine. Enfin, tout le monde regarde Disney : dans les années trente, à l'étonnement de tous, y compris de leur producteur, ces dessins conquièrent en masse le public américain et international.

Il vaut donc la peine de dégager les traits utopiques inscrits dans les linéaments de ce monde de rêve, toujours en suivant la méthode pauvre

---

18. Les études benjaminiennes sont décidément moins curieuses que Benjamin : elles tendent invariablement à reprendre les références de la culture au détriment d'une interrogation concrète des exemples réellement employés.

élaborée tout au long de cette analyse [19]. Celle-ci consiste à appréhender, dans les images de souhait que produisent à la chaîne les nouveaux agencements techniques, les bifurcations imprévisibles qui pourraient les arracher à leur instrumentalisation. Cette exploration des virtualités émancipatrices retenues dans l'objectivation du nouveau s'aventure dans les archipels dont la cartographie est incertaine : des archipels qu'illimite leur continuelle apparition et qui à ce titre ne sauraient encore être un objet d'histoire.

L'essai « Expérience et pauvreté » procède en ce sens, puisqu'il ouvre sur l'interruption abrupte d'une leçon prodiguée par La Fontaine et conclut sur l'apparition toute récente d'un nouvel animal du nom de Mickey Mouse. Le dix-septième siècle représentait la vie des animaux pour transmettre une fable, la production actuelle nous divertit avec des animaux dont les frasques n'ont pas de leçon à donner. Les premiers cartoons de Mickey (*Steamboat Willie*, 1929 ; *Plane Crazy*, 1929 ; *Underwater Circus*, 1932 ; *Silly Symphonies*, 1933) produisent un monde onirique où tout est comme dans un autre monde : le paradis retrouvé de l'enfance. Benjamin souligne la manière dont ces images de rêve tournent en dérision les contraintes aliénantes de la vie quotidienne.

Walt Disney crée au niveau d'une représentation non encore enchaînée par la logique, la raison et l'expérience. Ses animaux ont l'habitude de s'allonger et de se contracter, de se moquer de leurs propres formes comme se moquent des classifications zoologiques les poissons-tigres et la pieuvre-éléphant de *Cirque sous-marin*. Ce refus de la forme figée une fois pour toutes caractérise tous les objets représentés : une locomotive dévore le bois de chauffe comme des petits gâteaux, les chevaux étonnés étirent leur cou au-delà du probable pendant que s'allongent leurs pattes en pleine course, les meubles se gondolent de rire.

---

19. Cette esquisse s'appuie de manière décisive sur le texte consacré par Eisenstein à Disney : Sergueï Eisenstein, *Walt Disney*, Strasbourg, Editions Circé, 1991.

Le *cartoon* met les objets hors de soi. L'extase comme processus est présentée sous les traits fluidifiés d'une mutation de leur stabilité en variabilité, qu'Eisenstein qualifie de « *plasmatique* ». Mickey fait signe au soleil de stopper sa course, il s'arrête net, Mickey sort de sa voiture et la gare dans sa poche, où elle disparaît instantanément. Les peines et les aliénations de la maîtrise s'évaporent en des résolutions a-logiques, les images nous immergent sensiblement dans la nature, nous assimilent à son jeu perpétuel.

Mais surtout, et c'est sans doute là ce qui retient Benjamin, la part technique de cet univers féerique s'expose en même temps que lui. En effet, dans le *cartoon,* le dessin est animé au double sens du terme : il est mis en mouvement et il y gagne une âme, telle la nature magique. C'est là toute la différence entre le petit écran animé et le grand : Disney traite le dessin comme un fait vivant, plutôt que de transfigurer la réalité par le film, de subordonner les personnes vivantes à leur image de star. La souris de navire est une star animale faite de lumière de papier et d'écran.

Le dessin perçu comme vivant a des comportements et des actes, il apparaît comme existant et même comme pensant. Par exemple, la peur du héros appartient au dessin : elle se révèle dans une ligne ondulée qui parcourt toute la silhouette [20]. Parfois le dessin va plus vite que la scène qu'il dessine : les formes se détachent, comme cette tondeuse si pressée de tracer un sillon qu'elle s'arrache à l'animal qui la conduit. Le comique des mutations ne se limite pas à la métamorphose de la nature : lorsque le cou du cheval s'étire au-delà des limites d'allongement possible du cou, le dessin s'échappe de la forme, un ensemble de lignes se met à danser devant nos yeux. De même, c'est le dessin qui transmet une âme à chaque objet qu'il traverse, bouilloire, soupière, commode, aux maisons, comme dans *La société de lutte contre les fantômes* : chaque chose se transpose en une autre, l'extase gagne peu à peu toute la scène, pour finir par emporter tous les éléments, décor compris, dans

20. Technique reprise avec bonheur par *South Park*.

sa dynamique. À cela s'ajoutent la couleur et le son, de telle sorte que l'on est plongé dans une véritable synesthésie.

Les fables de La Fontaine s'insurgeaient contre la raison philosophique cartésienne qui réduisait le monde animal à ses réactions mécaniques. Chez Disney, l'extase perpétuelle des animaux et des choses exprime un refus de la standardisation outrée de l'existence, du quadrillage normatif et de la parcellisation grise de la vie. Certes, l'élucubration comique du dessin animé est conçue au service d'un pur divertissement. Son entrain ne mène pas loin, il ne réussit qu'à nous faire oublier pour un bref instant la dureté du monde et, ce faisant, il nous détourne aussi de l'urgence qu'il y a à transformer le cours des choses. Mais pour Benjamin, les images de rêve collectif ne véhiculent pas seulement de la léthargie, elle sont travaillées par une ambiguïté fondamentale[21]. C'est le cas des images produites par Disney dans les années trente. Elles portent en elles des ressources insoupçonnées, matérialisées dans et par leur « *folie graphique* » et sa sonorisation.

Le bref intervalle dont témoignent les interrogations de cet essai s'est soldé par un échec historique sans précédent. La Première Guerre mondiale a engendré la catastrophe plus sombre encore du nazisme. Le délire graphique du concret s'est résorbé dans le kitsch des dessins. Confronté à cet échec sans précédent, Benjamin a cherché à retendre l'arc utopique dans l'élément de l'histoire, à partir d'une perspective messianique. Mais cela ne disqualifie d'aucune manière la logique singulière de cet essai. Dans le labyrinthe de cette philosophie, « Expérience et pauvreté » apparaît comme la vérité d'une variation au sens de Leibniz. Son intuition déplie *in nuce* une des différences possibles que contient cet univers de pensée : celle que reflète la pauvreté en expérience.

La neuvième thèse de « Sur le concept d'histoire » développe l'image célèbre de l'ange dont le visage est tourné vers le passé, qui voit une seule et unique catastrophe là où nous voyons un enchaînement d'événements.

---

21. Voir M. Abensour, *L'utopie de Thomas More à Walter Benjamin*, *op. cit.*, p. 149-166.

Il voudrait s'attarder sur les morts, mais ses ailes sont prises dans une tempête qui souffle du paradis et qui le pousse irrésistiblement vers l'avenir auquel il tourne le dos. L'on peut supposer que la pauvreté en expérience est un « détail » infiniment petit qui appartient à cette catastrophe. Considérée sous l'aspect de ce détail, la perspective messianique enveloppe sans doute aussi cette question qui est la nôtre et qu'elle nous lègue : comment faire avec peu, comment faire sans ange ?

Toulouse, janvier 2003

JEAN-LOUIS DÉOTTE

SUR LA FORMULE BENJAMINIENNE : PEINTURE = COPIE + IMAGINATION

à Eliane Déotte

Souvent, la clef de Benjamin se trouve dans les écrits de jeunesse, dans ces textes qui furent écrits entre 1915 et le début des années 20 [1]. Né en 1892, en 1915 Benjamin a 23 ans !

À leur lecture, on acquiert la conviction que Benjamin n'a pas vécu. Qu'il n'a pas fait d'expériences ou, plutôt, que les expériences ne lui ont rien appris parce que, épistémologiquement, il n'en attendait rien. Le texte « Expérience et pauvreté » peut être considéré comme parfaitement autobiographique. On se souvient du constat : « On a bouffé trop de culture » et de la revendication esthético-politique « moderniste » de la *tabula rasa*, « partir de Soi » et de « Rien » comme Descartes, Loos, Le Corbusier. C'est celui d'un fils d'antiquaire saturé par la culture paternelle. Il n'a pas attendu l'expérience du front – guerre qu'il aurait voulu faire mais pour laquelle il a été réformé – pour constater que l'expérience devenait impossible et donc que ses contemporains étaient « *pauvres en expérience* », il n'a pas attendu l'esthétique du choc (grande presse, foules urbaines, crises politiques, etc.) pour développer le

1. W. Benjamin, *Fragments*, Paris, PUF-Collège international de philosophie, 2001. Il faut saluer ce travail des éditeurs et des traducteurs Ch. Jouanlanne et J.-F. Poirier, qui rend enfin possible un désensorcellement critique.

thème de la crise de la transmission orale, non, il est resté en partie dans le monde de l'enfance et des livres coloriés. D'une certaine manière, Benjamin aura autant vécu que Bouvard et Pécuchet : c'est un homme de bibliothèque et un collectionneur, bref un archiviste. Le développement de son œuvre est comme celui d'une monade. Une monade, c'est un programme qui se développe de lui-même. Une monade ne fait pas d'expériences empiriques : il ne lui arrive rien, c'est plutôt elle qui arrive au monde tout équipée. Mais le monde, ce n'est rien d'autre que le réseau des autres monades qui toutes, selon leur degré de complexité, « expriment » le monde qu'elles constituent. Les monades s'entr'expriment les unes les autres. C'est ainsi que peut s'expliquer l'« influence » de Fiedler, de Rang, de Riegl, de Scholem, de Brecht, d'Adorno, etc. sur Benjamin. À eux tous, ils constituèrent une constellation d'étoiles qui règle encore notre vie intellectuelle aujourd'hui, ici-bas. Quel peut être le médium de communication (la surface absolue) de ces monades ? Chez Leibniz, c'est Dieu le grand média, parce qu'il est le « *géométral des monades* » (*Monadologie*), celui qui les supporte toutes. On se demandera ce que serait chez Benjamin le médium de cette entr'expression des monades.

La perception n'est pas un mode de connaissance

Benjamin n'attendra pas le texte sur Baudelaire[2] pour invalider le vécu, son souvenir, et la conscience perceptive diurne (*Erlebnis*), en réinterprétant la problématique freudienne de la conscience comme pare-excitations et ce pour restaurer l'autre mode de connaissance, la remémoration (l'anamnèse de l'écriture nocturne proustienne) donnant lieu à la seule expérience vraie (*Erfahrung*), la seule en effet capable de travailler à partir des archives du « moi » comme l'écriture proustienne.

Il faudrait pour restaurer la possibilité de l'expérience, articuler le programme qu'est chaque monade, qui la différencie avec toutes les

2. W. Benjamin, *Charles Baudelaire. Un poète lyrique à l'apogée du capitalisme*, trad. J. Lacoste, Paris, Payot, 1982.

autres, avec le dépôt d'archives qu'est chacune, sachant qu'une archive n'est pas le reste direct et nocturne d'une expérience diurne, parce que d'une telle « *expérience diurne, immédiate, directe* », il ne reste rien, sinon des cendres, au mieux des affects innommés. Pour Benjamin comme pour Fiedler[3], il n'y a pas de passage entre le monde de la perception, le vécu, et celui de la connaissance (la vérité). Chez Fiedler, l'érection de la forme ne doit rien aux flux sensibles internes qui sont entraînés par le même mouvement que les flux externes insaisissables. Seule la forme artistique peut stabiliser et configurer ce qui, sinon, fuirait toujours. Seule la forme artistique, comme plus tard chez Klee, fait voir en retour ce qui, sans elle, serait passé inaperçu. La forme n'imite pas une présence sensible déjà-là, déjà donnée. Elle en creuse la possibilité sensible. D'où le paradoxe d'une *représentation première* : au sens où la représentation artistique rend possible, en retour, la présence sensible. Car, il y va bien de la représentation, au sens de la *mimesis*. À ce propos Benjamin parlera de *mimesis originaire*, quand c'est la même main qui a tué l'animal et qui a porté sur la paroi sa silhouette, mais aussi quand c'est le même corps qui danse et qui parle : s'imitant lui-même en produisant une forme stable dans la danse et la parole. Il y a un fonds commun à l'art, à l'imagination, aux sciences, aux mathématiques, à l'histoire : c'est l'image originaire. Ce fonds est celui d'une intentionnalité commune : l'artiste s'installe dans l'image originaire, quand la main qui portera sur la paroi la silhouette d'un animal sera la même main que celle qui l'a fléché. C'est la même main ou le même corps, dansant, parlant, etc. La *mimesis* originaire suppose bien une pratique corporelle, la dyade marcher/danser, articuler un son/parler. Un choix de la singularité de donner d'elle-même des apparences et donc de s'imiter en vérité par l'écriture au sens large. Ce registre de l'expérience vraie (*Erfahrung*) n'est donc pas celui du vécu, de la perception directe et immédiate (*Erlebnis*). La politique de Benjamin tiendra dans la constante affirmation, du *Narrateur* à *L'Œuvre d'art...*, de la décision que prend une mul-

---

3. Fiedler, *Essais sur l'art*, 1876,1878, 1887. Trad. D. Wieczorek, Besançon, L'Imprimeur, 2002.

tiplicité de donner des apparences, d'exposer d'elle-même ce qu'elle a de plus véridique. Car la politique est pour lui essentiellement exposition, entr'exposition, comme elle le sera plus tard chez Nancy[4].

Mais si Benjamin tenait pour acquis les textes de Fiedler, et en particulier celui *Sur l'origine de l'activité artistique*[5], c'était pour déporter la puissance de l'imagination. Comme si l'imagination, puissance de mise en images, faculté de représentation, supposait un monde de formes déjà constitué. L'imagination enchaînant sur la *mimesis* originaire, sur un dédoublement corporel déjà-là. Mais pour qui est-ce que les formes (la culture) sont toujours déjà-là, à disposition et ce d'une manière nécessaire ? Au fond pour l'enfant qui a toujours erré dans le magasin d'antiquités paternel, comme Hölderlin qui, pour écrire sur Sophocle[6], a dû déjà parcourir les galeries de sculptures du Louvre, ou pour le peintre A. Saura qui arpentait avec son père les galeries des Velázquez à Madrid, ou pour Bacon qui accumulait et souillait les photographies de ses « modèles », refusant le travail sur le motif, trop immédiat et brûlant. Et ces enfants, certes exceptionnels, seront comme tous les enfants qui apprennent à percevoir dans une bulle toujours déjà saturée de formes, un monde œuvré dirait H. Arendt[7]. C'est une fable philosophique que de nous faire croire que la grande question, c'est qu'il y ait quelque chose plutôt que rien, qu'il faille s'en étonner, et de nous persuader que le monde sensible est premier et qu'à partir de là il va falloir élaborer un monde de connaissances rationnelles et véridiques.

Ce qui caractérise la paradoxale monade benjaminienne, c'est l'imagination, non comme puissance créatrice de formes, mais comme déformation : ce qui accompagne les choses dans leur déclin comme le travail de Scarpa sur la colonnade classique au cimetière Brion à S. Vito d'Altivole. Une déclinaison du classicisme. Benjamin fait alors tout

4. J.-L. Nancy, *Être singulier pluriel*, Paris, Galilée, 1995.

5. *Op. cit.*, 1887.

6. F. Hölderlin, *Remarques sur Antigone. Remarques sur Œdipe de Sophocle*. Trad. et notes par F. Fédier. Préface J. Beaufret, Paris, Bibl. 10/18, 1965.

7. H. Arendt, *Condition de l'homme moderne*, Paris, Calmann-Lévy, 1961.

pour penser le devenir et l'histoire, sans qu'il y ait ni commencement ni fin (c'est une conception maternelle du devenir : la naissance est sans douleur, la mort est déformation, c'est-à-dire conservation de la matière – comme chez Sade –, etc.). La monade ne peut pas être pour la mort comme le *Dasein* chez Heidegger, parce que la mort empirique n'est pas ce qui peut advenir à une monade.

Ainsi la différence entre la veille et le rêve ne concerne que le monde de la perception, c'est-à-dire celui de la conscience, aucunement la connaissance (la vérité). La véritable opposition est entre le monde de la réalité (de la perception) et celui de la vérité : « *Car dans le monde de la vérité, le monde de la perception a perdu sa réalité. Peut-être même que, de manière générale, le monde de la vérité n'est pas monde d'une quelconque conscience. Cela veut dire que le problème du rapport entre le rêve et la veille est un problème qui relève non pas de la "théorie de la connaissance", mais de "la théorie de la perception"* ». Benjamin n'appartient donc pas au mouvement moderne de la subjectivité, à sa définition de la vérité, parce qu'il dissocie la conscience de la connaissance ; c'est pour cette raison que l'interprétation (herméneutique) est sans valeur pour lui : « *Mais les perceptions ne peuvent être ni vraies ni fausses, elles sont problématiques seulement au regard du domaine d'attribution de leur teneur signifiante.*[8] » Ce qui implique que, du point de vue de la connaissance vraie, il est inutile de comparer les modes de la perception, cela n'ayant d'importance que pour la vie. Donc, pour Benjamin, l'expérience vécue (*Erlebnis*) n'a jamais concerné la sphère de la vérité, sinon comme objet d'étude. On est donc très éloigné d'une phénoménologie, et même du kantisme de l'esthétique transcendantale. Dans l'étude ultérieure sur le cinéma[9], l'utilisation, comme chez nos critiques contemporains, de la *Conscience intime du*

---

8. W. Benjamin, *Fragments*, *op. cit.*, p. 92.

9. W. Benjamin, *L'Œuvre d'art à l'époque de sa reproductibilité technique*, 1935-1936. Sur les différentes versions du texte et les manœuvres éditoriales d'Adorno, lire : B. Tackels : *L'Œuvre d'art à l'époque de W. Benjamin. Histoires d'aura.* Paris, L'Harmattan, 1999.

temps d'Husserl, ne lui aurait été d'aucune utilité. Ce qui nous conduira à dire que, pour lui, la photo et le cinéma sont des *appareils de vérité* plus que des *dispositifs de perception*. S'ils n'étaient que des dispositifs sémio-techniques, ils modifieraient la perception que la masse a du monde (l'inconscient optique), ce qui a certes une importance considérable pour l'*aisthesis* et pour l'époque, mais pas pour la vérité. En tant que tels, photo et cinéma sont déjà des dispositifs objectivant et formalisant, leurs images de capture sont l'équivalent de tests industriels, ce ne sont pas d'entrée de jeu des appareils produisant des œuvres d'art. Ils génèrent des formes qui n'auraient pas été possibles sans eux (Benjamin dans « Petite histoire de la photographie » prend l'exemple de la macrophotographie de plantes). La distinction perception/vérité permettra de fonder celle qui partage dispositif et appareil, et d'ajouter qu'un dispositif de mise en forme peut être le support d'un appareil auquel il fournit un nouveau monde de formes.

Pour préciser la dévaluation benjaminienne de l'expérience, qui ne s'attaque pas à toute expérience (par exemple à l'expérience sous drogue, ou à celle de l'écriture de remémoration proustienne), mais seulement à ce à quoi la réduit Kant : l'expérience empirique comme la scientifique, c'est-à-dire une expérience appauvrie qui n'a pas en elle-même ses principes, puisque ces derniers relèvent d'une science transcendantale *a priori*. En fait Benjamin ramène Kant et les Lumières aux conséquences d'une crise onto-théologique (hölderlinienne) : celle du retrait de Dieu. Puisque Dieu s'est retiré du monde, alors l'expérience est une sorte de désert et il ne peut plus y avoir, comme chez les classiques (Descartes, Spinoza, Leibniz) de déductibilité de l'expérience à partir de la logique. Ce qui appartient désormais au monde de « *l'expérience vide et sans Dieu* [10] », c'est que les *données* empiriques contingentes devront être accueillies dans une sorte de passivité originaire. Dans cette situation « moderne » écrit Benjamin, les perceptions des données sont à la connaissance vraie ce que le motif d'un peintre est à sa

10. W. Benjamin, *Fragments*, *op. cit.*, p. 39.

peinture : des objets. D'où la discontinuité entre expérience et vérité. Or, le retrait du dieu hölderlinien n'est qu'un effet de l'appareil perspectif : le seul à partir de quoi Dieu n'habite plus la nature, laquelle n'offre plus alors que des signes géométriques à lire pour un bon lecteur galiléen [11]. Donc, au moins depuis l'appareil perspectif (et ceux qui en font la théorie comme Kant), l'expérience est pauvre et, sur cette pente, Benjamin ne cessera de constater un appauvrissement existentiel. Dès lors, si l'on conserve l'espoir d'une déductibilité de l'expérience (ce qui est le cas de Benjamin), ce n'est pas du côté des dispositifs objectivant qu'il faudra aller, mais du côté de la vérité de l'apparaître. Ce qu'il appelle « art » pour l'instant. D'où l'entrée en scène ultérieure des appareils comme la narration, la mise en scène baroque, le roman, la photo, le cinéma, appareils qu'il faudra distinguer des muses.

L'imagination comme déclin

Si le cinéma a une valeur de vérité, c'est qu'il met en œuvre à partir de formes produites par un dispositif qui a une destination non artistique : la surveillance de la masse si l'on en croit Benjamin ou l'amusement des foules selon Panofsky [12]. Or, contrairement à la tradition kanto-husserlienne, l'imagination chez Benjamin n'est pas synthétisante, n'est pas productrice de formes, mais déformante (*Entstaltung*) de ce qui a déjà été mis en forme : « *C'est le propre de l'imagination que d'entraîner les formes dans le jeu de dissolution de ce qui a été mis en forme* [...] »[13]. Déformant et « *ne détruisant jamais* », l'imagination donne lieu à des apparitions (*Erscheinungen*) : « *La langue allemande ne possède pas de mot spécifique pour les formes* [*Gestalten*] *de l'imagination. Peut-être est-il permis d'envisager comme tel uniquement le mot "apparition", pris en un certain sens.* » Nous traduirons « apparition » par « événement », tant elle est improbable, fugace et fragile, n'étant ni un

---

11. J.-F. Lyotard, *Discours, Figure*, Paris, Klincksieck, 1971.

12. « Style et matière du septième art » in *Trois essais sur le style*, trad. B. Turles, 1966.

13. *Op. cit.*, p. 147.

phénomène, ni un état de choses, ni déjà une sorte de monument pour l'histoire. Un événement donc, pour autant qu'il est léger, superficiel, voire pelliculaire, à peine visible et audible, pas remarquable ou décisif. Un événement insignifiant comme cette escarmouche obscure, cette canonnade vague, caractérisée par Goethe, un certain soir à Valmy le 20 septembre 1792, où il fut le seul à sentir que l'histoire se retournait comme un gant et déclara aux officiers alliés « *à court de jugement et de compréhension* » : « *De ce lieu et de ce jour, date une nouvelle époque de l'histoire du monde, et vous pourrez dire que vous y étiez.* [14] »

Et, en effet, l'imagination n'a rien à voir avec les formes, avec une mise en forme : elle n'est ni destructrice, ni constructive, ni purement inventive, ni purement négative. Mais alors quels sont les éléments constitutifs des muses ? Benjamin reviendra à la même époque sur les invariants de la peinture, distinguant la ligne plastique qui entretient un rapport positif avec son support (le dessin et son fond), la couleur qui comme tache est à elle-même son propre support (la peau du visage envahie d'une rougeur) et le nom qui circonscrit une forme. Dans cette esthétique où le corps a la première place en tant qu'il entretient un certain rapport à la loi et au langage, la forme colorée doit son accomplissement et son érection non au dessin, mais au nom qui la fait émerger en la désignant. Si le nom est la clef de la mise en forme-figure, c'est que l'esthétique est soumise à une philosophie biblique du langage et de la création [15]. Car c'est le nom octroyé par Dieu qui crée la nature.

Au contraire, l'imagination est maternelle : c'est le monde de l'enfantement sans douleur (avant la Chute, avant le travail, avant la négativité) et non paternel, celui de la fécondation. On pourrait ainsi distinguer la mise en forme discontinuiste et instanciante par la connaissance, laquelle est finalement destructrice parce qu'installatrice [16], d'une imagi-

14. Goethe, *Écrits autobiographiques*, 1789-1815, trad. J. Le Rider, Paris, éd. Bartillat, 2001, p. 334.

15. Pour l'analyse de cette esthétique, notre *: L'homme de verre. Esthétiques benjaminiennes*, Paris, L'Harmattan, 1999.

16. Daniel Payot dans *La statue de Heidegger. Art, vérité, souveraineté* (Circé, 1998) décrit

nation féminine et continuiste dissolvante. Comme elle ne construit rien, elle n'a pas à détruire, elle ignore donc la mort (comme l'ignore l'inconscient freudien), mais « *pérennise le déclin qu'elle conduit à son acmé par une succession infinie de transitions* ». L'imagination décline les formes, dans tous les sens du verbe décliner : dans le monde installé et érigé en formes, qui sont de quasi-états de chose, elle introduit une puissance affirmative de déformation qui libère des apparitions, nécessairement fugaces, superficielles. Ce texte de 1920-21 confirme le goût benjaminien pour les époques dites de décadence, ces ruinifications infiniment retardées. D'où la référence aux études du viennois Riegl [17] dans *L'Œuvre d'art* : l'art à l'époque des premières invasions et du début de la décadence de l'Empire romain, époque de l'éclatement du mythe et d'une véritable beauté qui doit être reconnue aujourd'hui où le cinéma s'empare de la peinture, quand « *décline l'aura* [18] ». Pour Benjamin, l'essence d'une époque, son époqualité, c'est le déclin, ce n'est pas l'avènement d'un nouveau monde : on est à mille lieux de *L'Origine de l'œuvre d'art* de Heidegger, où l'œuvre était entendue comme stèle, c'est-à-dire comme installation d'un monde et d'une communauté.

L'œuvre est apparition et copie

On retient en général de Benjamin le partage décisif entre un art « auratique », celui du « *une seule fois, la première fois* » (l'art lyrique par exemple, avec l'unicité du phénomène de la voix, ou mieux Lascaux, le sacrifice irréversible du don pictural, puisque le travail achevé, les peintres fermèrent la grotte pour toujours) et un art non-

---

une esthétique de l'installation, de la stèle, contraire, point par point, à celle de Benjamin.

17. Riegl, spécialiste des arts décoratifs, a été le premier à accorder une légitimité aux arts du Bas-Empire ; Riegl dont *Le culte moderne des monuments* (trad. et préface de J. Boulet, L'Harmattan, 2003) pourrait être la clef de la compréhension des multiples temporalités benjaminiennes.

18. L'aura dont on ne saurait faire la voie d'entrée privilégiée dans l'analyse de Benjamin, contrairement à bien des commentateurs, l'aura supposant toujours une certaine articulation anthropologique du proche et du lointain. Ce qui lui permet de fonder par exemple la distinction entre éros et sexus.

auratique, de la copie, de la reproduction comme le roman, comme le cinéma, arts ludiques du « *n'importe quelle fois* », toujours perfectionnable et par essence inachevé. Tout se passe comme si la reproduction était donc un accident arrivé un jour à l'art, en fonction d'une histoire qui lui est propre, de la reproduction artisanale à l'industrielle. Or, les textes de « jeunesse » permettent de dire que l'œuvre qui intéresse Benjamin est toujours à la fois *copie* et *apparition*. Sachant qu'il n'y a d'apparition que comme déformation – du fait de l'imagination – en attendant que l'apparition se fige à son tour – du fait de la copie, dans quelque chose qui pourra être nommé [19]. On verra en effet plus loin que l'apparition en tant que telle – tant qu'elle n'a pas été reproduite – ne peut pas être saisie, c'est un phénomène fugace comme tout événement qui arrive sur la pointe des pieds, qui a besoin du langage qui dénomme. On pourrait dire que s'il n'y avait que de l'imagination, il n'y aurait qu'un flux de couleur, un monde pris dans une dissolution infinie, dans une éternelle fugacité, et alors il n'y aurait rien à dire de l'œuvre, peut-être même ne la verrions-nous pas, donc qu'il faut une stabilisation des formes, que celle-ci ne peut avoir lieu que du fait de la dénomination. C'est pour cette raison que Benjamin introduit la nécessité de la reproduction. L'œuvre de l'imagination n'accède à la vérité, à la connaissance vraie, que par la dénomination, que par la reproduction. On commence à comprendre l'enjeu représenté par les « *appareils de reproduction* », gravure, photo et cinéma, mais aussi par la narration, le roman, le collage littéral, non en tant qu'ils ont affaire à la réalité et qu'ils affecteraient la perception, mais en tant qu'ils investissent l'imagination (et ses *imagos* pour parler comme Augustin) qui, de ce fait, cesse d'être en rapport exclusif avec la nature. On pourrait ajouter alors que l'œuvre, entraînée dans le processus de déclin par l'imagination, enchaîne nécessairement sur une autre œuvre en tant qu'elle la fait *disparaître*. Cet enchaînement est donc contraire à ce que les Romantiques d'Iéna entendaient par amplification, d'une

---

19. *Op. cit.*, p. 146.

œuvre par l'autre, d'un art par l'autre, cela jusqu'à l'Absolu. Benjamin est anti-romantique.

Qu'est-ce qui a changé chez Benjamin entre les années 20 et les années 30 ? C'est l'horizon de pensée : la nature dans la première décennie, l'« *époque de la technique* » dans la seconde. Ou pour distinguer des époques de la technique : une première époque, artisanale et cultuelle (magique, soumise à la valeur cultuelle) de domination de la nature, une seconde, industrielle et expositionnelle, de domination politique de la technique sur l'homme, soumise à la valeur d'exposition. Mais le cadre, la théorie de la connaissance, reste le même (il est rappelé lors du travail sur le cinéma).

Seules les formes culturelles sont connaissables pour l'enfant parce qu'elles sont lisibles comme des statues, celles de notre monde natif, l'imagination artistique va s'appliquer à faire surgir des apparitions, lesquelles ne deviendront formes à leur tour qu'en étant dénommées. Ce qui revient toujours à dire que la lecture est première, le texte, quel que soit son statut, déjà là, et l'écriture, seconde, du côté de la singularité qui s'invente en s'exposant. Le texte, ce peut être celui du ciel étoilé, à partir duquel les antiques astronomes chaldéens inventèrent l'écriture calendaire du décompte des jours.

Il reste à aller plus avant dans l'analyse de cette imagination déformante, libératrice d'apparitions et d'événements.

L'imagination est une écriture.

Benjamin s'attache logiquement à la pédagogie puisque c'est l'enfant qui a toujours déjà été en rapport avec la culture et le langage, avec le texte en général. À quoi servent les images scolaires de la vie quotidienne, du travail, de la ferme, etc., que l'instituteur fait étudier aux enfants ? Leur permettent-elles de mieux connaître la réalité ? Plaçons côte à côte l'image d'un ballon et ce même ballon réel. « [...] *on ne pourrait se contenter de ce que l'enfant "reconnaît" de quelque façon l'identité de l'objet reproduit et de l'objet réel. La seule preuve que l'enfant a vraiment et clairement reconnu l'identité des deux ballons*

serait bien plutôt qu'il l'énonce à sa manière ou – si les mots lui font encore entièrement défaut – qu'il demande à en connaître le nom. On voit donc que la reproduction, et précisément au sens naturaliste du terme, ne se réfère pas à la réalité, sans passer par une médiation ni faire de saut, que le sens ne se satisferait pas d'une telle référence. Le sens réclame au contraire le mot. Certes l'image, en soi, ne l'appelle pas – il serait assurément problématique d'affirmer qu'une madone du Pérugin se réfère au mot – c'est seulement au contraire quand elle est pure et simple reproduction que l'image réclame inexorablement le mot. [...] *Que les représentations, quand elles sont de pures et simples reproductions, soient tributaires du mot trouve son expression évidente dans le fait qu'il est possible de les décrire. Elles seules, et non l'œuvre d'art ni les manifestations de l'imagination, sont descriptibles. La muette injonction à les décrire qu'elles adressent à l'enfant éveille en lui le mot.*[20] »
Jamais, semble-t-il, on n'avait affirmé avec autant d'aplomb que l'œuvre en tant que telle est étrangère au langage. Lyotard n'a au fond jamais rien dit d'autre. Mais est-on fondé à parler d'œuvre à ce niveau ? Y a-t-il quelque chose à voir comme une madone ? Du Pérugin en plus ? Ne faut-il pas concevoir un état de la peinture où, comme dans *Le Chef-d'œuvre inconnu* de Balzac, il n'y a que des taches de couleur informes ? Non pas un chaos coloré d'où n'émergerait qu'une chose, un pied (de femme ?), mais un glissement de couleurs ? La conclusion est brutale : en elles-mêmes, les « œuvres » sont des apparitions fugaces comme tout ce qui est production de l'imagination déformante, donc on ne peut rien en dire, pas plus que des variations de l'arc-en-ciel. Les œuvres n'accèdent à l'art que du fait de la reproduction, qui allie image et nom selon des rapports qu'il faudra distinguer. C'est accorder une place considérable à la culture (à la reproduction, à la représentation, à la copie) – qui se retrouve du côté de la vérité parce qu'elle synthétise l'image et le nom (le sens) alors que l'événement fugace ne peut percer que sur fond de culture, laquelle est son véritable support, sinon il se retrouve du côté

20. *Fragments*, p. 144.

d'une perception sans consistance interne. Chez Benjamin, le monde des noms l'emporte définitivement sur la chair du sensible, sur ce que les phénoménologues appellent le champ de perception.

L'œuvre n'accède à elle-même que par sa reproduction véridique : l'œuvre doit laisser s'accomplir la *mimesis* originaire. Sinon, littéralement, il n'y a rien à voir. L'œuvre doit faire trace : être elle-même (littéralement[21]) et ce qui l'avère (l'image-nom). L'œuvre doit être elle-même, un suspens, et son double, son écho, sa représentation, bref son archive. Arendt était parfaitement benjaminienne quand, dans *La Vie de l'esprit*, elle analysait l'imagination comme « *faculté des archives* ».

On pourrait à partir de là ouvrir quelques pistes, qu'on n'explorera pas :

- si l'œuvre est imagination et copie, événement et *arch*ive, tension entre le maintenant et l'*arkhè*, alors on a là la première formule de l'énigmatique « *image dialectique* » chère au dernier Benjamin. Le Maintenant du plus contemporain exigeant son inscription archivistique ouvrira la demande du retour ou du sauvetage du passé. Les œuvres ne peuvent pas se passer des dépôts d'archives (le Musée). Ce n'est pas le prétendu messianisme de Benjamin qui rend nécessaire le sauvetage du passé mais le fait que l'événement arrive avec son archive.

- Si le corps « propre » est ce qu'imite originairement le corps artiste, alors les ébranlements passionnels du corps de l'enfant transgressant ou faisant appel à la loi, sont, pour Benjamin et, plus tard, Adorno, le contenu même de l'œuvre de l'artiste adulte et l'œuvre un « *enregistrement sismographique*[22] ». L'œuvre *est* archive de l'enfance : thèse qui sera au centre du *Que peindre ?* de Lyotard.

- Si l'œuvre est à la fois elle-même et sa copie, alors l'art contemporain sera à la fois le plus littéral (comme une installation de Beuys) et son

---

21. Lire sur la « littéralité » les travaux de Cl. Amey (à paraître).

22. Pour plus de développements : *L'Homme de verre*, *op. cit.* Et, dans ce numéro, le texte de J. Lauxerois sur Adorno et l'importante distinction entre les deux écritures, l'immémoriale et l'historique.

*arch*ive *arch*aïque (les « rituels » du même Beuys). Les sites de l'art contemporain seront définitivement couplés avec les musées d'histoire et d'ethnologie comme avec leurs doubles. Plus les œuvres contemporaines ne seront qu'elles-mêmes, littérales, ne relevant d'aucun arrière-monde ou n'exprimant aucun sens transcendant, plus reviendront leurs archives quasi-spectrales. Selon Benjamin, à propos de Kafka, il y aura parenté entre l'analyse d'une situation profane par la physique la plus contemporaine et sa narration « cultuelle » dans la tradition talmudique « archaïque ».

- Inversement, musées d'histoire et d'ethnologie, présentant des archives de l'humanité, généreront immédiatement de l'art contemporain. D'où l'importance benjaminienne d'une culture des citations les plus prosaïques, des déchets urbains, des détritus, etc.

- Si les formes sont premières du fait de leur stabilité de reproduction, de copie, si l'imagination est ce mouvement qui les fait disparaître, si cette cinématique laisse surgir des apparitions, alors l'apparition succède à la disparition, en attendant d'être figée à son tour comme apparaître, comme forme écrite. Dès lors Benjamin avait la formule du dispositif technique cinématographique. La formule est la suivante : « Apparaître (Forme (1)) – disparition – apparition – Forme (2) – etc. » Reste, pour compléter le dispositif de fiction cinématographique, à déterminer quelle énergie fait tourner la bobine !

Benjamin rencontre nécessairement le paradoxe de l'exposition d'une « œuvre » qui n'avait jamais été vue (c'est le cas de n'importe quelle œuvre de l'art contemporain exposée pour la première fois) et qui doit être relevée par un public qui n'existait pas auparavant par définition, public qu'elle va sensibiliser dans l'exacte mesure où il va pouvoir peu à peu la reproduire. C'est dire qu'il n'y a pas d'œuvre sans reproduction et d'une manière générale, qu'il n'y a pas multiplicité des arts (des muses) sans appareils (de reproduction). C'est à l'époque de la reproduction « mécanisée » (photo, cinéma, etc.) que la chose est devenue évidente, mais cela avait toujours été ainsi. Sans remonter en deçà de l'appareil perspectif moderne, que seraient dessin, couleur, volume, voix, son, *gestus*, écriture, donc les constituants des muses, sans la mise au carreau des formes par la perspective « légitime » selon Alberti, la mise en suspens opérée par le musée et qu'analyse dès la fin du XVIIIe Quatremère de Quincy, le dédoublement de l'après-coup inventé par la cure analytique freudienne et qui est la clef de la « postmodernité » lyotardienne, le dispositif « sismographique » du microsillon analysé par Adorno, le montage de temporalités hétérogènes exposé par le cinéma ? C'est que les appareils ne sont pas que de reproduction, mais que, supposant une mise en forme, ils configurent à chaque fois un nouvel espace-temps pour l'*aisthesis* et que cela n'est pas sans conséquences fondamentales sur les « muses ». Il n'y a pas d'art sans appareils de mise en forme/déformation. Sans apparaître/apparition (puisque l'apparition fugace ne s'oppose pas à la disparition mais à l'apparaître tangible et disponible offert par le dispositif). On le voit, Benjamin ne s'est pas limité à la question classique des rapports des arts et de la technique [23], question au fond toujours déjà réglée par un rappel étymologique (*ars, teckhnè*), mais il a inventé une question nouvelle : celle de la nécessité de la reproduction pour les arts [24], celle de la répétition pour l'événement. À son époque où les philosophes rejettent massivement l'étude des techniques de reproduction, méprisent le cinéma, ignorent la photographie, lui les place au cœur de son esthétique.

Ou, pour le dire autrement, il n'y a pas d'art sans anti-art (Rancière), c'est-à-dire sans culture, sans industrie culturelle, pas de société sans spectacle [25]. C'est parce que Benjamin a écrit l'équation : *œuvre = imagination+copie* qu'il n'a pas été profondément déstabilisé comme ses contemporains (Heidegger, Adorno, etc.) par l'irruption brutale des « *techniques de reproduction mécanisée* ». Et donc qu'il a échappé à la dérive conservatrice de ces derniers, comme de leurs successeurs où elle

---

23. J.-L. Nancy, *Les Muses*, Paris, Galilée, 1994.
24. D'où l'importance d'expositions comme *Sonic Process* au Centre G. Pompidou (2002), où le matériau initial pour l'art, ce sont des reproductions : disques Vinyl, bandes magnétiques. Bref, la culture du DJ.
25. Nancy fait une très belle critique du situationnisme dans *Être singulier pluriel, op. cit.*

est plus ou moins affirmée (Deguy, Lyotard, Blanchot, Hamacher, Baudrillard, etc.), s'agissant des « industries culturelles ». Adorno, pourtant premier disciple de Benjamin, n'a pu échapper au paradoxe : écrire les textes que l'on sait contre le cinéma (Hollywood !) et le jazz (l'Amérique !), tout en faisant du disque microsillon le meilleur garant de la musique d'opéra[26]. Mais qui produit et distribue les microsillons ? Heidegger lui-même n'a pu décrire la structure de vérité spécifique au christianisme (en termes d'*aléthéia* d'ailleurs, comme pour la pensée pré-socratique), à partir de la Madone Sixtine de Raphaël[27], que parce qu'il a vu ce tableau au musée de Dresde (ou une vulgaire carte postale), tout en critiquant l'arraisonnement muséal de l'art à l'« *ère de la technique*[28] ». Mais que dire du pathos phénoménologique sur l'art (Maldiney !), férocement critique des institutions culturelles, sans que jamais la question de la possibilité de la visibilité des œuvres soit posée ? Est-ce que les uns et les autres pourraient avoir moins de mépris pour les artistes contemporains, en particulier pour ceux qui interrogent l'œuvre dans ses rapports nécessaires à l'exposition (Buren) ? Il faudrait arriver à reconnaître qu'il n'y a la possibilité d'une telle esthétique, prenant souvent ces accents auratiques (le sublime), voire mystiques ou religieux, que *du fait d'institutions culturelles* qui ont un budget, des fonctionnaires qui font une carrière, des fabriques qui produisent des produits dérivés[29], etc. Et que dire du bazar iconophilique néo-byzantin contemporain !

Si, ontologiquement, la culture est première, et en ce sens Benjamin est probablement dans la descendance du Schiller des *Lettres sur l'éducation esthétique de l'humanité*, si la culture comme *aisthésis* est ce qui nous ouvre à la nécessité (la nature) et à la liberté (la politique), alors la

26. Je ne peux ici que renvoyer aux textes d'Adorno sur le disque, traduits par P. Szendy et J. Lauxerois et commentés dans *L'Homme de verre, op. cit.*

27. Ce lieu commun de l'esthétique allemande, au moins depuis le *Lenz* de Büchner.

28. « La Madone Sixtine de Raphaël », *Po&sie*, n° 81.

29. Le beau travail de D. Arasse sur les produits dérivés de la Madone Sixtine (les Anges) dans la revue *Traverses*, nouvelle série, n° 3, 1992.

production poétique au sens large, comme l'action, partiront toujours de formes préexistantes et non du monde saisi dans l'immédiateté d'une perception. Ou, pour le dire autrement, entre le monde et l'art, il y a la collection [30]. Ce qui revient à dire qu'il a toujours fallu apprendre à lire les formes-figures sur une surface de reproduction – peu importe ici laquelle – avant de pouvoir faire surgir une apparition singulière par l'écriture. Il faut donc déjà habiter telle ou telle surface de reproduction. Or le dispositif d'un appareil consiste toujours déjà en cette possibilité. Ce que les « muses » et les appareils ont en commun, c'est que les uns et les autres sont des déterminations de ce que Benjamin appelle « *surface absolue* [31] ».

La surface de reproduction s'impose à l'enfant-artiste comme possibilité de son expression (laquelle n'est pas expression d'une quelconque « intériorité ». Benjamin fut largement anti-expressionniste, totalement hostile à G. Benn par exemple). Les dispositifs de reproduction s'ouvrent d'entrée de jeu à l'action, car, à la différence de l'œuvre que l'on ne saurait toucher, l'essence de telles surfaces est indissociable de la tactilité (d'où chez Benjamin l'importance de l'architecture, laquelle donne lieu à une perception de dis-traction [32], essentiellement non focalisante : habituellement, on ne voit pas un édifice, on l'habite). Autant l'œuvre s'impose dans une sorte de transcendance, autant elle garde ses distances du fait de son évanescence, autant les images reproduites, du fait de la surface de reproduction, sont annexables, habitables, parce que lisibles. Comme tel peintre chinois de la légende, on peut se perdre dans une peinture, mais comme spectateur d'un film, on absorbe les images. Si les œuvres restent lointaines comme les étoiles qui déterminent notre destinée, au contraire les films sont dans une immédiate proximité, dès lors les acteurs pourront être des personnages quelconques comme ceux

---

30. *Op. cit.*, p. 134.

31. W. Benjamin, « Notes sur la question de la perception », *Fragments*, p. 34. La peinture a eu une sorte de privilège sur les autres arts en ce qu'elle « *ouvre à un espace infini* ».

32. Selon l'expression de P. D. Huyghe. Et ici le travail de Cl. Amey.

de la masse dont ils sont issus. Si la pensée de Benjamin est davantage une pensée de la lecture que de l'écriture, il ne saurait pourtant partager la critique platonicienne de l'écriture, puisque la surface de reproduction est essentiellement habitable comme texte, et dis-trayante comme jeu au sens où le lecteur s'y renverse en scripteur, le contemplateur des formes en libérateur d'apparitions non programmées, le lecteur d'un quotidien en rédacteur, le spectateur en auteur ou en acteur. Si la surface de reproduction *renversante* semble bien « interactive », elle ne l'est pas au sens où un dispositif interactif (jeux virtuels, logiciels de dessin et de peinture, etc.) ne peut réaliser que ce que permet le programme, aussi complexe soit-il, jusqu'à ce que toutes ses possibilités aient été réalisées. Là réside d'ailleurs toute la différence entre un dispositif – ce à quoi W. Flusser réduit malheureusement l'appareil photographique [33] – et un appareil qui laisse paraître des apparitions improbables, des événements.

Revenons à notre enfant devant ses reproductions scolaires : « *Dès lors que l'enfant décrit ces images en mots, il les décrit en pensée. Et cela d'autant plus nécessairement que c'est moins évident à l'oreille et plus évident aux organes du toucher et aux yeux. Il habite dans ces images. Leur surface n'est pas, comme celle des œuvres d'art, un* noli me tangere, *elle ne l'est ni en soi ni pour l'enfant. Elle ne possède que des virtualités allusives, susceptibles d'une condensation infinie. L'enfant y insuffle de la poésie. Et c'est ainsi que lui vient, selon le second sens, matériel, du verbe* beschreiben [qui signifie à la fois "décrire" et "couvrir d'écriture", et *dichten* : "comprimer", "densifier" et "écrire de la poésie" [34]], *sa prédilection à couvrir ces images d'écriture. Il les gribouille, leur insuffle de la poésie et, à leur contact, il apprend, en même temps que la langue, l'écriture et une écriture poétique, créatrice : l'écriture hiéroglyphique.* […] *Nulle autre image que celle-ci ne peut initier l'enfant à la langue et à l'écriture* [35] ».

---

33. W. Flusser, *Pour une philosophie de la photographie*, Paris, Circé, 1993-1996.

34. Note des traducteurs de *Fragments*, Ch. Jouanlanne et J.-F. Poirier, p. 285.

35. *Op. cit.*, pp. 144-145.

Texte capital parce que ce que vise ici Benjamin au titre de l'écriture hiéroglyphique, c'est une écriture qui n'est pas séparée de l'action, où le signe graphique perce le texte donné en le dis-trayant. Calligraphier est un geste qui écarte, sépare, espace l'archive. Car avant que ce geste s'immobilise en forme stable, en calligraphie, un bref instant, il saisit et absorbe une apparition fugace, alors le dessin ne se distingue pas de la couleur comme dans le lavis. Bref le modèle scripto-picturalo-pratique est à rechercher dans l'écriture picturale qui est un acte qui se transmet comme dans l'art extrême oriental, ainsi que Benjamin le rappelle à propos des expositions organisées par G. Salles [36] au Musée Guimet. De ce texte essentiel, on peut tirer plusieurs conséquences :

- L'apprentissage de la lecture et de l'écriture ne relève pas nécessairement d'une « *violence symbolique* » comme l'écrivent Bourdieu et Passeron [37], mais plutôt d'une émancipation.

- Une pensée de la culture comme possibilité de l'art n'a pas besoin d'une philosophie de la conscience entendue à partir de Kant et Husserl.

Et comme une pensée de la conscience est inévitablement une pensée de l'aliénation (de la conscience), on peut concevoir *a contrario* que la culture (l'industrie culturelle) n'est pas nécessairement aliénante, ce que ne pouvaient accepter Adorno et ses successeurs qui se sont empressés d'oublier Benjamin quand ils ne l'ont pas malmené [38]. La question se pose ici à propos de la culture, mais elle est généralisable : pourquoi la philosophie de la conscience est-elle si souvent ressentimentale ? Pourquoi, de ce point de vue, le cinéma doit-il être pensé comme un dispositif mondial de contrôle des consciences selon le modèle des

---

36. G. Salles est l'auteur du fameux *Le Regard* qui eut une influence considérable sur Benjamin (*Ecrits français*, 1989) et Malraux. Sur Benjamin et G. Salles, notre : *Le Musée, l'origine de l'esthétique*, *op. cit.*
37. P. Bourdieu et R. Passeron, *La Reproduction*, Paris, Minuit, 1970.
38. Cf. La thèse de B. Tackels : *L'Œuvre d'art à l'époque de W. Benjamin*. On peut s'étonner de trouver sous la plume d'un Derrida très consensuel, l'affirmation que les critiques d'Adorno au moment de l'écriture de *L'Œuvre d'art...* étaient « *paternelles* » ! In *Fichus* (Paris, Galilée, 2002).

programmes de télévision ? C'est peut-être qu'on n'a pas introduit des distinctions essentielles à la compréhension de la surface de reproduction comme détermination de la surface absolue : « *Il y a trois configurations sur la surface absolue : le signe, la perception, le symbole.*[39] »

L'énergie cinématographique

Si en effet le cinéma est cette surface de reproduction dont le « matériau » premier consiste, comme Benjamin l'affirme, en images de surveillance (le test politico-industriel) mises à disposition des « dominants » par une sorte de dispositif d'objectivation des « *masses dangereuses*[40] », alors, par une déformation renversante, il pourra devenir effectivement poétique et politique, à condition de porter sur la masse, de s'adresser à elle, d'être commandé par elle (idéalement, c'est Eisenstein) et de la mettre en branle. Le cinéma sera la surface de reproduction idéalement politique, parce qu'habitable par la masse, ce qui n'était pas le cas des autres appareils, même pas du photographique, pourtant déjà largement industriel. Restera à trouver l'énergie disponible pour un tel renversement et une telle mise en branle. Cette énergie est proprement celle des bas-fonds, cette énergie qui est à l'œuvre dans le carnaval tel que le décrit F. C. Rang[41]. En effet, toute la théorie benjaminienne de l'interruption du temps et du renversement subversif des rôles sociaux, c'est-à-dire toute l'utopie de la plus haute intensité dans la co-présence des singularités, est rangienne, c'est-à-dire païenne. Puisque pour Rang, le carnaval, cette invention chaldéenne, reprise par les Grecs (Dionysos) et les Romains (les Saturnales) a été peu à peu domestiqué par le christianisme, du fait d'une sorte d'apothéose offerte par le christianisme au paganisme : le Christ est l'ultime Roi de Carnaval (la Passion, le Couronnement, le Christ Roi). Benjamin ne s'est jamais

---

39. *Fragments*, p. 34.

40. Cette hypothèse « foucaldienne » est développée dans un texte préparatoire à *L'Œuvre d'art*... Lire à ce propos : B. Tackels, *op. cit.*

41. F. C. Rang, *Psychologie historique du carnaval*. Trad. F. Rey, Toulouse, Ombres, 1990.

départi de ce modèle carnavalesque que l'on retrouve aussi bien dans son projet de théâtre prolétarien pour enfants [42] qu'ultimement dans la thèse XV de « Sur le concept d'histoire ».

Le court texte programmatique sur le théâtre prolétarien fut écrit pour son amie Asja Lacis qui donna forme à son activité révolutionnaire bolchevique en organisant par le théâtre des collectifs d'enfants. Ces enfants, dans la période succédant immédiatement à la Révolution bolchevique, erraient en bandes dans les villes dévastées, un peu comme des meutes de chiens perdus. Benjamin proposa donc dans ce texte de 1924, « Programme pour un théâtre d'enfants prolétarien », une conception révolutionnaire, fouriériste, de la pédagogie qu'il voulait opposer à la pédagogie bourgeoise caractérisée par des « *pratiques* », « *sans prévention* », « *compréhensives* », « *intuitives* », avec des éducatrices « *aimant les enfants* » [43].

Les nouveaux éducateurs sont sommés de lire (toujours le primat de la lecture), les signaux émis par le collectif d'enfants, ces signaux sont des gestes bridant et mettant en forme l'imagination exaltée des enfants : « *La tâche de l'animateur consiste à délivrer les signaux enfantins des dangereuses magies de la pure imagination pour leur donner pouvoir exécutif sur les matériaux. Nous savons – pour citer uniquement la peinture – que dans cette activité enfantine aussi le geste est essentiel. Konrad Fiedler a montré le premier, dans ses* Écrits sur l'art, *que le peintre n'est pas un individu qui aurait une vision plus naturaliste, plus poétique ou plus extatique que d'autres, mais plutôt un homme sachant regarder de plus près avec la main quand l'œil se paralyse, et qui transfère l'innervation réceptive des muscles de la vue dans l'innervation créatrice de la main. Mise en rapport exact de l'innervation créatrice avec la réceptive, tel est le geste enfantin.* [44] » L'innervation est l'autre nom de la dis-traction pratique qui prend sens ici dans une perspective communiste.

---

42. A. Lacis, *Profession révolutionnaire*. Trad. Ph. Ivernel, Grenoble, P.U.G., 1989.
43. A. Lacis, *op. cité*, p. 57.
44. A. Lacis, *op. cité*, p. 54.

Le temps fort de cette transformation de la réceptivité en créativité, c'est la représentation (théâtrale), où l'on retrouve le primat de la reproduction : « *La représentation signifie l'émancipation radicale du jeu que l'adulte est alors réduit à regarder* ». D'une manière alors totalement paradoxale, pour penser l'émancipation de cette jeunesse révolutionnaire – l'urgence la plus contemporaine qui soit, hier comme aujourd'hui –, Benjamin va chercher ses références du côté du plus archaïque : le carnaval qui est au cœur du paganisme (toujours l'arc dialectique entre suspens contemporain et archive) : « *La représentation est la grande pause créatrice dans l'œuvre d'éducation. Elle est au royaume des enfants l'équivalent du carnaval dans les cultes anciens. Elle offre l'image du monde renversé : de même qu'à Rome, durant les Saturnales, le maître servait l'esclave, les enfants, eux, le temps d'une représentation, occupent la scène pour l'instruction et pour l'éducation des éducateurs attentifs. De nouvelles énergies, de nouvelles innervations se manifestent, dont l'animateur n'avait souvent rien deviné en cours de travail. Il apprend à les connaître dans l'émancipation tumultueuse de l'imagination enfantine. Les enfants qui se livrent ainsi au théâtre se délivrent dans ce genre de représentations. Leur enfance s'accomplit dans le jeu.*[45] »

- L'apprentissage, émancipateur pour les éducateurs comme pour les enfants, provient d'un spectacle, ce spectacle comme tout spectacle met en scène des masques (des comédiens, des acteurs), en outre il est celui d'un collectif en acte ; ce collectif est le produit de l'imagination qui a entraîné les hiérarchies sociales dans un renversement ou une dissolution. Benjamin n'attendra pas autre chose, politiquement, du cinéma.

- L'appareil cinématographique parce qu'à la fois il est essentiellement représentationnel (et non fabulaire : ce n'est pas une affaire de contenu, sauf celui du renversement) et parce qu'en même temps il va au cœur du maintenant, délivre son double païen : le carnaval[46].

---

45. *Idem*, p.57.
46. Sur cette question de la tradition cinématographiée, S. Rollet : *Voyage à Cythère. La poétique de la mémoire d'Angelopoulos*. Paris, L'Harmattan, 2003.

- Plusieurs fois, Benjamin utilise le terme d'innervation : de la vue, de la vision, de la puissance créatrice. Ce qui laisse entendre que, pour lui, l'appareillage du corps producteur de sens n'était pas mécaniste (comme le serait au fond une prothèse venant suppléer un défaut organique), mais émancipateur. L'innervation du corps comme du collectif par un nouvel appareil – ici le théâtre – n'est pas tant réparatrice (certes, ces enfants ne peuvent rester à l'abandon) que libératrice. Car, c'est une nouvelle temporalité qu'écrivent ces enfants et c'est cela que les « éducateurs » doivent apprendre à lire dans leur jeu. L'appareil cinématographique sera émancipateur pour autant qu'il s'imposera à la non-temporalité du retour du même, que Benjamin appelle ennui, éternel retour, et Rang : chaos de l'indistinction des morts et des vivants, retour épouvantable des esprits. On touche ici à un point essentiel, s'agissant de la question de la technique. Si, pour Benjamin, la technique est émancipatrice, c'est qu'elle procède par innervation du corps et donc du collectif, mais c'est qu'elle est entendue dans une acception « vitaliste ». Benjamin n'avait pas attendu la lecture de Marx [47] pour penser l'affirmation par la technique : l'humanité (la chair, c'est-à-dire la présence historique de l'homme) intègre grâce à la technique « *la totalité du vivant et une partie de la nature* ». Et il ajoute : « *Fait finalement partie de sa vie, de ses membres tout ce qui sert son bonheur* [48] ». C'est dans cette perspective qu'il faut comprendre la succession des appareils, tous émancipateurs de l'humanité.

Dispositif/Appareil

Benjamin, à propos du film *Potemkine* [49], distingue bien un usage de dispositif du cinéma – où la conscience intervient bien parce qu'il la modifie – d'un usage d'appareil proprement artistique et politique : « [avec le cinéma] *naît véritablement* une nouvelle région de la conscience [50]. *Il est*

47. Le « marxisme » de Benjamin serait largement à reconsidérer.

48. W. Benjamin, *Fragments*, *op. cit.*, p. 87.

49. W. Benjamin, « Discussion sur le cinéma russe et l'art collectiviste en général », 1927, paru dans *Die literarische Welt*. *Les Cahiers du Cinéma*, n° 226-227, 1971.

50. C'est Benjamin qui souligne.

– pour le dire en un mot – le seul prisme[51] *où se déploient pour l'homme d'aujourd'hui de manière claire, significative, passionnante, le milieu immédiat, les pièces où il vit, vaque à ses affaires et se divertit. En eux-mêmes ces bureaux, chambres meublées, salles de café, rues de grandes villes, gares et usines sont laids, incompréhensibles, désespérément tristes. Plus : ils l'étaient et le paraissaient, jusqu'à ce que le cinéma soit là. Il a fait sauter tout ce monde pénitentiaire avec la dynamite du dixième de seconde, en sorte que nous entreprenons maintenant entre ses ruines éparses de longs et aventureux voyages. Le cercle d'une maison, d'une pièce, peut contenir en soi des douzaines d'étapes les plus surprenantes, des noms d'étapes les plus étranges. C'est moins la modification constante des images que la transformation par sauts du lieu de l'action qui maîtrise un milieu se dérobant à toute autre ouverture, et qui tire encore d'une habitation petite-bourgeoise la même beauté que l'on admire dans une Alfa Roméo.* » On pourrait dire, pour reprendre la terminologie ontologique de Bazin[52], que ce qui caractérise techniquement le dispositif cinématographique, c'est l'invention d'une nouvelle temporalité (le dixième de seconde), en tant qu'elle génère une spatialité jamais vue (le déploiement inouï d'un espace prosaïque), donc la profondeur de champ, du fait de la discontinuité des plans (l'écriture de montage). Mais là n'est qu'un aspect de la nouvelle définition de la surface de reproduction, « *véritable révolution technique qui provoque l'évolution du contenu et de la forme* ». Ce qui importe ici, c'est que les révolutions techniques modifient la texture de la surface de reproduction, ce qui entraîne pour Benjamin une modification tant du contenu que de la forme pour reprendre ces catégories classiques. Les révolutions de la surface de reproduction sont autant de coupures époquales où les couches les plus profondes de l'histoire vont affleurer et devenir ainsi connaissables. L'autre caractéristique, proprement artistique et politique, effet d'appareil et non

---

51. On peut noter l'utilisation de la notion de prisme, qu'on retrouvera chez Deleuze, mais dans une perspective contraire, car relevant d'une philosophie de la nature ; cf. *L'image-temps*.
52. A. Bazin, *Qu'est-ce que le cinéma ?*, Paris, Cerf, 1990.

plus de dispositif seulement, c'est l'irruption de la masse en mouvement, c'est-à-dire l'auto-exposition volontaire de ceux qui, jusqu'alors, étaient confinés dans le monde clos de l'obscurité du labeur, n'ayant de ce fait aucune existence politique : « *Mais le prolétariat est collectif, de même que ces espaces sont les espaces du collectif. Et ce n'est qu'ici, sur le collectif humain, que le cinéma peut achever ce travail prismatique qu'il a commencé sur le milieu. Le* Potemkine *a fait date justement parce que cela n'avait jamais été donné à reconnaître aussi explicitement auparavant. Ici pour la première fois, le mouvement de masse a le caractère pleinement architectonique, et pourtant pas du tout monumental (lire : Ufa*[53]*), qui seul témoigne de la justesse de son enregistrement cinématographique. Aucun autre moyen ne pourrait restituer ce collectif animé de mouvement, plus : aucun autre ne pourrait encore communiquer une telle beauté au mouvement de l'effroi, de la panique en lui.* [...] *Comme ici la fusillade d'Odessa, dans le nouveau film* La Mère [de V. Poudovkine], *un pogrom contre des ouvriers d'usine inscrit les souffrances des masses citadines comme une* écriture cursive[54] *dans l'asphalte des rues.* »

Le cinéma est cet appareil artistique grâce auquel la masse révolutionnaire va acquérir un nouveau *droit* politique[55] : le droit de donner des apparences d'elle-même. Ce *droit* n'est pas réductible au *fait* du dispositif cinématographique, puisque, à partir de la même technique, les réalisateurs allemands de la Ufa monumentaliseront la masse : la rendront compacte comme l'architecture « éternelle » de Speer. Ce qui caractérise les appareils, c'est qu'ils ouvrent la revendication de nouveaux droits qui tous concernent la revendication essentielle, esthético-politique, de donner des apparences de soi-même. C'est le cas de la narration et du

53. Puisque, en citant l'Ufa, c'est Benjamin lui-même qui le suggère, deux traitements de la foule auraient été possibles à la même époque : celui, monumental de *Métropolis* (1927), l'autre, architectonique (*Potemkine*, 1925). Ce qui permettrait de préciser l'opposition entre esthétisation du politique (expressionniste) et politique de l'esthétique (révolutionnaire).
54. C'est moi qui souligne.
55. Cf. notre : « W. Benjamin : L'émancipation cinématographique » In : *Masse et cinéma*, ouv. coll. sous la responsabilité de A. Brossat et J.-L. Déotte, Paris, Ed. Léo Scheer, 2003 (à paraître).

droit du quelconque de donner de lui-même, au moment de son trépas, une image ultime qui condense toute sa vie, c'est le cas du référent photographique qui entraîne le spectateur dans une relation de fidéicommission[56] alors qu'il n'est plus présent, etc.

L'apparition colorée

Mais à suivre le texte sur le cinéma, en le lisant selon la problématique des textes de « jeunesse » sur l'imagination, on comprend bien que le cinéma qui lui était contemporain ne pouvait être tout à fait satisfaisant pour Benjamin. Pour l'essentiel, ces formes architectoniques de foules insurgées en mouvement, mais en noir et blanc, pouvaient le satisfaire politiquement, mais pas totalement selon l'exigence de la vérité de l'apparition. En quoi le cinéma, plus qu'un autre appareil, aurait pu faire préciser ce que Benjamin entendait par « *surface absolue* » ?

Rappelons que l'imagination est un milieu ou médium pour la couleur. Ou que la couleur est le milieu de l'imagination.

Déjà, l'imagination, c'est la faculté du milieu, dans tous les sens du terme. Entre sujet voyant et monde vu : le vrai voyant, c'est celui qui imagine, parce qu'en lui ce qui est vu et ce qui est voyant ne se distinguent pas. Quand on est un pur voir, ce qu'on voit ce ne sont pas les formes, mais les couleurs. Quand je suis voyant, je suis une couleur qui pénètre le monde par la couleur.

La couleur doit donc être pensée en dehors de la forme, en dehors du rapport classique : substance/qualité. La couleur n'est ni qualité ni substance, ou *la* substance, parce que d'elle il n'y a pas de science. Il n'y a pas de concepts de couleurs. Les couleurs ne symbolisent pas. La couleur, ou plutôt, faudrait-il dire, les couleurs, sont des apparitions singulières, littérales. Ces singularités ne sont pas des qualités ou propriétés des choses car, au contraire, elles viennent se poser sur les êtres pour les cacher en les investissant. C'est en ce sens que l'imagination colorante introduit les formes dans un processus de dissolution progressive.

---

56. Notre : *L'Homme de verre*, déjà cité.

L'exemple de la honte est essentiel : l'enfant, blanc de peau, se distingue en cela de l'animal le plus proche, le singe, lequel commence pourtant à être dénudé en partie. Mais ces parties sont naturellement colorées. L'homme ne se distingue pas de l'animalité par le langage articulé, mais parce qu'il est décoloré : l'homme est un animal décadent. L'enfant, note Benjamin, est souvent saisi par la honte. C'est, dit-il, qu'il a beaucoup d'imagination. La honte, rouge sombre, lui tombe dessus, d'en haut : elle le voile pour le cacher aux yeux des adultes. Le rouge de la honte ne surgit donc pas des profondeurs de l'intériorité, ce rouge n'exprime rien. Au contraire, c'est ce qui masque l'enfant au regard des autres comme sous une pellicule. Il y avait bien eu antérieurement mise en forme, il y avait bien des existences, mais cela ne concernait pas l'imagination colorante qui procure des habits colorés et dissolvants aux êtres. L'apparition *colorée* est bien une disparition de la forme. Tout finira donc en couleur(s) : les plus belles couleurs sont celles du crépuscule, mais elles étaient là dès l'aube (le Paradis) et elles sont conservées dans la grisaille de certaines peintures. Sur le plan pictural, les exemples benjaminiens ne sont pas du côté de l'empâtement des couleurs, mais des lavis transparents qui ont la propriété de dissoudre les contours des formes. « *Toutes les choses dont tu parles* [les couleurs] *ne sont que les différentes facettes d'une et unique couleur de l'imagination. Bien qu'y jouent d'innom brables nuances, elle ne connaît aucune transition, elle est mouillée, elle efface les choses en colorant leur contour, elle est un médium, pure propriété de nulle substance, multicolore et pourtant monocolore, elle est la coloration de l'*unique *infini par l'imagination.* [57] »

Ce qui implique que :

- L'apparition colorée est indissociable d'une fonction masque, même quand ce masque est totalement transparent : ce qui est le cas de la couleur du lavis.

- Celui qui imagine accueille dans l'oubli de lui-même : l'imagination n'est pas expression de soi. L'artiste ne veut pas imiter (la nature), mais

57. « L'arc-en-ciel. Entretien sur l'imagination », *Fragments*, *op. cit.*, p. 128.

simplement (l')accueillir et (la) connaître formellement. L'art, c'est l'accueil, c'est même ce que les sens ont en commun avant toute différenciation par les arts. Tel sera exactement le rôle de l'acteur face au dispositif de la caméra. C'est cette disposition qui permettra l'imitation renversante de la part du spectateur (et non l'identification à quoi l'on réduit en général le rapport spectateur/acteur).

Résumons-nous :

La couleur n'appartient à aucune faculté créatrice, ni n'exprime aucun sens. La couleur est un milieu : elle appartient aussi bien, comme on l'a vu (comme dans les théories pré-newtoniennes de la perception), à l'objet vu qu'à l'objet voyant : « *Un voyant est tout entier dans la couleur, voir la couleur signifie plonger le regard dans un œil étranger où il se perdra et cet œil est celui de l'imagination. Les couleurs se voient elles-mêmes, le pur voir est en elles, elles en sont tout à la fois l'objet et l'organe. Notre œil est coloré. La couleur est engendrée par le voir et elle colore le pur voir.* [58] » La couleur, étant ce milieu où le regard se perd dans l'altérité, est finalement l'élément de la séduction. C'est la condition de la fantasmagorie originaire, des différentes rêveries collectives analysées dans *Paris, capitale du XIXe siècle*. Lesquelles donnèrent matière aux idéologies qui enfermèrent le siècle d'après dans une immanence mortelle. C'est l'élément couleur que Benjamin décrit dans ses protocoles d'expériences hallucinatoires provoquées par la prise de drogue [59]. La couleur comme milieu originaire par excellence où se dissolvent au bout du compte tous les dispositifs rendant possible la connaissance, en particulier la triple distinction kantienne : sujet connaissant/plan de projection/objet connu. La couleur, c'est le réceptacle de tout ce qui peut arriver, de tout événement, la matrice des choses : la couleur appartient au « *"pur reçu" non empirique et dépourvu de forme.* » [60] Et : « *La couleur*

---

58. W. Benjamin, *Fragments*, *op. cit.*, p. 125.
59. W. Benjamin, *Sur le haschich*. Trad. J.-F. Poirier, Paris, Ch. Bourgois éd., 1993.
60. W. Benjamin, *Fragments*, *op. cit.*, p. 136.

est par conséquent [...] *considérée sous l'angle de la nature, seulement* au contact *des choses : propriété*[61] ».

Si la couleur est cette matrice accueillante, toujours disponible, avant toute distinction axiologique et cognitive, sans forme mais les recueillant toutes, sans propriété sinon de contact, sans profondeur ou substance, mais toute en superficialité, dissolvant les formes dans le mouvement, introduisant la vitesse dans le déplacement de ce qui se métamorphose sans fin, etc., alors la seule déduction que l'on puisse faire, c'est que Benjamin s'approchait de la *khôra* du *Timée* de Platon. La khôra « *est l'ouverture du "lieu" général ou générique, le lieu ou "le chiasme abyssal" (Derrida) de la plasticité et la mimésis originaire d'où sort le monde,* [elle] *est précisément comme telle cela à partir de quoi il peut y avoir la diversité des éléments comme telle.* [...] *La khôra elle-même n'est rien d'autre que la pâte de la différence, où l'élasticité de l'espacement.*[62] » Benjamin avait, poïétiquement et ontologiquement, besoin d'un milieu qui techniquement n'existait pas encore, seulement naturellement alors comme couleur(s) de l'arc-en-ciel ou culturellement comme : décalcomanies, bulles de savon, projections de lanterne magique, images de livres pour enfants, etc. Là où Platon déduisit la nécessité d'un tamis pour faire le partage entre le bon grain (l'Être) et l'ivraie et qu'il put le concevoir en le métaphorisant à partir d'un engin existant, Benjamin sut qu'il avait besoin d'un milieu identique, lequel était indispensable aux différents appareils, aux différentes époques de la surface de reproduction, aux arts. Ne serait-ce parce qu'il n'y a pas de surface sans accueil. Pas de surface de reproduction sans surface d'accueil. Mais il ne put faire plus que l'imaginer comme imagination colorante et l'expérimenter sous drogue. Néanmoins, il avait trouvé le milieu, l'équivalent de ce qui pour d'autres sera substance, *ego cogito*, géométral, nature naturante, Esprit, etc. : la surface absolue. Le cinéma des couleurs est alors la meilleure approximation de cette surface. Ce

---

61. W. Benjamin, *Idem*, p. 135.

62. J.-L. Nancy, *Les Muses*, Paris, Galilée, 1994.

qui nécessite encore davantage, comme en vis-à-vis, un monde de noms, et donc une politique des noms.

Les textes de Benjamin appartiennent alors à ce qu'il aurait appelé lui-même préhistoire d'un appareil : le cinéma, et d'un genre artistique cinématographique : le cinéma expérimental, canadien par exemple. Ou Godard. Ce genre trouva d'ailleurs assez vite son accomplissement sous deux formes dont on peut penser qu'il les aurait opposées dialectiquement : un drame historique post-révolutionnaire comme *Ivan le Terrible* (et, en particulier, la dissolution des formes des danseurs dans le rouge qui envahit tout dans la seconde partie). Et des comédies musicales étasuniennes comme *Un Américain à Paris* et *Tous en scène* (Minelli), *Chantons sous la pluie* (Donen-Kelly)[63]. Des groupes dansant où, du fait du mouvement et de son accélération, la couleur s'émancipe des corps, venant tacher l'écran et masquer les spectateurs, englobant tout en une seule surface.

---

63. Cyril Neyrat signale la rareté de ces scènes : « *Dans la plupart des numéros des grandes comédies US des années 50-60, les corps sont plutôt mis en valeur par des costumes qui tranchent sur le décor. Il est rare que les mouvements se «dissolvent», ils sont en général plutôt mis en valeur, détachés du fond de l'image.* » Et ajoute : on pense plutôt au début du *Mépris*. Godard y met en scène le travail de l'imagination contre le dispositif de reproduction objectivante. On a assez comparé le corps de Bardot allongée à une statue : forme parfaitement définie/dessinée, enfermée dans la ligne. Les filtres successifs de couleur dissolvent les lignes. La séquence repose sur une énumération mécanique, très vite prévisible : « *Et mes bras, et mes jambes, et mes fesses, et mes pieds...* » Programme d'identification, déroulement logique d'un schéma dessiné par avance. Contre cette logique joue celle de la couleur : événements chromatiques qui viennent perturber l'énumération, événements imprévisibles qui détournent l'attention du programme de dissection des parties d'un corps-objet. Godard joue là-dessus : le corps-objet, le fétichisme du cinéphile - il déjoue cette logique d'identification du cinéma classique. « *Le cinéma substitue à notre regard un monde qui s'accorde à nos désirs.* Le Mépris *est l'histoire de ce monde.* » *Le Mépris*, histoire du cinéma classique (i.e. du découpage hollywoodien), ouvre sur ce qui succède à ce monde, en le défaisant. Dès la première séquence, Godard met en scène ce passage, cette

déformation d'un monde-objet qui ouvre sur le cinéma moderne. Et : *Histoire(s) du cinéma.* Tout le travail de déformation des images préexistantes par la couleur, par l'imposition de couleurs, le changement de couleurs. La couleur, autant que le montage (elle fait d'ailleurs partie du montage), est un moyen essentiel de déformation pour Godard dans ces films. Comme le montage, elle vient défaire ces images, les libérer des identifications d'origine, y libérer des signes jusqu'ici inapparents. Lire aussi P. Bonitzer : « Les morceaux de la réalité », in *Le Champ aveugle*, Petite bibliothèque des Cahiers.

NORBERT TRENKLE

NEGATIVITE BRISÉE
Remarques sur la critique de l'Aufklärung [1] chez Adorno et Horkheimer

L'*Aufklärung* n'a jamais été critiquée plus radicalement que dans la *Dialectique de la raison* - ni avant ni après la parution de cet ouvrage. C'est ce qui fait l'actualité permanente ainsi que la fascination (oscillant entre identification enthousiaste et refus farouche) que le livre exerce jusqu'à aujourd'hui. Manifestement, la *Dialectique de la raison* marque une limite de la critique devant laquelle la conscience bourgeoise recule, car elle devrait alors se mettre en question fondamentalement. Les deux auteurs eux-mêmes ont toujours éprouvé une certaine appréhension devant les conséquences de leur pensée. Horkheimer finit même par retourner dans le giron de l'*Aufklärung* et de la démocratie occidentale. Et si Adorno n'a jamais révoqué sa critique, on trouve chez lui aussi, dans ses œuvres tardives, d'évidentes traces de freinage. Au fond, la *Dialectique de la raison* constitue le témoignage d'une critique qui, prenant peur d'elle-même, se rétracte toujours partiellement. Tout au moins en partie, son mouvement argumentatif n'est pas inhérent à la

1. Dans la *Dialectique de la raison* (Adorno/Horkheimer), le mot « *Aufklärung* » désigne plus généralement la « pensée en progrès ». Nous avons gardé dans la plupart des cas le mot allemand *Aufklärung* et traduit ce mot, où cela était nécessaire, par « Lumières » ou par « pensée rationaliste ». Le mot « Raison » traduit l'idée transhistorique de « *Vernunft* », le mot « raison » son sens général. « *Gegenaufklärung* » a été traduit soit par « contre-*Aufklärung* » soit par « irrationalisme » (NdT).

dialectique de la chose mais va jusqu'à résister à celle-ci. Je vais ici essayer de le montrer et d'en dévoiler les causes – en tant que condition préalable pour que la critique de l'*Aufklärung* soit pensée jusque dans ses ultimes conséquences.

1

La critique de l'*Aufklärung* faite par Horkheimer et Adorno vise essentiellement le formalisme de la raison tel qu'on le trouve exprimé le plus purement chez Kant, c'est-à-dire l'indifférence de la raison à l'égard de tout contenu particulier et la subordination de la matière sous la forme que la raison suppose. Dans ce formalisme réside l'origine de l'*hybris* du sujet à l'égard de l'objet, *hybris* qui constitue tout à la fois la prison du sujet : aussi longtemps que l'objet qui est affirmé essentiellement comme identique à la nature extérieure et (surtout) intérieure n'apparaît que comme quelque chose qui doit être soumis, le sujet ne pourra se libérer, lui, de la contrainte aveugle de la seconde nature : la domination. La raison formaliste se révèle donc comme principe de domination, le contraire de l'émancipation. Et c'est précisément en cela qu'elle se révèle étroitement liée à son prétendu adversaire, la « contre-*Aufklärung* » ou l'irrationalisme. Ceux-ci ne sont nullement « *ce qui est radicalement différent* » et encore moins quelque résidu de la pensée d'avant l'*Aufklärung* ; ils représentent le côté obscur de la raison et lui sont inséparablement liés.

Finalement, les « *écrivains sombres et pessimistes* » de l'époque bourgeoise n'ont, comme Horkheimer et Adorno le notent à juste titre, rien fait d'autre que de dire explicitement ce que l'*Aufklärung* contient implicitement. C'est pourquoi la bourgeoisie les a toujours tabouisés, reniés et haïs : « *Le fait de ne pas avoir masqué, mais d'avoir proclamé à haute voix l'impossibilité de produire contre le meurtre un argument de principe qui soit fondé sur la raison, a alimenté la haine avec laquelle précisément les progressistes d'aujourd'hui poursuivent encore Sade et Nietzsche. L'un et l'autre ont pris la science au mot, tout autrement que ne le fit le positivisme logique* » (*La Dialectique de la raison* – désormais désigné : *Dldr* –, p. 127).

Et, un peu plus haut dans ce livre, on peut lire : « *Contrairement à ses apologistes, les écrivains sombres et pessimistes de la bourgeoisie n'ont pas tenté de pallier les conséquences de la Raison à l'aide de doctrines harmonisatrices. Ils n'ont pas prétendu que la raison formaliste est en rapport plus étroit avec la moralité qu'elle ne l'est avec l'immoralité. Tandis que les écrivains sereins et optimistes désavouaient l'union indissoluble de la raison et du crime, de la société bourgeoise et de la domination afin de la protéger, les autres exprimaient sans ménagement cette vérité déconcertante.* » (*Ddlr*, p. 126)

Cette idée constitue bien évidemment un véritable affront pour tous les porte-drapeaux de l'*Aufklärung* qui, jusqu'à aujourd'hui, veulent nous faire croire que la raison moderne constitue le sommet de l'évolution humaine, du « progrès » et de l'humanité. Le verdict est dévastateur. Ou, qu'y aurait-il encore à sauver de la pensée de l'*Aufklärung* dès lors que sa raison est incapable de fournir un argument de principe contre le meurtre et qu'elle entretient une liaison indissoluble avec le crime. On a dit que ces phrases ont été écrites sous l'effet du national-socialisme et de ses crimes. De là leur pessimisme. C'est sûrement vrai, mais de telles affirmations n'expliquent pas ce qu'elles prétendent expliquer. Car c'est précisément face à cette heureuse conjonction historique d'une forte alliance militaro-politique qui, au nom de l'*Aufklärung* (interprétée d'un côté comme la liberté et la démocratie, de l'autre comme le socialisme) luttait contre la barbarie nazie, qu'on aurait pu concevoir que la raison ne fût pas critiquée, y compris du point de vue philosophique. On n'estimera jamais assez que Horkheimer et Adorno n'en aient pas moins continué à rester conséquents dans leur pensée[2].

---

2. Surtout face à la situation, complètement changée, du monde actuel où c'est avec des bombardiers qu'une certaine gauche entend brusquement répandre les « valeurs de l'*Aufklärung* » dans le « monde islamique » dénoncé comme « pré-moderne » ou « anti-moderne ».

Regardons leur argumentation de plus près. La relation étroite existant entre la raison formaliste et son envers obscur s'exprime par le fait que l'indifférence à l'égard du contenu particulier va de pair avec une rationalisation conséquente des mises en œuvre. Horkheimer et Adorno le démontrent de façon paradigmatique avec l'exemple de Sade : « *La raison est l'organe du calcul, de la planification ; elle est neutre à l'égard des buts, son élément est la coordination. L'affinité entre la connaissance et la planification, à laquelle Kant a donné un fondement transcendantal et qui confère à tous les aspects de l'existence bourgeoise, pleinement rationalisée même dans les temps de pause, un caractère de finalité inéluctable, a déjà été exposée empiriquement par Sade un siècle avant l'avènement du sport.* » (*Ddlr*, p. 98)

Du point de vue de la raison formaliste, il est en principe indifférent que l'on organise une usine, que l'on fasse du vélo ou que l'on torture et martyrise un être humain. Les efforts de Kant pour distinguer l'un de l'autre se brisent – comme le démontrent Horkheimer et Adorno – contre la logique interne de son propre système : « *En revanche, l'œuvre de Sade représente, comme celle de Nietzsche, la critique intransigeante de la raison pratique par rapport à laquelle celle du "universel" apparaît comme un désaveu de sa propre pensée.* [...] *Il est vrai que Kant avait déjà purifié la loi morale "en moi" de toute foi hétéronome, au point que le respect envers ses assurances n'était plus qu'une donnée naturelle d'ordre psychologique, comme le ciel étoilé au-dessus de moi est un fait naturel d'ordre physique.* [...] *Mais les faits ne comptent pas là où ils ne sont pas présents.* » (*Ddlr*, p. 104)

Cela devient particulièrement évident dans le devoir kantien d'apathie selon lequel l'être humain ne devrait pas se laisser guider par ses sentiments, ses penchants et ses sensations, mais devrait suivre exclusivement « la loi morale », c'est-à-dire le principe de forme abstrait, transcendantal et épuré de toute sensualité, la maxime suprême de la raison pratique : « *Agis de telle sorte que la maxime de ta volonté puisse toujours valoir en même temps comme principe d'une législation universelle* » (*Critique de la raison pratique*). Pour qui applique ce principe, les sentiments et les penchants ne peuvent être que préjudiciables, car ils se réfèrent à l'individuel, au particulier et non pas à l'abstrait ni au général ; hésitants et peu fiables, il faut les éliminer sans merci. Dans ce contexte, le type de sentiment est sans importance. Qu'il s'agisse de la haine ou de l'amour, du plaisir que l'on éprouve à torturer ou de la compassion, tout tombe indistinctement sous le verdict de l'« impur » et du « pathologique »[3]. Ainsi Kant remarque-t-il expressément : « *Même ce sentiment de pitié et de tendre sympathie, s'il précède la considération de ce que doit être le devoir et devient un principe déterminant, est à charge aux personnes qui pensent bien elles-mêmes, porte le trouble dans leurs maximes réfléchies, et produit en elles le désir d'en être débarrassées et d'être uniquement soumises à la raison donnant des lois* » (*Critique de la raison pratique*, PUF, 1943). Et on peut lire ailleurs : « *La vertu* [...] *dans la mesure où elle se fonde sur la liberté intérieure, contient également pour les hommes un précepte affirmatif qui est de soumettre toutes les facultés et inclinations à son pouvoir (celui de la raison), et, par conséquent, à la maîtrise de soi qui l'emporte sur le commandement interdisant de se laisser dominer par ses sentiments et inclinations (le devoir de l'apathie) : car si la raison ne prend pas les rênes du gouvernement, les émotions et inclinaisons domineront l'homme.* » (*Principes métaphysiques de la doctrine de la vertu*, cité dans *Ddlr*, p. 105)

Dans le « devoir d'apathie », Kant rencontre Sade aussi bien que Nietzsche qui, à ce propos, s'expriment de façon presque identique. Pour Nietzsche, la compassion est « *plus nocive que n'importe quel vice* », il y voit une invention perfide du christianisme pour empêcher les « forts » de faire ce qu'il leur revient de faire par « nature », à savoir sou-

3. « *Le caractère essentiel de toute détermination de la volonté par la loi morale, c'est qu'elle soit déterminée simplement par la loi morale comme volonté libre, partant non seulement sans le concours des attraits sensibles, mais même à l'exclusion de tous ceux-ci, et au préjudice de tous les penchants, en tant qu'ils peuvent être contraires à la loi morale.* » (Kant, *Critique de la raison pratique*, Paris, PUF, 1943, p. 76).

mettre les « faibles » pour disposer d'eux à loisir. « *Exiger de la force* [...] *qu'elle* ne *se manifeste* pas *comme force, qu'elle* ne *soit* pas *une volonté de vaincre, d'abattre et de dominer, une soif d'hostilité, de résistance et de triomphe est aussi absurde que d'exiger de la faiblesse qu'elle se manifeste comme force.* » (*Généalogie de la morale*, cité dans *Ddlr*, p. 108)

Ce que Nietzsche fantasme ici, c'est bien entendu tout autre chose qu'une archaïque volonté de puissance, mais l'expression tout à fait moderne de la disposition intérieure du sujet de la concurrence capitaliste libérée de tous ses freins. On trouve des déclarations semblables dans d'innombrables manuels de management et brochures de propagande social-darwiniste du libéralisme et du néo-libéralisme – un peu moins pathétiques, certes, mais pas moins martiales. L'invocation de la nature n'est en fait, comme toujours dans la pensée bourgeoise (comme elle l'est bien entendu aussi chez Kant[4]), que l'affirmation mystifiée et inconsciente de l'ordre existant et de ses lois de jungle secondaire[5]. C'est la « seconde nature » de la valeur, le mouvement de valorisation comme fin en soi, qui impose aux hommes le « devoir d'apathie », à savoir l'indifférence totale à l'égard du contenu et des conséquences ultérieures de leurs actions et avant tout à l'égard des autres êtres, perçus seulement comme des concurrents. À la dynamique de violence, de destructivité et d'inhumanité ainsi déclenchée, la raison formelle n'a rien à opposer, car elle lui est inhérente. Chaque tentative de le faire, comme par exemple l'intention kantienne de remplacer la compassion par le principe de la « *bienveillance universelle du genre humain* »,

---

4. « *Remercions donc la nature pour cette humeur peu conciliante, pour la vanité rivalisant dans l'envie, pour l'appétit insatiable de possession ou même de domination. Sans cela toutes les dispositions naturelles excellentes de l'humanité seraient étouffées dans un éternel sommeil. L'homme veut la concorde, mais la nature sait mieux que lui ce qui est bon pour son espèce : elle veut la discorde.* » (Kant, *Idée d'une histoire universelle du point de vue cosmopolitique*, Paris, Aubier-Montaigne, 1947, p. 65).

5. Voir en plus détaillé, R. Kurz, *Schwarzbuch Kapitalismus*, Francfort/M., Eichborn, 1999, p. 33 ainsi que p. 273 passim.

reste elle-même prisonnière de cette logique qui consiste à subsumer la réalité sous des principes abstraits et généraux et se voit par conséquent condamnée à l'échec : « *La raison ne se laisse pas abuser, elle ne privilégie pas le fait général par rapport au fait particulier, ni l'amour qui embrasse tout par rapport à l'amour limité. La pitié est suspecte.* » (*Ddlr*, p. 111)

C'est cette logique qui lie intimement l'*Aufklärung* et la contre-*Aufklärung*. Cela devient manifeste là où Nietzsche semble se démarquer le plus nettement de Kant, à savoir dans le refus de la loi universellement valable et trancendantale de la raison. C'est justement ici que, sans le vouloir, Nietzsche tombe d'accord avec Kant de la façon la plus profonde : « *Il est vrai qu'il nie la Loi ; il veut appartenir au "moi supérieur", pas au moi naturel, mais au plus-que-naturel. Il veut remplacer Dieu par le surhomme parce que le monothéisme, surtout sous sa forme corrompue, le christianisme, apparaît pour ce qu'il est : une mythologie. Mais, de même que Nietzsche loue ces vieux idéaux ascétiques au service du «moi supérieur», dans lesquels il voit la maîtrise de soi «en vue du développement de la force dominatrice», de même ce moi supérieur se révèle être une tentative désespérée pour sauver Dieu, qui est mort, et un renouveau de l'effort kantien tendant à transformer la loi divine en autonomie, afin de sauver la civilisation européenne qui, dans le scepticisme anglais, a rendu l'âme. Le principe kantien selon lequel "tout doit être fait sur la base de la maxime de la volonté individuelle en tant que telle, cette volonté universellement législatrice pouvant se considérer comme son propre objet", ce principe est aussi le secret du surhomme. Sa volonté n'est pas moins despotique que l'impératif catégorique.* » (*Ddlr*, p. 123)

Que pessimisme et résignation découlent nécessairement de ces constats de Horkheimer et d'Adorno, cela semble inévitable. Car si la raison même est totalement pénétrée par la domination et inséparable de son pôle opposé irrationaliste (contre-*aufklärerisch*), comment une émancipation sociale serait-elle encore possible ? Elle ne serait au sens strict même plus pensable et on ne comprendrait pas pourquoi une critique de l'Irrationnel existant serait tout simplement possible dès lors que toute pensée guidée par la Raison se renverse nécessairement en irrationalité. Cependant, ce pessimisme radical ne résulte pas – comme on l'a souvent dit – d'une critique trop poussée de l'*Aufklärung* mais, au contraire, du fait que Horkheimer et Adorno partagent quelques-unes des prémisses fondamentales et des présupposés intellectuels de l'*Aufklärung*, et de ce qu'ils ne les thématisent pas ni ne les mettent en question mais s'en servent comme base de départ, que ce soit de façon explicite ou implicite. C'est en cela précisément que leur critique ne va pas assez loin et c'est principalement pour cela qu'ils sont sans cesse contraints de la révoquer afin de se protéger des conséquences pessimistes de leur propre pensée. Ce n'est qu'en mettant en évidence ces points aveugles que l'on pourrait sortir des apories de *La Dialectique de la raison* sans pour autant relativiser le projet qui y est mis en œuvre.

2

Le problème fondamental consiste en ce que Horkheimer et Adorno opèrent avec des notions d'*Aufklärung* et de raison qui, historiquement parlant, sont très peu spécifiques. Au fond, ils identifient l'*Aufklärung* à la pensée rationnelle tout court, c'est-à-dire à ce qui aurait rendu possible que l'homme se libère de la mythologie. Ils conçoivent l'*Aufklärung* comme « *le désenchantement du monde* » – un emprunt évident à Max Weber – comme on peut le lire dès la première phrase de la *Dialectique de la raison* : « *De tout temps, l'*Aufklärung, au sens le plus large de pensée en progrès, *a eu pour but de libérer les hommes de la peur et de les rendre souverains* [...]. *Le programme de l'*Aufklärung *avait pour but de libérer le monde de la magie. Elle se proposait de détruire les mythes et d'apporter à l'imagination l'appui du savoir.* » (*Ddlr*, p. 21 ; nous soulignons.) Mais, comme toujours lorsque le raisonnement se fait transhistorique et historiquement non spécifique (et ainsi implicitement anthropologique), il s'agit d'une projection – d'une rétro-projection des conditions de vie bourgeoise sur toute l'histoire précédente. En l'occurrence, il s'agit de la notion spécifiquement moderne de raison et d'*Aufklärung* qui, cela va de soi, est prise dans un sens transhistorique et rendue universelle rétrospectivement.

Jappe : « *En général, on a l'impression que, chez Adorno, les traits spécifiques des diverses époques historiques disparaissent face à l'action de certains principes éternellement semblables qui existeraient depuis le début de l'histoire, tels que la domination et l'échange. Dans la* Dialectique de la raison, *la genèse historique des concepts identifiants est située dans une époque bien éloignée. La logique naît des premiers rapports de subordination hiérarchique* [*Dialectique de la raison*, p. 38], *et avec le «moi» identique dans le temps débute l'identification des choses à travers leur classement dans un genre. L'affirmation :* « De Parménide à Russell, la devise reste : unité. Ce que l'on continue à exiger, c'est la destruction des dieux et des qualités» [*Dialectique de la raison*, p. 25], *cette affirmation signifie qu'à l'époque présocratique comme aujourd'hui agit la même «raison». Pour Adorno, surmonter la réification devrait donc être au fond impossible, car il la voit enracinée dans les structures les plus profondes de la société.*[6] »

Il est vrai qu'en concrétisant leur critique, Horkheimer et Adorno (dans la *Dialectique de la raison*, comme dans la plupart de leurs écrits plus tardifs) s'en prennent toujours à la philosophie classique des Lumières de l'ère bourgeoise, ou de ses successeurs, ainsi qu'à ses critiques irrationalistes ; c'est donc une époque historique très particulière qu'ils ont en tête. Cela devient manifeste notamment quand la critique contre le formalisme de la raison chez Kant se fait plus précise. Mais, en même temps, cette critique est supposée prendre aussi pour cible les époques précédentes et leur pensée. Mais cette prétention historique globale reste un programme non réalisé – et ce n'est pas un hasard car la tentative de réaliser cette prétention rendrait visible son

---

6. A. Jappe, « Sic transit gloria artis. Theorien über das Ende der Kunst bei Theodor W. Adorno und Guy Debord », in *Krisis,* 15, Bad Honnef, 1995, p. 164 et passim.

caractère projectif, comme on le voit dès le célèbre passage sur Ulysse, où celui-ci est décrit comme le prototype du caractère bourgeois (quoique encore partiellement prisonnier du mythe)[7].

Naturellement, Horkheimer et Adorno ne nient pas que c'est seulement au cours d'un processus historique que la raison et l'*Aufklärung* se sont développées pour devenir ce qu'elles sont devenues à l'époque bourgeoise et ce qu'elles sont toujours. Mais ce processus, tel qu'ils le décrivent ou plutôt tel qu'ils le suggèrent, porte indéniablement les traits de la philosophie de l'Histoire rationaliste (*aufklärerisch*) et bourgeoise. Au fond, ce processus est décrit comme une évolution téléologique, comme le venir-à-soi de quelque chose qui était contenu dans les premières étincelles de la raison ou, plus précisément, dès la première étape de la séparation d'avec la nature (car la magie et le mythe auraient également contenu *in nuce* la rationalité, ce qui fait que ceux-ci continuent de leur côté à survivre dans celle-là). De façon générale, le point central est la séparation manquée d'avec la nature, qui se serait transformée en rapport de domination – une pensée qui est à la base de toute la *Dialectique de la raison*[8]. Pour n'en citer qu'un passage : « *Toute tentative ayant pour but de briser la contrainte exercée par la nature en brisant cette nature n'aboutit qu'à une soumission plus grande au joug de celle-ci. C'est ainsi que la civilisation européenne s'est égarée.* » (*DdlR*, p. 30)

---

7. Ce qu'il y a de lumineux dans ce passage, c'est la manière dont est utilisé le mythe d'Ulysse comme surface de projection pour décrire et analyser le type de caractère bourgeois de façon tout à fait juste à maints égards. Mais cela même n'est valable que dans la mesure où l'on est conscient de cette projection, en utilisant par exemple le personnage d'Ulysse dans le sens d'un effet de distanciation ou d'un « *mythe scientifique* » (Freud) afin d'éclaircir quelque chose que ce personnage ne pouvait pas être lui-même. Müller formule une critique semblable : « *En identifiant, dans le personnage d'Ulysse, le propriétaire terrien au bourgeois voyageur, on voile une différence essentielle* [...] *Il faudrait que la différence entre travail manuel et travail intellectuel, et sa détermination par le pouvoir de classe direct soient clairement distinguées de la forme de division du travail dont le contexte social doit se former de façon aveugle sous la domination de la valeur.* » (R. W. Müller, *Geld und Geist*, 1976, p. 193).

8. Voir également R. Wiggershaus, *L'École de Francfort*, Paris, PUF, 1993, pp. 372-376.

À ce propos, Horkheimer et Adorno affirment expressément ne pas se limiter à vouloir décrire le passage de la Bête à l'Homme et le rapport entre l'Homme et la Nature tel qu'il existait dans la préhistoire et l'histoire primitive – ce qui, du reste, ne peut être guère plus que de la spéculation, les débuts de l'Humanité se perdant dans la nuit des temps. Ils pensent plutôt avoir trouvé dans cette évolution le point de départ déterminant, le fondement de toute l'histoire de l'Homme et, par là, de toute l'évolution de l'histoire intellectuelle. Au commencement, il y a une espèce de péché originel sécularisé, un péché originel qui – comme prix de l'humanisation – était probablement inévitable mais qui étend son empire sur tous les événements ultérieurs. L'Histoire est interprétée comme la subordination progressive de la nature extérieure et (surtout) intérieure, un processus dont on peut déduire également la domination de l'Homme sur l'Homme qui se prolonge et se densifie sans cesse. Ainsi peut-on lire dans un fragment à la fin de la *Dialectique de la raison* : « *Une construction philosophique de l'histoire universelle devrait montrer comment, en dépit de tous les détours et de toutes les résistances, la domination cohérente de la nature s'impose de plus en plus nettement et intègre toute intériorité.* On pourrait également déduire à partir d'un tel point de vue des formes d'économie, de domination et de culture. » (*Ddlr*, p. 239 ; nous soulignons.)

Ce fragment est intitulé « La critique de la philosophie de l'histoire », mais il porte ce titre un peu abusivement. Car ce qui est présenté ici de façon explicite (et qui implicitement constitue le fondement de la *Dialectique de la raison* dans son ensemble et en principe également celui de la pensée tardive de Horkheimer et d'Adorno) n'est rien d'autre qu'une ébauche philosophico-historique entièrement dans la tradition de l'*Aufklärung*. La différence ne consiste que dans sa tournure résignée. Ce n'est plus la marche triomphale du progrès qui est décrite, mais la marche funeste du destin. La libération de la domination apparaît tout au plus comme une possibilité que l'on entrevoit par intermittence et qui ne peut plus être fondée ; en tout cas, elle n'apparaît plus comme le point final nécessaire de l'Histoire. Cette critique de la pensée de progrès, si juste et importante soit-elle, reste néanmoins prisonnière de la pensée même qu'elle entend prendre pour cible. En se bornant à rejeter son optimisme (la prétendue nécessité de la libération), elle ne fait que reproduire négativement la construction philosophico-historique sur laquelle cette pensée se fonde : « *Du fait que l'histoire en corrélation avec une théorie unifiée, comme quelque chose pouvant être construit, n'est pas le bien, mais l'horreur, le penser est en fait un élément négatif.* » (*Ddlr*, p. 240)

Déjà, en tant que telle, l'interprétation téléologique de l'Histoire est une projection archi-bourgeoise. À cet égard, qu'elle revête un aspect négatif ou positif est secondaire[9]. L'idée selon laquelle l'Histoire de l'humanité progresse vers un stade final déterminé, dominée et poussée par une pulsion intérieure irrésistible, ne porte que trop visiblement les marques de l'agitation fébrile, de la volonté d'expansion et de la dynamique concurrentielle de la société capitaliste moderne. La rétro-projection de ce rapport sur l'Histoire dans son ensemble est elle-même l'expression (inconsciente) de l'*hybris* et des prétentions universalistes et dominatrices de la modernité productrice de marchandises, qui n'épargnent même pas l'Histoire pré-bourgeoise. Si cette dernière ne peut plus être rétrospectivement accaparée de façon réelle, il faut au moins la récupérer idéologiquement. Car la valeur, tout comme le Dieu du monothéisme, ne tolère rien en dehors de lui[10]. Horkheimer et Adorno, quant à eux, font précéder cette récupération d'un signe moins. La raison formaliste et la forme spécifiquement moderne du dressage de

---

9. En effet, la pensée bourgeoise et optimiste de progrès se voit flanquée au plus tard depuis le XIXe siècle d'un pessimisme qui n'est que son image réfléchie. Que l'on pense au *Malaise dans la civilisation* de Freud ou au *Déclin de l'Occident* de Spengler et à son héritier Samuel Huntington.

10. Quand Moishe Postone, dans sa critique de la lecture « *matérialiste* » que Lukács fait de la philosophie de l'histoire de Hegel, montre que l'esprit universel n'est que le reflet idéaliste du « *sujet automate* », c'est-à-dire d'un principe de socialisation spécifique et historiquement unique, alors cette critique touche aussi indirectement la philosophie de l'histoire développée dans la *Dialectique de la raison*.

la nature (extérieure et intérieure) qui l'accompagne, ils ne les voient pas comme un aspect essentiel d'un rapport social déterminé, constitué par la marchandise et la valeur, mais inversement comme la suite conséquente et l'aggravation d'une tendance dont l'origine serait justement cette séparation manquée d'avec la nature. « *Le penser a son origine dans le mouvement de libération de cette nature terrible, qui fut finalement entièrement asservie.* » (*Ddlr*, p. 114)

Et aussi : « *Pour échapper à la peur superstitieuse de la nature, elle a démasqué les entités et les formes objectives comme les travestissements d'un matériel chaotique, maudissant son influence sur l'humanité comme un esclavage, jusqu'à ce que le sujet soit entièrement devenu – en théorie – une autorité unique, sans restriction, vide.* [11] » (*Ddlr*, p. 100)

Ce que Horkheimer et Adorno ne voient pas, c'est qu'ils ne font ainsi que reproduire symétriquement l'une des idéologies de légitimation de la société productrice de marchandises, idéologie selon laquelle la forme moderne du rapport de l'Homme avec la Nature pourrait être déduite directement et en droite ligne de la lutte que le premier aurait

---

11. Au bout du compte, que cette construction historico-philosophique soit quelque peu bancale, Horkheimer et Adorno s'en sont sans doute aperçus eux-mêmes. C'est que les caractéristiques spécifiques de la modernité capitaliste et de la raison qui la caractérise sont par trop manifestes. Ainsi s'expliquent des remarques telles que celles-ci : « *La raison de l'ère moderne fut placée dès le début sous le signe du radicalisme : en cela elle se distinguait de toutes les phases précédentes de la démythologisation.* » (*Ddlr*, p. 102) Des phrases comme celle-ci ne mettent pourtant nullement en question le développement général de l'argumentation et servent par conséquent à en colmater les fissures et les fractures au lieu de les prendre vraiment au sérieux. Le terme « *radicalité* » signifie que la raison bourgeoise formaliste remonte à la racine du « *devenir homme* ». Elle constitue le point final logique d'une ligne d'évolution : « *La ligne que constitue cette suite de comportements est à la fois celle de la destruction et de la civilisation. Chaque pas fut un progrès, une étape de la Raison. Mais tandis que toutes les transformations précédentes, du pré-animisme à la magie, de la civilisation matriarcale à la civilisation patriarcale, du polythéisme des esclavagistes à la hiérarchie catholique, remplacèrent les anciennes mythologies par des mythologies nouvelles, néanmoins "éclairées"* [...] *la lumière de la Raison taxa de mythologie toute forme de dévotion qui se considérait comme objective et fondée sur la réalité* » (*Ddlr*, pp. 102-103). Ou encore : « *Le bourgeois dans ses aspects successifs de propriétaire d'esclaves, de libre entrepreneur, d'administrateur, est le sujet logique de l'*Aufklärung. » (*Ddlr*, p. 94)

livré à la seconde depuis le tout premier instant de l'Histoire. Selon cette conception, les sciences naturelles modernes et la domination de la nature médiatisée par elles constitueraient la conséquence logique d'une évolution qui aurait commencé avec le coup de poing pour atteindre provisoirement son apogée avec le génie génétique. Certes, c'est de façon critique que Horkheimer et Adorno présentent ce qui sert officiellement à justifier tous les crimes et méfaits commis au nom de la « Science » et du « Progrès ». Il n'en reste pas moins que le caractère projectif de l'argumentation n'est pas cassé, qu'il se voit même ainsi confirmé et renforcé.

Ici encore, la boucle argumentative consiste en ce que, derrière la condition préalable la plus générale de la culture et la société, à savoir le démarquage de l'Homme par rapport à la nature, s'estompent les formes spécifiquement historiques et qualitativement tout à fait différentes dans lesquelles tout s'est déroulé dans l'Histoire passée. La forme moderne du concept de nature et du rapport avec elle n'est pourtant pas la prolongation et l'aggravation d'une évolution plus ou moins continuelle et identique à elle-même depuis que l'être humain a cessé d'être un singe ; elle représente au contraire une rupture radicale avec tout ce qui a précédé. Tout cela, nous ne pouvons le comprendre que si nous considérons cette forme moderne comme le reflet de la forme sociale et du mode de production qui se sont imposés depuis les débuts de la modernité européenne et non l'inverse, comme l'affirment Horkheimer et Adorno [12].

C'est la raison pour laquelle – comme l'ont démontré Hartmut et Gernot Böhme (*Das Andere der Vernunft*, 1985) – l'immense peur qu'éprouve l'individu bourgeois devant la nature intérieure et extérieure n'est pas simplement l'héritage refoulé d'une ancestrale « *peur superstitieuse face à la Nature* » (Horkheimer et Adorno) et la cause

---

12. Voir C. P. Ortlieb, « Bewusstlose Objektivität », in *Krisis*, n° 21-22, 1998 ; au sujet de la genèse historique de ce rapport avec la nature, voir G. et H. Böhme, *Das Andere der Vernunft*, 1985 et R. zur Lippe, *Vom Leib zum Körper*, Reinbek bei Hamburg, 1988. (1974).

première de la constitution de la forme moderne de domination imposée à la nature, elle est au contraire co-originaire de celle-ci ; elle est à la fois le produit et la force motrice intérieure du sujet au sein d'un processus historique spécifique.

« *Il existe une tension d'angoisse entre la raison* [moderne ; NdT] *et la nature intérieure et extérieure qu'elle domine. Cette tension est niée dans la conscience de soi guidée par la raison et à plus forte raison dans le discours philosophique. La peur réelle qui emplit l'être humain prérationnel dans son comportement face aux puissances naturelles, face à d'irrésistibles mouvements émotionnels du propre corps et face à des individus potentiellement dangereux, fait place à une peur intérieure et irrationnelle devant le refoulé. Cette peur ne peut apparemment être dépassée qu'au prix de la ruine du moi dans lequel l'homme pense être entré en possession de lui-même.* [13] » (H. et G. Böhme, *Das Andere der Vernunft*, p.18)

Ce n'est donc pas seulement la raison moderne qui est historiquement spécifique, mais également son « autre », son « revers » tout aussi désiré que craint et qui s'est séparé d'elle. Ce revers se forme au fur et à mesure que la raison moderne délimite son terrain, excluant tout ce qu'elle n'arrive pas (ou pas encore) à se soumettre, le déclarant par là « naturel » et « irrationnel ». Il s'agit là d'un processus qui est lié de façon constitutive à la colonisation intérieure et extérieure ainsi qu'à la constitution du rapport entre les sexes tel qu'il est caractéristique pour l'ère moderne et bourgeoise [14]. La « Femme » et le « Sauvage » se densifient en figures de projection centrales pour tout ce qui ne trouve pas sa place dans la Raison : « *La raison moderne pose elle-même ses propres*

---

13. « *Cette relation entre la peur et la raison est stratégiquement aussi nécessaire que refoulée* [...]. *La morale* [au sens de la doctrine morale de Kant, NdT] *représente la tentative de chasser cette peur qu'elle produit d'abord elle-même. Le* double bind *intérieur dans lequel la morale place le sujet enchaîne inexorablement celui-ci à la loi. Sans cette peur, il n'y aurait pas cette forme de raison* » (Böhme, *Das Andere der Vernunft*, *op. cit.*, p. 331).

14. Voir à ce propos R. Scholz, « Der Wert ist der Mann », in *Krisis* 12, 1992 et *Das Geschlecht des Kapitalismus*, Bad Honnef, 1999 ; ainsi que C. P. Ortlieb, art. cit., p.40.

limites. Son territoire s'étend jusqu'au point où elle peut encore s'approprier son "autre". En conséquence, la formation de la raison moderne est un processus de démarquage, de sélection et de redistribution. Nous l'appelons "Aufklärung" *comme s'il ne s'agissait que de clarifier* [klären] *ce qui est. En vérité, c'est de la définition de la réalité qu'il s'agit* [...]. *La raison* [pré-moderne ; NdT] *respectait son «autre» comme le Pape respectait l'Empereur. Ce n'est qu'avec l'*Aufklärung *que la raison transforme en irrationnel tout ce qui sort de son cadre.* » (*idem*, p.13)

Si l'on n'aperçoit pas cette spécificité historique de la raison moderne, la rupture radicale qu'elle représente par rapport à d'autres formes de la réflexion humaine en général, et du rapport avec la nature en particulier, alors l'horreur du XXe siècle ne peut en effet apparaître – comme chez Horkheimer et Adorno – que comme le point culminant d'une fatalité inhérente (ce qui ne veut pas dire forcément nécessaire et inévitable *stricto sensu*) à l'histoire de l'Homme depuis le début. La domination sociale se laissant prétendument déduire de la domination de l'Homme sur la nature, le capitalisme développé se fige alors sous la forme d'apparition historiquement la plus avancée d'une essentialité transhistorique : point culminant de la domination rationalisée, le capitalisme est en même temps l'expression la plus extrême du rapport de dépendance à la nature, le fascisme et le national-socialisme représentant quant à eux l'aggravation la plus extrême de cette tendance. Mais, encore une fois, on assiste ici *de facto* à la rétro-projection dans l'Histoire du rapport social et de domination moderne – ou plutôt d'une certaine interprétation de celui-ci –, auquel vient d'être conféré une dignité négative supratemporelle. En même temps, ses contours s'estompent dans le brouillard gris d'une préhistoire obscure.

C'est précisément cette vision essentiellement transhistorique et finalement anthropologisante que Horkheimer et Adorno ont en commun avec la pensée des Lumières, qui, comme on sait, hypostasie la société bourgeoise en « société tout court » en l'opposant à un supposé état de nature. Des cultures et des sociétés non capitalistes apparaissent tout au plus comme les précurseurs logiques de la modernité, comme des étapes intermédiaires plus ou moins arriérées sur la voie qui mène au stade suprême de l'évolution de l'Homme (comme l'exprime par exemple le terme « peuple primitif » oscillant entre racisme et exotisme). En conséquence, tous les aspects et les phénomènes négatifs de la société capitaliste passent pour être l'héritage du supposé état de nature, lequel – projection évidente de la concurrence impitoyable du capitalisme – est fantasmé comme la lutte cruelle de tous contre tous. La civilisation étant toujours décrite comme une mince couche de vernis par-dessus cet état de nature supposé violent, des efforts constants sont nécessaires pour brider « le vieil Adam ». De cette manière, on peut externaliser idéologiquement toute flambée de violence et d'irrationalisme comme l'irruption de la « barbarie », d'une nature prétendument pré-civilisationnelle ou d'une semi-culture pré-moderne, ce qui justifie tout « effort civilisateur » possible et imaginable – en cas de besoin, même à coups de bombes et de missiles.

Certes, Horkheimer et Adorno s'attaquent de façon virulente à cette auto-justification aussi grossière qu'effrontée en montrant que l'irrationalisme n'est que la face cachée de la raison de l'*Aufklärung* et qu'on ne peut avoir l'un sans l'autre. Mais puisque eux-mêmes rétro-projettent la Flement l'image occidentale déformée de la « barbarie » – quoique sous une forme plus réfléchie : « *Extirper entièrement l'odieuse, l'irrésistible tentation de retourner à l'état de nature, voilà la cruauté que produit la civilisation en faillite : c'est la barbarie, l'autre face de la culture.* » (*Ddlr*, p. 120)

Il est vrai que, chez Horkheimer et Adorno, « *la barbarie* » dans laquelle la civilisation menace de verser à tout moment ne relève pas directement de la première nature mais prend ses racines, tout comme la raison elle-même, dans la séparation manquée d'avec celle-ci. Ils vont au-delà de Kant et des Lumières dans la mesure où, en recourant à la théorie freudienne, ils développent le rapport entre culture et nature comme un rapport dialectique. La « *nature intérieure* » se voit elle-même transformée au cours du processus de sublimation par la culture – elle ne reste donc pas ce qu'elle a été ou aurait pu être : elle n'est nullement « originaire » : Les comportements préhistoriques que la civilisation a déclarés tabous, transformés en comportements destructifs stigmatisés comme bestialité, avaient continué de mener une existence souterraine. « *Juliette* [l'héroïne de Sade] *ne les pratique plus comme des comportements naturels, mais comme des interdits* [...]. *Si, ce faisant, elle répète les réactions primitives, ses actions ne sont pas primitives, mais bestiales.* » (*Ddlr*, p. 104)

Si juste que soit cette idée (elle met en effet en lumière le refoulé de la raison), elle reste néanmoins, de par sa conception anhistoricisée de la culture et de la civilisation, prisonnière de l'univers propre à la pensée de l'*Aufklärung* [15]. Les conséquences en sont considérables. Si l'on rompt avec le progressisme optimiste de l'*Aufklärung*, tout en en conservant la construction historique présentée négativement, il en résulte nécessairement un pessimisme intégral comme on le trouve du reste chez de nombreux représentants de l'irrationalisme, mais également dans l'œuvre tardive de Freud. Il faut alors mettre au rancart la possibilité d'une émancipation de la domination et du rapport fétichiste. Pour y échapper, Horkheimer et Adorno sont obligés de s'interdire de penser jusque dans ses dernières conséquences le rapport intrinsèque entre la raison et l'irrationalisme. La dialectique de la raison est censée contenir malgré tout – démentant presque ainsi sa propre critique – un potentiel émancipateur qui attendrait toujours d'être réalisé. À ce pro-

---

15. L'idée anthropologisante de base, qui s'appuie sur Freud, selon laquelle il faut chercher l'origine de l'irrationnel (ce que la raison refoule et ce qui finit toujours par se frayer un chemin – et qui serait ainsi le revers de la civilisation tout court jusqu'à nos jours) dans la séparation manquée d'avec la nature, cette idée se trouve encore à la base de la *Dialectique négative*, même si elle est exprimée plutôt « en passant » et traitée implicitement dans nombre d'arguments. Un exemple : « *La marque distinctive des forces civilisatrices est le fait qu'elles ne remettent pas en question les évidences : il n'y a que l'un, l'invariable, l'identique qui soit bien. Ce qui ne s'y plie pas, tout l'héritage du moment naturel prélogique, est immédiatement renvoyé au mal, aussi abstraitement entendu que le principe de son contraire. Le mal, pour la bourgeoisie, c'est la survivance de l'élément ancien, soumis, incomplètement soumis.* » (*Dialectique négative* [*DN*], Paris, Payot, 1984, p. 190). À propos du rapport entre la raison et la nature, voir par exemple également *DN*, p. 225.

pos, on peut lire dès l'introduction à la *Dialectique de la raison* : « [...] *la Raison doit prendre conscience d'elle-même si les hommes ne doivent pas être trahis totalement. Ce qui est en cause, ce n'est pas la conservation du passé, mais la réalisation des espoirs du passé.* » (*Ddlr*, p. 17)

Si l'on se contente de lire ces phrases dans un sens général selon lequel la pensée critico-réflexive serait la condition de possibilité de l'émancipation sociale, il y aurait alors peu à redire. Mais en identifiant implicitement les Lumières, c'est-à-dire la raison moderne (ou *Aufklärung*), à la pensée réflexive tout court, Horkheimer et Adorno préfigurent sa réhabilitation comme l'évolution théorique ultérieure des deux auteurs allait le démontrer (quoique de façon différente).

3

Si, au fond, Horkheimer avait déjà défendu dans *Critique de la raison instrumentale* l'*Aufklärung* contre sa propre critique formulée dans la *Dialectique de la raison*, on peut voir la même préoccupation dans *Dialectique négative* d'Adorno. À cet égard, la célèbre première phrase de ce livre peut être lue comme un programme : « *La philosophie qui parut jadis dépassée, se maintient en vie parce que le moment de sa réalisation fut manqué* » (*DN*, p. 11). Bien qu'Adorno ne reprenne nullement la critique de la raison formelle et de la logique dominatrice qui lui est immanente, il s'efforce en même temps d'y déceler sans cesse des potentiels émancipateurs, essayant malgré tout de sauver ainsi l'*Aufklärung*. On peut très bien montrer les apories dans lesquelles il s'empêtre, en prenant sa discussion de la notion kantienne de liberté dans la troisième partie de la *Dialectique négative*.

Adorno y met l'accent – à juste titre – sur le caractère terriblement répressif de la notion kantienne de liberté qui a tous les traits de la domination bourgeoise : « *La liberté équivaut, chez Kant, à la raison pratique pure qui produit elle-même ses objets ; elle aurait affaire,* "non à des objets pour les connaître, mais à la faculté qui lui est propre de les réaliser (conformément à la connaissance de ces objets)". *Implicite ici, l'autonomie absolue de la volonté équivaudrait à la domination absolue de la nature interne. Kant proclame :* "être conséquent est l'obligation principale d'un philosophe, et celle que l'on voit pourtant le plus rarement observer". *Ce qui ne suppose pas seulement que la logique formelle, domaine de la conséquence pure, est l'instance morale suprême, mais en même temps la subordination de toute impulsion à l'unité logique, le primat de celle-ci sur ce que la nature a de diffus et même sur toute la diversité du non-identique ; dans le cercle fermé de la logique, la diversité paraît toujours inconséquente. Malgré la solution de la troisième antinomie, la philosophie morale de Kant reste antinomique : conformément à la conception d'ensemble, elle ne parvient à représenter le concept de liberté que comme une oppression. Toutes les concrétisations de la morale, chez Kant, ont des traits répressifs. Son caractère abstrait est fondamental, parce qu'elle élimine du sujet ce qui ne correspond pas au concept pur de sujet. D'où le rigorisme kantien.* » (*DN*, p. 200)

Mais alors que dans la *Dialectique de la raison* on mettait encore en évidence le lien de parenté de Kant et des « *écrivains obscurs* » de la « contre-*Aufklärung* », cette fois-ci le verdict se fait nettement plus clément. La critique, en soi dévastatrice, selon laquelle Kant ne saurait « *concevoir la liberté que comme contrainte* » est relativisée, elle ne constituerait pas le noyau véritable de sa pensée mais serait seulement l'évidence d'une contradiction interne : « *le paradoxe de la doctrine kantienne de la liberté* » (*DN*, p. 183). Ainsi, Kant représenterait en particulier – tout comme les Lumières en général – l'idée de liberté, mais il aurait fini par reculer devant la tâche de la penser dans ses dernières conséquences, c'est-à-dire dans le sens d'une véritable libération de la domination. Néanmoins, cette idée continuerait à survivre – brisée et trahie – comme un aspect résiduel et contradictoire dans sa pensée, comme « résidu ». Les efforts d'Adorno tendent donc à révéler ce « résidu » pour le défendre contre la logique dominatrice du rationalisme même. Il tente ainsi d'expliquer la (prétendue) contradiction interne de la notion kantienne de liberté en la développant à partir d'une logique historique : « *Depuis le* XVIIe *siècle, la grande philosophie avait défini la liberté comme son intérêt le plus cher ; cela avec pour mandat, tacitement donné par la classe bourgeoise, de la fonder de façon transparente. Cet intérêt pourtant est en soi contradictoire. Il s'oppose à l'ancienne oppression et favorise la nouvelle qui est cachée au cœur du principe rationnel lui-même. Ce qu'on recherche, c'est une formule commune pour la liberté et l'oppression : la liberté est concédée à la rationalité, qui la limite et l'éloigne de l'empirie où on ne tient pas du tout à la voir réalisée. Cette dichotomie s'applique également aux progrès de la scientifisation. La classe bourgeoise fait cause commune avec la science aussi longtemps que celle-ci favorise la production, mais se voit obligée de la redouter dès qu'elle porte atteinte à la croyance en l'existence de sa liberté déjà résignée à l'intériorité. Voilà ce qu'il y a réellement derrière la doctrine des antinomies.* » (*DN*, p. 169)

Ce qui frappe tout d'abord, c'est que cette historisation porte elle aussi indéniablement les traits de la philosophie de l'histoire de l'*Aufklärung* et de son héritier : le « matérialisme historique ». Toute l'histoire jusqu'à nos jours est conçue comme une succession de différentes formes de domination de classe : le moteur général en est le développement des forces productrices qui représente ici, chez Adorno, la séparation d'avec la nature. Au regard de cette prétendue logique de développement transhistorique, la classe bourgeoise apparaît comme relativement progressiste, mais, afin de garantir sa propre domination, elle aurait fini par neutraliser la liberté en la reléguant dans une sphère idéalisée de l'intériorité pour la liquider dans la vie réelle. En tant que représentant de cette classe, Kant aurait donc déjà anticipé dans sa pensée ce qui fut accompli plus tard dans la société réelle : « *Kant, tout comme les idéalistes après lui, ne peut tolérer la liberté sans contrainte ; pour lui, bien qu'elle ne soit pas encore pervertie, cette conception le prépare à cette angoisse de l'anarchie qui, plus tard, inspira à la conscience bourgeoise la liquidation de sa propre liberté.* » (*DN*, p. 183)

Ce qui différencie cette perspective de celle du marxisme traditionnel, c'est tout d'abord le « *pessimisme critique* » (Postone, *Time, Labor and Social Domination*, Cambridge, 1993, p. 84) – quoique le ton soit ici un peu moins sombre que dans la *Dialectique de la raison*. De manière générale, l'inversion de la métaphysique historique bourgeoise se trouve être également le fondement sur lequel repose l'œuvre tardive d'Adorno. Réapparaissant dans différentes variantes, c'est toujours la même idée de base selon laquelle une dialectique de rationalité et d'irrationalité, de liberté et de domination, aurait été contenue dès le premier pas de la séparation de l'Homme d'avec la Nature ; c'est cette dialectique qui aurait déterminé toute l'évolution ultérieure. Même si, ailleurs, Adorno étaye ce point de vue, par la théorie freudienne de la culture (elle-même déjà résignée), il se réfère donc ici à l'aspect de la théorie de Marx qui restait encore totalement tributaire du mythe du progrès de l'*Aufklärung* tout en la présentant de façon pessimiste. En fonction de tout cela, la société bourgeoise apparaît fondamentalement comme une étape historiquement nécessaire sur la voie qui mène à la libération de tout pouvoir (de classe) et de toute répression. Mais la foi en une classe qui serait l'héritière de la bourgeoisie et qui ferait le pas prochain et décisif vers le socialisme ou le communisme, cette foi que le marxisme traditionnel célébrait à la manière d'une religion sécularisée, a été mise au rancart. Le potentiel émancipateur d'une libération des contraintes naturelles et de la domination censé être contenu dans le développement des forces productrices, et dont la classe bourgeoise était elle-même censée être le porteur social, ce potentiel n'ayant pas été réalisé, il y aurait eu une étanchéisation de la domination. Tout cela se verrait déjà chez Kant quand celui-ci n'arrive à imaginer la liberté qu'au sens d'un impératif catégorique : « *Que Kant pense à la hâte la liberté comme loi, cela révèle qu'il ne la prend pas plus au sérieux que ne l'a fait sa classe jusqu'ici. Avant même qu'elle ne redoute le prolétariat industriel, la bourgeoisie, par exemple dans l'économie de Smith, associait la louange de l'individu émancipé et l'apologie d'un ordre où d'un côté une* invisible hand *prendrait soin tant du mendiant que du roi, alors que, de l'autre, le libre concurrent du* fair-play *(féodal) aurait encore à s'échiner.* » (*DN*, p. 197)

Cependant, cette interprétation de la notion kantienne de la liberté comme au moins potentiellement émancipatrice, ou comme stade transitoire d'un progrès historique de l'émancipation humaine jamais réalisée, quoique possible, n'est pas fidèle au propos même de Kant. Quand celui-ci parle explicitement de la liberté comme d'une « *causalité stricte* », comme d'une loi et d'une « *contrainte* », c'est pensée d'une manière tout à fait conséquente. « Conséquente » certes non pas par rapport à telle ou telle position de classe ou logique de développement transhistorique, mais par rapport à la forme de la société capitaliste qui est la condition préalable – car constituante – de toutes les catégories sociales bourgeoises : la forme-marchandise ou la forme-valeur. C'est précisément elle qui impose aux êtres humains ses lois comme s'il s'agissait de lois naturelles éternelles, alors qu'en vérité ce sont leurs propres relations sociales qui, sous la forme d'une « objectivité » apparemment immuable, s'opposent à eux en tant que puissance prétendument étrangère pour les dominer. Ce fétichisme de la forme-marchandise décrypté par Marx, Kant (comme plus tard Hegel), avec ses catégories idéalistes, s'en approche de beaucoup plus près – quoique nullement dans une visée critique – que les tentatives ultérieures de marxistes essayant de l'analyser de façon matérialiste. Ce qui échappait régulièrement à ces derniers, c'est que l'idéalisme n'a pas tort quand il attribue à la société bourgeoise un caractère métaphysique, il a même parfaitement raison de le faire, sauf qu'il ne s'agit pas là d'une transcendance au sens idéaliste mais du caractère métaphysico-réel de la forme-valeur et de la forme-marchandise. Le fait que Kant comprenne la maxime suprême de la raison pratique, l'impératif catégorique, comme une forme pure et non empirique, dépourvue de tout contenu, et préalable à tout contenu déterminé, doit être vu comme un reflet idéaliste de ce rapport fétichiste. La liberté, telle qu'il la conçoit, est alors la condition nécessaire qui rend possible cette loi objectivée et impitoyable de la raison. C'est seulement lorsque cette condition est remplie que peut être supposée une volonté qui doit être en tant que telle une libre volonté. Et c'est pour cela que, chez Kant, cette volonté est définie de la façon la plus stricte : « *La volonté est une sorte de causalité des êtres vivants, en tant qu'ils sont raisonnables, et la* liberté *serait la propriété qu'aurait cette causalité de pouvoir agir indépendamment de causes étrangères* qui la déterminent [...]. *Comme le concept d'une causalité implique en lui celui de lois, d'après lesquelles quelque autre chose que nous nommons effet doit être posé par quelque chose qui est la cause, la liberté, bien qu'elle ne soit pas une propriété de la volonté se conformant à des lois de la nature, n'est pas cependant pour cela en dehors de toute loi ; au contraire, elle doit être une causalité agissant selon des lois immuables, mais des lois d'une espèce particulière, car autrement une volonté libre serait une aberration* [...]. *En quoi donc peut bien consister la liberté de la volonté, sinon dans une autonomie, c'est-à-dire dans la propriété qu'elle a d'être à elle-même sa loi ? Or cette proposition : la volonté dans toutes les actions est à elle-même sa loi, n'est qu'une autre formule de ce principe : il ne faut agir que d'après une maxime qui puisse aussi se prendre elle-même pour objet à titre de loi universelle. Mais c'est précisément la formule de l'impératif catégorique et le principe de la moralité ; une volonté libre et une volonté soumise à des lois morales sont par conséquent une seule et même chose.* » (*Fondements de la métaphysique des mœurs*, Vrin, 1980, pp. 127-128.) La liberté, chez Kant, est donc *par nature maîtrise de soi* et cela ne signifie rien d'autre que la domination des sujets bourgeois sur eux-mêmes sous le diktat présupposé de la forme-valeur et de la forme-marchandise. C'est donc à juste titre que Kant lui confère un caractère de loi stricte, ce qui ne contredit en rien la logique interne de sa théorie. Car la liberté kantienne n'est justement pas liberté libérée de la domination tout court, mais une dimension structurelle nécessaire d'une forme toute spécifique de domination : d'une domination abstraite où tous les êtres sont devenus – d'une manière ou d'une autre – les catégories fonctionnelles et les « *Charaktermasker* » (Marx) de la valeur et, en tant que tels, depuis toujours non autonomes et assujettis à ce principe social. Leur « autonomie », tant invoquée par Kant, n'est que la contrainte de se soumettre en permanence aux lois de fonctionnement générales de la forme-marchandise. La « *loi de la liberté* » qui les a constitués en tant que sujets bourgeois n'ordonne rien d'autre que l'indifférence (« *l'apathie* ») à l'égard de tout sentiment, de tout besoin sensible, de toute relation personnelle et de toute émotion particulière sortant du cadre fixé par la logique de la valorisation et de la concurrence. Cela, Adorno l'a constaté, lui aussi, mais d'une façon différente. Il écrit même expressément dans un de ses derniers essais intitulé « Sujet et Objet » : « *En un certain sens – ce que l'idéalisme serait le dernier à admettre, il est vrai –, le sujet transcendantal est plus réel, c'est-à-dire plus déterminant pour le comportement effectif des individus et de la société à laquelle il a donné naissance que ne le sont ces individus psychologiques dont on a abstractifié la part transcendantale et qui, dans le monde, n'ont guère voix au chapitre ; ils sont devenus à leur tour des appendices de la mécanique sociale et pour finir une idéologie. L'individu vivant, qui est forcé d'agir d'une certaine façon et qui a été modelé pour cela, ressemble, en tant qu'incarnation de l'*homo economicus *plus au sujet transcendantal qu'à l'individu vivant qu'il devrait se croire être. C'est dans cette mesure que la théorie idéaliste était réaliste et n'avait pas à rougir face à des adversaires qui lui reprochaient son idéalisme. La doctrine du sujet transcendantal traduit fidèlement l'antériorité des relations abstraites et rationnelles qui se sont détachées des individus et des rapports qu'ils entretiennent entre eux, rapports dont le modèle est l'échange. Dès lors que la forme-échange devient la structure déterminante de la société, sa rationalité constitue l'être humain ; comment les hommes se perçoivent les uns les autres et ce qu'ils croient être est alors secondaire.* » (Adorno, *Modèles critiques*, Paris, Payot, 1984, p. 264 ; traduction modifiée.)

Ainsi, Adorno dément au fond sa propre affirmation de la *Dialectique négative* selon laquelle Kant n'aurait pas été aussi rigoureux que cela avec la liberté. Car cette affirmation suppose une notion de liberté que Kant n'a jamais prônée et qui, quoi que l'on fasse, ne peut donc pas être décelée dans son œuvre. Dans les conditions qui constituent le fondement de sa pensée, personne n'a pensé la liberté bourgeoise avec autant de rigueur et de conséquence que Kant. La contradiction de sa pensée réside non dans le fait qu'elle ne réalise pas sa prétention émancipatrice, mais dans celui qu'elle reste prisonnière de ses apories. Il est vrai que, mesurées à l'aune d'une notion emphatique de libération, libération de toute domination, les catégories kantiennes peuvent et doivent être critiquées comme répressives. Mais c'est là autre chose que d'affirmer que Kant aurait trahi son idée de la liberté. Si Adorno le fait malgré tout, c'est dû plutôt au fait que, sur la toile de fond de sa philosophie de l'histoire (laquelle reste en dernière analyse « *aufklärerisch* »), l'*Aufklärung* en général et la pensée kantienne en particulier doivent nécessairement paraître comme un stade transitoire – si mutilé soit-il – du progrès émancipateur, même là où la lucidité critique recule devant un tel constat.

4

Ce frein mis à la critique se fait sentir précisément là où Adorno approche de très près le décryptage de l'idéalisme et de la métaphysique. Cela se voit aussi clairement dans la *Dialectique négative* où, s'appuyant sur Sohn-Rethel, il déchiffre le sujet transcendantal de Kant comme un reflet idéaliste du travail, de la domination et du principe d'équivalence. Même s'il fait ici un pas décisif au-delà de l'*Aufklärung* et du marxisme traditionnel avec son matérialisme grossier [16], il n'en échoue pas moins à se détacher de l'univers intellectuel de ce dernier. Le problème réside tout d'abord dans le fait qu'Adorno – comme avant lui Sohn-Rethel [17] – se fonde sur une notion du travail selon laquelle celui-ci serait identique au métabolisme de la nature.

---

16. Adorno a sans doute ici préparé le terrain à un décryptage plus avancé du fétichisme de la marchandise. Ce n'est pas un hasard si ce sont en majorité ses élèves (Krahl et Backhaus, par exemple) qui ont poursuivi ce travail.
17. Voir à ce propos, R. Kurz, « Abstrakte Arbeit und Sozialismus », in *Marxistische Kritik* 4, Erlangen, 1987 (www.krisis.org).

Ce que le travail a de spécifique, à savoir qu'il constitue une abstraction réelle capitaliste et constitue et médiatise le contexte social dans la société productrice de marchandises (et uniquement dans celle-ci), voilà ce qui lui échappe parce qu'il projette le travail – en partie de manière explicite, en partie de manière implicite – sur l'histoire passée et le plaque faussement sur les sociétés non-capitalistes. Mais cela mine au bout du compte sa tentative de retracer le sujet transcendantal depuis Kant jusqu'au fétiche marchand : « *Alfred Sohn-Rethel a été le premier à faire remarquer qu'en lui* [le principe transcendantal, NdT], *dans l'activité générale et nécessaire de l'esprit, se dissimule nécessairement du travail social. Le concept aporétique de sujet transcendantal, d'un non-étant qui néanmoins doit agir, d'un universel qui doit cependant faire l'expérience du particulier, serait une bulle de savon qu'on ne pourrait jamais détacher du contexte d'immanence autarcique d'une conscience nécessairement individuelle. Face à elle, il ne représente pourtant pas que le plus abstrait mais aussi, en vertu de sa puissance formatrice, le plus réel. Par-delà le cercle magique de la philosophie de l'identité, le sujet transcendantal se laisse déchiffrer comme la société inconsciente d'elle-même. On peut même aller jusqu'à déduire cette inconscience. Depuis que le travail de l'esprit s'est séparé du travail physique sous le signe de la domination de l'esprit et de la justification du privilège, l'esprit scindé a dû, avec l'exagération de la mauvaise conscience, revendiquer justement cette prétention à la domination qu'il déduit de la thèse selon laquelle il est le premier et l'originaire et doit pour cette raison, s'il ne veut pas dégénérer, oublier intensément d'où vient sa prétention. Intérieurement, l'esprit pressent que sa domination stable n'est pas une domination de l'esprit mais possède son* ultima ratio *dans la violence physique dont elle dispose. Il ne peut se permettre de dire son secret, sous peine de décliner. L'abstraction qui, même selon le témoignage d'idéalistes extrêmes comme Fichte, fait seulement du sujet un constituant, reflète sa séparation d'avec le travail physique, séparation qui est perceptible dans sa confrontation avec lui.* [...]. *Ce qui fait l'essence du sujet trans-*

cendantal depuis la Critique de la raison pure, *la fonctionnalité, l'activité pure qui s'accomplit dans les performances des sujets singuliers et en même temps les dépasse, projette un travail flottant sur le sujet pur considéré comme origine.* [...]. *Comme extrême cas-limite d'idéologie, le sujet transcendantal approche de très près la vérité. L'universalité transcendantale n'est pas une simple surestimation narcissique du moi, n'est pas l'hybris de son autonomie, mais elle a sa réalité dans la domination qui s'affirme et s'éternise dans le principe d'équivalence. Le processus d'abstraction transfiguré par la philosophie et qui n'est attribué qu'au sujet connaissant, se déroule dans la société d'échanges réelle.* » (*DN* p. 142-143 ; traduction modifiée.)

La rétro-projection transhistorique des formes bourgeoises de travail, domination et raison, est ici non pas brisée mais parachevée en un ensemble clos. Pour cimenter cet ensemble, on a recours au principe d'échange ou d'équivalence dans lequel confluent à la fois la pensée identificatrice et la domination, et dont le concept reste ainsi nécessairement aussi flou que non spécifié, tout comme les catégories avec lesquelles il est mis en relation. La délimitation entre l'échange de dons primitif, l'échange simple de marchandises (en marge et dans les pores des sociétés non-capitalistes) et l'échange d'équivalents basé sur la production marchande capitaliste sous le diktat de l'autovalorisation de la valeur reste au mieux vague. Les deux premiers types d'échange ne semblent être que les stades précurseurs logiques du dernier, tout comme les formes de domination et de raison non-capitalistes ne semblent être que des étapes à l'intérieur d'un processus historique déjà tracé. « *Quand Adorno ne parle tantôt que de division du travail, tantôt que de société d'échange, tout en considérant toujours implicitement les deux termes dans leur rapport à la genèse de la forme d'identité, on ne peut l'expliquer que par le fait qu'il n'a pas compris* le côté spécifique du contexte social inconscient constitué à travers l'échange des produits du travail sous la forme de marchandises. *Ce qui veut dire* [...] qu'il n'aperçoit pas le développement vers le rapport-capital contenu dans le rapport d'échange et où la "société de l'échange" rejoint son concept » (R. W.

Müller, *Geld und Geist*, p. 193 ; souligné dans l'original [18]).

Adorno ne voit pas la rupture spécifique que représente l'échange d'équivalents moderne (et le principe d'identité qu'il contient) par rapport à différentes autres formes historiques d'échange. Voilà pourquoi il dessine une image déformée de l'histoire, qui n'ignore pas seulement des cultures et des sociétés non-européennes mais qui subsume également toute l'évolution de l'Occident sous la société bourgeoise et ses catégories. Le point décisif ici est que c'est de nouveau la perspective projective qui obstrue le regard pour cacher l'essentiel. Quand Adorno cherche l'origine du sujet transcendantal kantien dans la séparation entre travail intellectuel et travail manuel, cela est plus que discutable, et pas seulement du point de vue de l'histoire de la philosophie (Kant apparaît alors – avec Hegel – comme la conséquence nécessaire et l'apogée logique de toute la philosophie occidentale depuis l'Antiquité) ; c'est qu'en même temps il suppose une ontologie de la domination entièrement dans la tradition de l'*Aufklärung* et du marxisme orthodoxe. La cause première de la domination étant – selon Adorno – la séparation manquée d'avec la première nature, sa caractéristique sociale essentielle et transhistorique serait l'appropriation du surproduit par une classe dominante aux dépens de la grande majorité de la population laborieuse. Certes, chaque forme de domination dans l'histoire a mis au point des méthodes spécifiques d'absorption des richesses et d'exploitation (tributs, impôts, taxes, esclavage, etc.) ; mais de là à en faire le critère décisif de la domination, il n'y a guère que la pensée bourgeoise

18. « *C'est à Adorno (et aussi à Horkheimer) que revient le mérite d'avoir attiré l'attention sur le rapport entre la forme logique de l'universalité, le principe structurant de l'activité intellectuelle pure donc, et le principe de socialisation par le travail qui plane comme lui au-dessus des diverses activités de production réelles comme point de référence. Leur défaut est de s'être arrêtés avec cette indication sur le plus haut niveau jamais atteint par la conscience bourgeoise de son propre monde. L'idée du sujet transcendantal comme point de fuite, qui, de tout temps, organiserait socialement les sujets intellectuels pensants "intellectuellement en action", peut être comprise comme la reprise au niveau de la critique épistémologique de la doctrine formulée par l'économie classique selon laquelle l'harmonie du travail total d'une société naît des activités individuelles des individus participant à l'échange* » (Müller, *id.*, p. 201).

pour y songer. Il s'agit d'une projection de son propre contexte de domination abstrait constitué par le travail et la production de marchandises et l'impératif de valorisation ainsi engendré.

La signification (inconsciente) de cette projection est sans doute une apologie du capitalisme. Non seulement son principe constitutif en vient à être anobli en principe transhistorique, universellement humain, voire naturel, et par là placé au-dessus de toute soupçon. Mais, en même temps, l'économie de marché peut être idéologiquement présentée (c'est le cas pour l'économie politique) comme la libération de la domination, puisqu'elle serait exempte d'exploitation et que chaque individu y profiterait de la richesse sociale en fonction même de sa contribution personnelle. Comme on sait, le marxisme traditionnel n'a pas fondamentalement mis en question cette vision du monde, il n'a fait que la critiquer de façon immanente comme une chimère. Ainsi, l'échange d'équivalents à la surface du marché ne ferait que voiler l'exploitation et l'inégalité qui auraient lieu dans la sphère de la production. La société bourgeoise apparaît ainsi essentiellement comme une nouvelle variante de la société de classes dans laquelle la classe dominante s'approprie le surproduit d'une façon particulièrement habile : sous la forme de la plus-value et en faisant miroiter une égalité générale qui – en réalité – n'existe pas.

Postone a insisté à juste titre sur le fait que le marxisme traditionnel, malgré sa focalisation constante sur le processus de production, a formulé une critique du capitalisme qui reste fixée sur la circulation, entièrement prisonnière de l'univers propre à l'économie politique classique. Par conséquent, l'objectif de la révolution n'était donc pas *de se libérer du travail* mais *de libérer celui-ci* de l'exploitation et de réaliser les valeurs de liberté et d'égalité que la société bourgeoise avait promises mais trahies. Adorno reste lui aussi tributaire de cette perspective. Ce qui le distingue foncièrement du marxisme traditionnel, c'est qu'il brise la réduction de la critique à l'exploitation dans la production pour l'élargir au contexte social du capitalisme dans son ensemble. La notion de la société de l'échange est à ce propos d'une importance capitale et, pourtant, elle reste elle aussi enracinée dans l'univers intellectuel du marxisme. Si la critique productionniste du marxisme était paradoxalement le résultat d'une notion de travail et de domination qui laisse de côté la sphère de la circulation, Adorno, lui, oriente la critique vers la sphère de la circulation sans pour autant dépasser l'appareil conceptuel dont il ne s'est jamais débarrassé. Il arrive ainsi à une perspicacité qui aurait été impossible avec une visée sociologique simpliste faite en termes d'exploitation de classes. Cependant, les limites du marxisme traditionnel transparaissent continuellement[19] : « *Le principe d'échange, la réduction du travail humain au concept universel abstrait du temps de travail moyen, est originairement apparenté au principe d'identification. C'est dans l'échange que ce principe a son modèle social et l'échange n'existerait pas sans ce principe ; par l'échange, des êtres singuliers et des performances non-identiques deviennent commensurables, identiques. L'extension du principe fait du monde entier de l'identique, une totalité. Que cependant l'on nie abstraitement le principe ; que l'on proclame comme idéal de n'avoir plus à procéder (par révérence envers l'irréductiblement qualitatif), selon des équivalents, cela constituerait une excuse pour retourner à l'ancienne injustice.* Car l'échange d'équivalents consista justement dès l'origine à échanger en son nom du non équivalent, à s'approprier la plus-value du travail. *Qu'on annule simplement la catégorie de comparabilité, catégorie de mesure, et, à la place de la rationalité qui bien que de façon idéologique habite pourtant le principe d'échange comme une promesse, il apparaîtrait alors : appropriation immédiate, violence, de nos jours le privilège brut des monopoles et des cliques.* La critique du principe d'échange comme du penser identifiant, veut la réalisation de l'idéal de l'échange libre et juste qui jusqu'à nos jours n'a été qu'un pur prétexte. C'est là seulement ce qui transcenderait l'échange. *Si la théorie critique a dévoilé l'échange comme celui*

---

19. Postone (*op. cit.*, p. 84) démontre que Horkheimer et Pollock n'arrivent pas à dépasser les limites du marxisme traditionnel, ce qui expliquerait leur vision pessimiste. Cela vaut également – quoique d'une manière différente – pour Adorno.

d'équivalents cependant non-équivalents, la critique de l'inégalité dans l'égalité vise aussi à l'égalité, *malgré tout le scepticisme envers la rancune propre à l'idéal d'égalité bourgeois, qui ne tolère rien de qualitativement différent. Si on ne retenait plus à personne aucune partie de son travail vivant, l'identité rationnelle serait atteinte et la société serait au-delà du penser identifiant.* » (*DN*, pp. 119-120, nous soulignons.)

Ce qui frappe ici tout d'abord c'est la reprise en bloc du classique marxiste selon lequel l'échange d'équivalents est une fiction qui ne sert en réalité qu'à voiler l'appropriation de la plus-value ; une interprétation qu'Adorno va jusqu'à antidater à une époque lointaine de l'histoire (« *originairement* ») pour pouvoir maintenir la mise en parallèle projective de la domination et du travail. Cela va de pair avec l'appel à une prétendue promesse contenue dans l'échange mais restée jusqu'à maintenant irréalisée. Certes, pour Adorno, la réalisation de « *l'échange libre et équitable* » ne constitue pas le point final de la libération, mais il reste néanmoins (ce qui va tout à fait dans le sens d'une téléologie de l'histoire) le stade transitoire historiquement nécessaire. Tout cela revient à revendiquer paradoxalement la réalisation des idéaux du capitalisme (réalisation dont celui-ci serait incapable) pour ainsi les dépasser en même temps. Cette dialectique quelque peu étrange n'est pas – quoique prétende Adorno – négative, mais paradoxalement positive et ainsi, bon gré mal gré, affirmative à l'égard de la société marchande moderne. Dans son essence, elle revient à affubler malgré tout les contraintes du capitalisme des épithètes « *progressiste et civilisateur* », bien qu'elles aient été reconnues et critiquées en tant que contraintes. Il s'agit donc de la tentative, un peu honteusement camouflée, de sauver malgré tout la téléologie hégélienne de l'histoire en transfigurant une donnée historique en nécessité historique et logique. C'est qu'Adorno ne se contente pas de dire que, même dans la perspective d'une possible émancipation sociale, on n'aurait pas d'autre choix que de tenir compte des conditions sociales telles qu'elles se sont constituées et telles qu'elles ont évolué au cours de la longue histoire du capitalisme. Il n'y aurait bien entendu rien à redire, car cela va de soi.

Mais rien n'oblige d'aller jusqu'à sublimer cette affirmation dans le sens d'une métaphysique de l'histoire. Mais c'est précisément ce que fait Adorno – au moins implicitement – quand il lit dans le principe d'échange et dans le principe d'identification qui lui est lié une promesse non tenue d'émancipation et de « rationalité » [20].

Cet *a priori* théorique (voire pré-théorique), Adorno s'y heurte sans cesse au cours de son interprétation de la notion de liberté chez Kant. Que celui-ci fasse tout pour débarrasser la liberté de toute « *souillure empirique* », on peut facilement – comme nous l'avons déjà dit – le décrypter comme l'effet de l'indifférence absolue de la forme-valeur et de la forme-marchandise à l'égard de tout contenu déterminé et spécifique ; « *l'autonomie de la volonté* » est en réalité « l'autonomie » de la valeur, c'est-à-dire que son auto-référentialité lui fait exercer sa violence contre le monde empirique et sensible. Il est vrai que, d'un côté, Adorno cherche l'origine de « *la subordination de toute impulsion à l'unité logique* » (*DN*, p. 200) dans le « *principe de l'échange* ». Mais, d'un autre côté, il veut même voir dans l'effort de Kant, de déterminer la liberté comme strictement transcendantale, la tentative de sauver celle-ci d'une manière ou d'une autre des contraintes exercées par la réalité de la société de l'échange : « *La liberté positive est un concept aporétique, inventé pour conserver, face au nominalisme et à la scientifisation, l'en-soi d'un produit de l'esprit. Dans un passage central de la* Critique de la raison pratique, *Kant a avoué ce qui est en question dans cette œuvre, à savoir précisément le sauvetage d'un résidu.* » (*DN*, p. 198)

---

20. La construction historico-philosophique du capitalisme comme stade de transition nécessaire sur la voie de l'émancipation perd complètement le nord là où elle est maintenue avec violence contre la logique d'écroulement intrinsèque du système producteur de marchandises et quand, même le bombardement d'un pays vomi par le marché mondial peut passer pour une prouesse civilisatrice. Adorno s'en serait sans doute détourné avec horreur et, pourtant, cette conséquence cynique, dans laquelle la pensée de l'*Aufklärung* devient immédiatement identique avec « *son revers sombre* », est aussi incluse, d'une certaine façon, dans sa philosophie de l'histoire paradoxale.

Mais à regarder d'un peu plus près le passage auquel Adorno se réfère, cette interprétation ne résiste pas. Kant écrit : « *Mais comme cette loi concerne inévitablement toute causalité des choses, en tant que leur existence est déterminable dans le temps, si c'était là la manière dont on aurait également à se représenter l'existence de ces choses en soi, il faudrait rejeter la liberté comme un concept inconsistant et impossible. En conséquence, si on veut encore la sauver, il ne reste d'autre voie que d'attribuer l'existence d'une chose, en tant que déterminable dans le temps, par suite aussi de la causalité d'après la loi de la nécessité naturelle, simplement au phénomène, et la liberté à ce même être, comme chose en soi.* » (*Critique de la raison pratique*, cité dans *DN*, p. 198.)

La loi à laquelle Kant se réfère d'abord est la loi naturelle qu'il a lui-même déjà construite et à laquelle seraient soumis tous les phénomènes sensibles, parmi lesquels, selon lui, il y a lieu de compter la « *nature intérieure* » de l'Homme, c'est-à-dire tous ses besoins sensibles, ses impulsions et ses sensations particulières. Face à ce prétendu déterminisme rigoureux, Kant postule alors une « *loi de la liberté* » tout aussi rigoureuse, laquelle, cependant, étant donné les conditions présupposées, ne peut avoir sa place que dans une sphère de la raison épurée de toute sensibilité et de toute empirie et, en ce sens, transcendantale. Tout cela est pensé de façon tout à fait conséquente dans les catégories du système kantien qui repose, comme on sait, sur une stricte opposition entre « raison » et « nature », lesquelles, en conséquence, relèveraient également de sphères strictement séparées. Le discours du « sauvetage » se réfère ici clairement à l'auto-affirmation de « *l'autonomie du libre-arbitre* » face à « *la loi de la nécessité naturelle* » et n'est donc que le *fondement* métaphysique de la notion de liberté. Il s'agit donc du noyau le plus central de la théorie kantienne, de la conclusion d'une chaîne d'argumentation logique qui légitime la subordination du monde sous l'abstrait formalisme de la valeur et l'aide à s'imposer. Cependant, selon l'interprétation d'Adorno, le « sauvetage » se réfèrerait au contraire au sauvetage d'un « être en-soi » de la liberté face à une notion de liberté formulée dans les catégories de la contrainte et ainsi trahie. Rien n'est plus éloigné des intentions de Kant. Manifestement, Adorno prend ses désirs pour la réalité. Au fond, il retombe en arrière de l'idéalisme kantien au lieu de le résoudre dans le sens d'une critique de la forme-marchandise. Au lieu de rapporter rigoureusement, comme le fait Kant, le caractère métaphysique de cette notion de liberté à la « *forme d'une loi générale* » et d'y décrypter le reflet métaphysique du « *sujet automate* », Adorno nous présente ici une interprétation assez courante de l'idéalisme telle que nous la présente le marxisme traditionnel mais également la critique démocrate de gauche. Selon cette interprétation, la société bourgeoise a relégué ses idéaux dans le royaume des idées parce qu'elle serait incapable de les réaliser effectivement. La métaphysique de l'idéalisme kantien ne correspond donc pas à une inconsciente métaphysique réelle du fétiche marchand, elle n'est idéologie que très banalement au sens où elle ment sur la mauvaise réalité : « *Chez Kant, la critique de la connaissance interdit de faire venir la liberté à l'existence ; il ne se tire d'affaire que par l'invocation d'une sphère de l'existence qui sans doute serait exemptée de cette critique, mais aussi de tout jugement indiquant ce qu'elle est. Sa tentative pour concrétiser la théorie de la liberté, pour attribuer la liberté à des sujets vivants, s'empêtre dans des affirmations paradoxales.*[21] » (*DN*, p. 199)

La conséquence logique de la contradiction constatée entre l'idéal et la réalité serait de prendre l'idéal au mot et d'établir enfin la société effectivement d'après lui. Cette conséquence, Adorno refuse de la tirer, mais de même qu'il est incapable de se détacher complètement de la figure intellectuelle qu'elle présuppose, elle hante son argumentation comme une espèce d'ombre. Du moins, la possibilité de libération resterait conservée dans la sphère de l'idée. Ainsi croit-il découvrir un reste

---

21. Ailleurs, on peut lire : « *Si l'idée de liberté a perdu son pouvoir sur les hommes, ce n'est pas en fin de compte parce qu'elle était de prime abord conçue de manière si abstraite et subjective que la tendance sociale objective a pu sans peine l'enterrer sous elle.* » (*DN*, p.170) Donc : la notion de liberté de l'*Aufklärung* n'exprime pas en soi la relation intérieure avec « *la tendance sociale objective* », mais se tient à l'extérieur d'elle et reste finalement désemparée devant celle-ci.

de potentiel émancipateur là même où la répressivité de la pensée kantienne a son noyau dur. À propos du « *caractère intelligible* » à travers lequel l'être humain participerait, selon Kant, de la sphère de la raison et qui sert ainsi de médiateur entre le sujet transcendantal et le sujet empirique, Adorno écrit : « *Finalement, le caractère intelligible serait la volonté raisonnable paralysée. Au contraire, ce qui en lui passe pour sa part la plus élevée, la plus sublime, non abîmée par la bassesse, c'est essentiellement sa propre indigence, l'incapacité de transformer ce qui rabaisse ; renoncement qui se donne l'allure d'une fin en soi. Néanmoins, il n'y a rien de mieux parmi les hommes que ce caractère intelligible ; la possibilité d'être un autre que celui qu'on est, alors que pourtant tous sont enfermés dans leur soi et par là encore séparés de leur soi. La lacune éclatante de la doctrine kantienne, le côté fuyant, abstrait, du caractère intelligible, évoque aussi la vérité de l'interdit des images que la philosophie post-kantienne, Marx y compris, a étendu à tous les concepts du domaine positif. Possibilité du sujet, le caractère intelligible est, comme la liberté, un élément en devenir, non un étant. En l'intégrant tant soit peu à l'étant par une description, même la plus précautionneuse, on le trahirait.* » (*DN*, p. 232)

Cependant, l'abstraction extrême des notions kantiennes, leur « *côté fuyant* » n'indique pas un potentiel émancipateur, elle est due à la tentative de penser la forme bourgeoise dans toute sa conséquence affirmative. Toute la pensée de Kant vise à penser, jusque dans ses der-nières conséquences, la logique de cette forme de la manière idéaliste la plus stricte possible. Si cela ne va pas sans apories, c'est à cause de deux facteurs : premièrement, parce que cette logique ne peut finalement pas être comprise que dans les termes d'une critique du fétichisme, alors que Kant apparaît comme l'idéologue de la légitimation et du triomphe de celle-ci. Deuxièmement, parce que cela est dû à la chose même, au fait que la réalité ne se laisse pas réduire complètement à la notion identifiante et, partant, à la forme-valeur, si forte que soit la manière dont elle fait valoir sa prétention impérialiste – ce qui est, comme on sait, une des idées de base d'Adorno lui-même (même si celle-ci se réfère toujours au

« *principe de l'échange* », trop peu spécifié, tant du point de vue historique que conceptuel). Il est vrai que cette non-réductibilité est contenue dans la pensée de Kant dans la mesure où celui-ci nomme, au moins dans la « *problématique de la chose en soi* », le refoulé et ce qui s'est séparé, alors que Hegel refoule, quant à lui, le refoulement, comme Hartmurt et Gernot Böhme le relèvent à juste titre[22]. Mais elle y est seulement contenue en tant que quelque chose de purement négatif, comme ce qui a la fâcheuse propriété de ne pas vouloir se plier au diktat de la forme ; le « *progrès infini* » désigne la prétention de pousser toujours plus loin en direction de la subordination totale du monde sensible, ce que Kant désigne de manière significative comme s'approchant d'un « *idéal de sainteté* » (*ibid.*). Mais ce qui, en réalité, correspond plus à l'état de choses, c'est que Hegel affirme de façon cyniquement innocente : « *Tant pis pour la réalité* ».

La dialectique négative a pour charge de déchiffrer, dans sa logique répressive, cette subordination à la fois réussie et manquée du monde sous le diktat de la valeur, comme le postule Adorno. Mais lorsqu'il croit déceler un « être en soi » de la liberté dans la métaphysique kantienne, par là il s'écarte au fond de sa propre méthode. Ce sont les apories irrésolues de ses propres conceptions et leur enfermement dans la philosophie de l'histoire progressiste (*aufklärerisch*) qui mènent Adorno à vouloir encore sauver l'*Aufklärung* contre sa propre logique interne destructive. Mais quand on n'identifie pas l'*Aufklärung* à la pensée réflexive en soi en la comprenant comme une forme de pensée tout à fait spécifique et liée à une forme-fétiche historiquement déterminée – comme la raison moderne –, alors on peut la critiquer dans toutes les conséquences négatives sans, pour autant, tomber dans le pessimisme absolu. « *Le désir de sauvetage* » qu'Adorno attribue faussement à Kant est en vérité le sien. S'il perdure, ce n'est pas à cause

---

22. « *Dans cette dialectique de l'appropriation et du refoulement s'est accomplie la définition moderne de la réalité. Quand Hegel finissait par identifier le réel au rationnel, il refoulait encore le refoulement.* » (H. et G. Böhme, *op. cit.*, 1985, p. 14).

de l'*Aufklärung* et de la société marchande, mais malgré elles. Que l'*Aufklärung* soit incapable, malgré tous ses efforts d'effacer l'idée de la libération de la domination, cela n'est pas à lui attribuer comme mérite mais démontre seulement son caractère intrinsèquement intenable, le fait qu'elle ne peut qu'échouer de façon désastreuse face à sa propre prétention, mais n'indique nullement une promesse non tenue.

Décembre 2002 *

---

* Cet article a paru en décembre 2002 dans la revue allemande *Krisis* « Contributions à une critique de la société marchande ». Texte traduit de l'allemand par Wolfgang Kukulies et Luc Mercier.

MATHILDE GIRARD

KRACAUER, ADORNO, BENJAMIN
Le cinéma, écueil ou étincelle révolutionnaire de la masse ?

Sortie d'usine. Tout commence là, dans cet entre-deux collectif, un passage, une canalisation, ou une sortie. L'idée qu'alors tout est possible pour faire la révolution.

Benjamin, puis, différemment, Adorno, se sont arrêtés sur ce moment, le déferlement de pulsions et de politiques potentielles qu'il engage. Avant eux, dans les années vingt à Berlin, Kracauer avait observé la « *masse* », celle des usines, celle des salles de cinéma.

Entre les trois auteurs se noue une réflexion sur cette *masse*, en tant qu'elle est destinée au spectacle, au cinéma, et en tant que le cinéma la définit, la « destine ». Mais sous quelles augures ? La *culture de masse*, ou la révolution ?

Kracauer ouvre la brèche ; ses articles du *Frankfurter Zeitung* sur les salles de cinéma de Berlin, *Culte de la distraction*, ou *l'Ornement de la masse* signent les prémisses de la critique des industries culturelles chez Adorno. Se trouvent posés également les jalons d'une réflexion sur la masse, qui nourrit d'autres écrits de Kracauer, dont *Jacques Offenbach ou le secret du Second Empire*, ou *De Caligari à Hitler*. Alors qu'on commence à penser la « culture », s'impose le souvenir des foules révolutionnaires, et leur similitude avec l'attroupement vers les loisirs. Il en résulte l'idée d'une foule ambivalente, balancée entre « culture de masse », et révolution, entre culture et politique. Kracauer interprète l'opérette d'Offenbach sous cet angle, l'assomption de la culture de divertissement, dans ce qu'elle a de plus gigantesque, comme remède aux violences révolutionnaires de 1848. Plus tard, dans la *Théorie du film*, Kracauer propose une étude de cinéma par la « *description phénoménologique des espaces et formes de réception de la culture de masse*[1] ».

On pourrait en somme observer la vision « sociologisante » du cinéma par Kracauer, suivi de près par Adorno, à la nuance près que celui-ci ne retient rien du cinéma de son temps. Relevant de la problématique des industries culturelles, le cinéma subit le sort de la mise en culture, de la massification. Il serait opposé en ce sens au film lui-même, autonome et critique. Tous deux considèrent le cinéma comme agent de dépolitisation de la masse, de galvanisation des pulsions révolutionnaires. Benjamin, bien qu'issu de la même tendance idéologique, retourne la problématique. Le cinéma devient moyen d'émancipation des masses, espace de réinvestissement du politique. Et c'est alors l'idée d'un cinéma comme procédé imaginaire, comme machine à rêves qui ressurgit, du fait de sa reproductibilité et du rapprochement qu'il engage avec le public. Entre une réflexion de l'ordre de la psychosociologie, du cinéma comme fait social, et une pensée de la technique, du régime des images, moteur d'utopie collective.

Dans les articles considérés ici, Kracauer observe le Berlin des années vingt, en route vers un avènement pressenti du fascisme. Pressentiment qu'il développera jusqu'à la prémonition dans *Caligari*, où tout effet de la masse est relu comme prédisposition à accueillir le pire. La masse, celle des ouvriers, de la classe moyenne, est partout contenue ; elle est encore imprévisible, oscille entre le rassemblement révolutionnaire et l'attroupement pour le loisir, l'empressement au divertissement.

---

1. Cf. N. Perivolaropoulou et Ph. Despoix (sous la dir.), *Culture de masse et modernité : Kracauer, sociologue, critique et écrivain*, Paris, Éditions de la MSH, 2001.

Dans « Culte de la distraction », Kracauer semble guetter l'instant propice ; cet instant où la foule des usines, conduite d'un seul trait par la même activité, des usines aux salles de cinéma, pourrait par miracle, par un coup de grâce, se soustraire à la continuité, inverser le cours des choses sur un mode révolutionnaire, carnavalesque.

Le propre des « spectacles » de cinéma, dans lesquels le film est finalement noyé, c'est d'être superficiels. Le film, ainsi dénaturé, se résume à de « *l'art décoratif*[2] », le cinéma, à un « *chef-d'œuvre total des effets*[3] ». Le public est maintenu à la périphérie de ses sensations, par une esthétique de l'ornement, de l'effet, qui organise savamment l'économie du plaisir procuré. Kracauer écrit : « *Le penchant à la distraction exige et trouve comme réponse le développement de l'extériorité pure*[4] ».

Ce plaisir effleuré, tout de suite contenu, afin d'assurer le retour docile aux postes de l'usine est un aspect qui sera repris par Adorno, dans la « Production industrielle des biens culturels ». Kracauer observe, dans les spectacles cinématographiques berlinois, l'accumulation d'effets visuels, la succession de numéros comme dans une revue. Le film « *perd sa force d'illusion* », dissimule le « *déclin* ». Il se trouve ainsi assimilé à l'homogénéisation de surface effectuée par la production capitaliste. C'est l'idée contenue dans *L'Ornement de la masse*. La masse est définie par ses effets de surface, comme « *support des ornements* ». Il y a chez Kracauer, l'idée d'une linéarité des formes relatives à la masse. Ainsi, le capitalisme engage un « *processus de démythologisation* », de démystification de la nature au profit de la raison, la « *ratio capitaliste* ». Mais dans ce temps même, l'ornement de la masse relève déjà du culte, des « mythologies » au sens où l'entend Roland Barthes. « *C'est la forme rationnelle vide du culte, dénuée de tout sens explicite, qui se représente dans l'ornement de la masse. Par là, il s'avère bien comme étant une rechute dans la mytho-*

---

2. « Culte de la distraction », in *Le Voyage et la danse*, PUV, 1996.
3. *Ibid.*
4. *Ibid.*, p. 60.

logie telle qu'on peut à peine en imaginer une plus grande – une rechute qui à son tour trahit la fermeture de la ratio *capitaliste à la raison.*[5] »

Le sens lui vient du dehors, la ligne à suivre est dictée par cet « *étrange et a-sacral Anonyme*[6] », le capitalisme. La masse est rendue docile, à la périphérie de ses affects, comme dans une érotisation forcée du politique. C'est pourquoi Kracauer la distingue du peuple qui, lui, parvient à faire véritablement corps. Le peuple pourrait être acteur d'une révolte, à jamais survolée par la masse, puisqu'elle n'est qu'ornement : « *Le support des ornements, c'est la masse. Non pas le peuple : en effet, s'il arrive à celui-ci de créer des figures, elles ne demeurent pas en l'air, car elles naissent au sein de la communauté.*[7] » La *masse* dont parle Kracauer, celle que retrouvera plus tard Adorno dans le public du cinéma hollywoodien, ne fait pas communauté, elle ne peut participer d'une représentation. Elle est en quelque sorte dissoute, profilée, programmée. Kracauer fait le procès de cette uniformisation de la masse, dans l'ordre d'un procès envers le capitalisme, qui aurait fixé comme donnée, la mise en demeure des individualités au profit du marché. Des usines au cinéma, du cinéma à l'usine. « *Le procès de production capitaliste est à lui-même son propre but comme l'ornement de la masse*[8] ».

Aussi la perspective de Kracauer dans ces pamphlets inclut-elle le cinéma dans cette même critique marxiste envers le pouvoir capitaliste ; il gardera ce regard sur le cinéma, dans *De Caligari à Hitler*, tout en proposant une analyse des films de l'époque. Il envisagera les films comme les miroirs d'un certain état psychologique de la société, entre une lecture politique marxiste et une tendance au freudisme.

Le cinéma est un écran qui reçoit les injonctions collectives de la masse. À peu de choses près, la même masse que celle des salles de distraction dont il parlait dix ans plus tôt. Les films ne s'adressent pas

---

5. *L'Ornement de la masse*, p. 79.
6. *Ibid.*, p. 26.
7. *Ibid.*, p. 70.
8. *Ibid.*, p. 72

aux individualités, à l'idée d'un peuple dans sa discontinuité, mais à la masse. Kracauer fait ainsi participer le médium cinématographique, comme opérateur de la masse, à l'ascension du nazisme. C'est l'idée que l'avènement de la culture de masse fit le terreau du totalitarisme ; progressivement, des années vingt aux années trente, comme le préfigurent les films allemands de Fritz Lang. En restant à la surface des effets, aux reliefs arrondis de la foule, de la *masse*. Kracauer suit une analyse des phénomènes de foule, de masse, tout à fait de son temps ; une analyse qui cherche des signes, des explications.

Entre ces deux périodes, il semblerait que Kracauer ait perdu tout espoir en la masse. En 1927, il se prenait à rêver dans le temps des interstices ; plutôt que de se noyer dans le miroir vide d'une société artificielle, pourquoi ne pas le faire voler en éclats : « *Dans les rues de Berlin, il n'est pas rare que l'on soit assailli quelques instants par la pensée qu'un jour, sans crier gare, tout va éclater. Les plaisirs vers lesquels se presse le public devraient avoir cet effet-là.* [9] »

Mais la « culture de masse » anéantit toute pulsion de soulèvement, toute prise de conscience collective. C'est la « *guerre moderne* » de Benjamin, ou l'esthétisation du politique ; c'est également le jeu des industries culturelles d'Adorno.

Kracauer s'en prend au culte des effets, à une esthétique de la surface, de l'ornement ; Benjamin et Adorno reprennent ces enjeux par le biais des techniques de reproduction. Dans quelle mesure les techniques modernes interviennent-elles dans la formation de la masse, et qui agit, en fin de compte, de la masse ou de la technique ? Et dans ce cadre, comment imaginer un espace intercalaire, un lieu pour l'art et la politique qui ne se plierait pas au diktat ?

Le conflit que déterminent les industries culturelles pour Adorno revient à ce qu'il désigne dans sa *Théorie esthétique*, comme phénomène d'*Entkunstung* de l'art, c'est-à-dire la perte du caractère proprement artistique de l'art par son adaptation à la société d'échange. Les indus-

9. *Ibid.*, p. 61.

tries culturelles, en transformant les œuvres d'art en objets de consommation courante, sont à l'origine de cet *Entkunstung* de l'art. Le cinéma s'inscrit donc dans ce cadre. Or pour Adorno, et c'est l'objet principal de la *Théorie esthétique*, une œuvre n'existe qu'en tant que négativité, en tant que critique. Aussi, le processus d'homogénéisation que l'industrie culturelle, et derrière elle, la société dans son ensemble, élabore, va à l'encontre de cette vocation critique de l'art.

L'ornement de la masse dépasse même les domaines de la culture ; le cinéma, le divertissement organisé, s'affirment en somme comme reflets de ce que Marcuse désigne comme « *société close* » dans *l'Homme unidimensionnel.*

Le défaut fondamental du film selon Adorno, relève d'abord de son coût, du coût de ses techniques, qui ruine *a priori* tout projet esthétique valable selon lui. Dans la « Production industrielle de biens culturels » de la *Dialectique de la raison*, Adorno et Horkheimer s'intéressent particulièrement au cinéma hollywoodien et à ses modes de production capitalistes, qui biaisent tout projet autonome du film. Ici précisément, on peut situer un écart majeur de la pensée d'Adorno d'avec celle de Benjamin, puisque celui-ci postule comme valeur en soi la technique de reproduction qu'engage le cinéma, quel que soit son coût. Adorno fait les comptes de Benjamin, qui rappelait dans *L'Œuvre d'art à l'époque de sa reproductibilité technique* : « *À la différence de ce qui se passe en littérature ou en peinture, la reproductibilité technique des films n'est pas une condition extérieure de leur diffusion massive.* La reproductibilité technique des films est inhérente à la technique même de leur production. Celle-ci ne permet pas seulement, de la façon la plus immédiate, la diffusion massive de films, elle l'exige. *Car les frais de production sont si élevés que, si l'individu peut encore, par exemple, se payer un tableau, il est exclu qu'il achète un film.*[10] »

Benjamin trouve l'intérêt du film dans sa diffusion massive, alors

10. W. Benjamin, *L'Œuvre d'art à l'époque de sa reproductibilité technique*, *Œuvres*, t. III, Paris, Gallimard, 2000, p. 281.

qu'Adorno y voit précisément une nouvelle pénétration des valeurs de l'industrie culturelle. Donc, davantage en écho à Kracauer, Adorno considère le film comme maillon de la « *production unifiée* » des industries culturelles, qui entretiennent la masse autour du motif de l'ornement ; Benjamin écoute quelque chose de cet ornement, et pense véritablement la reproduction technique dans sa positivité au sein de l'espace public. La mise à disposition du film, de l'œuvre d'art dans sa reproductibilité est considérée comme moyen, pour cette *masse*, de reprendre possession du politique.

Adorno va assez loin dans sa critique en affirmant que les industries culturelles, et parmi elles le cinéma, organisent en quelque sorte le jugement de goût. Elles préforment le jugement. C'est une idée que reprend Bernard Stiegler, à propos des « *industries de l'imaginaire* », cette propension à préparer le plaisir. Le schématisme kantien de l'entendement et de l'imagination est décelé, son « *secret a été déchiffré* », il s'adapte sans équivoque à la *ratio* collective. Stiegler, à partir de cette lecture d'Adorno, parle d'« *extériorisation industrielle du pouvoir de schématisation*[11] », et Hollywood devient la « *capitale du schématisme industriel*[12] ».

Stiegler formalise cet aspect. Mais chez Adorno, on peut par moments se demander où l'engage cette critique. Benjamin n'a pas mis en évidence cet aspect pré-schématique du cinéma de distraction, dans un sens kantien ; peut-être, s'il l'avait envisagé, devant l'attrait sur la masse de certains films, aurait-il interrogé cette tendance.

À côté de la querelle classique entre Adorno et Benjamin sur le statut de la technique, ou des techniques, on peut interroger ce qui relèverait dans le film, d'un axe imaginaire, la question du plaisir, et de sa tension.

Kracauer, nous l'avons vu, éprouve crainte et espoir au contact de la tension dégagée par cet étrange plaisir vécu par la masse des employés qui sort des salles de cinéma. Les spectacles cinématographiques des

---

11. B. Stiegler, *La technique et le temps* III, *Le temps du cinéma*, Paris, Galilée, 2001, p. 68.
12. *Ibid.*

grandes salles berlinoises n'offrent qu'une triste copie, teintée de « *sentimentalité* », du « *désordre* » de la société, un aperçu de comique, une once d'érotisme, tout juste suggérés. Il y a chez Kracauer, le sentiment d'un plaisir qui ne trouve pas de réelle décharge, et c'est le jeu du divertissement organisé que de le laisser flotter.

Adorno interroge cet aspect autour de la figure des nouveaux mythes, des effets de leur passage à l'écran. C'est en somme la dimension identificatoire du film qui est en jeu. Benjamin, avant Adorno, avait proposé une interprétation assez psychanalytique du film, comme machine à rêves, lieu de décharge pulsionnelle.

Dans le procès qu'il dresse contre les *majors* hollywoodiennes, Adorno remet aux mains des industries culturelles le jeu des identifications. Les *pin-up* et les personnages de dessins animés relèvent précisément de cette utilisation du mythe industriel, et des identifications qu'elle engage. L'industrie culturelle, en tant qu'industrie du divertissement mesure dans ses productions, la quantité de plaisir qu'elle concède à son public, et sa limite ; elle définit aussi, les formes d'identification qu'elle considère comme adéquates, auprès de certains personnages-types, qu'elle porte systématiquement à l'écran. Adorno parle de *transfert* : « *Ce transfert fait de l'existence elle-même un succédané du sens et du droit. Est beau tout ce que la caméra représente* [13] ».

Dans cette visée, la critique d'Adorno reste relativement silencieuse quant aux références. L'attaque est globale, le procédé d'acculturation des industries culturelles est partagé par tous ses agents, unilatéralement. Ce que souligne Adorno sur ces nouveaux cultes véhiculés par le cinéma, c'est qu'ils tendent toujours à laisser le public insatisfait, voire frustré du plaisir qu'il lui a promis, suggéré. Il voit dans la fonction même du divertissement l'ambiguïté de son projet ; comme si l'organisation du divertissement, par le cinéma, mais aussi par des spectacles de revue par exemple, rompait inéluctablement avec la sincérité de sa

13. Th. W. Adorno et M. Horkheimer « La Production industrielle de biens culturels », in *La Dialectique de la raison*, Paris, Gallimard, 1974, p. 157.

naïveté – originelle pour Adorno. Le divertissement est dénaturé dans sa récupération par les industries culturelles ; pris dans le régime de la reproduction destinée à la masse, les films comiques, comme les dessins animés, à force d'utiliser les mêmes ficelles qui s'éliment tirent constamment sur une corde qui menace de rompre. Le « *schématisme* » suivi par les industries culturelles dans l'anticipation absolue des désirs du public, s'essouffle, comme on se lasse d'une mode. Et Adorno, à l'instar de Kracauer, s'inquiète de la perte de sens de ce cinéma, de la répétition des scénarios, de l'usure des stars : « *Tout comme les objets du comique et de l'horreur, l'idée elle-même est massacrée et morcelée.* [...] *Le film policier et d'aventure ne permet plus au spectateur d'aujourd'hui de prendre part au progrès de la Raison. Même dans les productions dépourvues d'ironie, il ne reste qu'à se contenter de l'horreur de situations qui n'ont guère plus de liens entre elles.* [14] »

La question du plaisir du spectateur est glissante. Par la dénaturation des procédés comiques, et par ce qu'Adorno nomme « *l'intellectualisation forcée du divertissement* », liée à une « *fusion de la culture et du divertissement* » [15], l'industrie de la culture fait figure d'un véritable « *supplice de Tantale* ». Ainsi, là où Benjamin, dans *L'Œuvre d'art à l'époque de sa reproductibilité technique* reconnaît des valeurs providentielles dans l'ambiguïté parfois violente dont font preuve certains films burlesques, en y voyant l'expression d'une fantasmagorie collective, Adorno considère ces motifs comme les aspects totalitaires de l'industrie culturelle dans toute son allégeance au profit.

Ce qui va apparaître surprenant, dans les modes d'approche du film, et des stars de cinéma, c'est le recours quasi systématique par les trois philosophes que nous suivons ici, à une lecture presque freudienne des phénomènes de foule, de masse. La nécessité de penser les mouvements d'identification à l'œuvre dans le film s'impose alors. Un certain régime

---

14. *Ibid.*, p. 147.
15. *Ibid.*, p. 152.

d'identification serait mis en place et, en somme, il y aurait de là, de bonnes ou de mauvaises identifications formulées comme telles par les auteurs. Identifications manipulées par les industries culturelles, auprès d'une « *foule psychologique* », dans la perspective d'une homogénéisation des individualités ; c'est là la plus nette idée de cette masse, une foule qu'on psychologise à loisir, au flux des idéologies. Ou identifications complexes, critiques, sensées éveiller les consciences politiques.

Parmi les personnages qui déterminent une réflexion sur les effets identificatoires du film, Charlie Chaplin, avec la figure burlesque de Charlot, marque cette époque de controverses. Pour Adorno, Chaplin correspond, avec les Marx Brothers, au passage du cinéma comique populaire à une forme de divertissement plus intellectualisée. Chaplin ne s'impose pas à ses yeux comme le personnage inédit qu'il fut pour beaucoup, Kracauer et Benjamin entre autres. Cette vision du *faible*, à laquelle ils s'attachent, ne joue pas auprès des spectateurs un rôle d'identification positive pour Adorno – si l'on peut toutefois parler d'identification positive dans le cadre de la critique adornienne. Selon lui, avec un personnage comme Chaplin, l'identification procède de la reconnaissance en lui du statut de l'opprimé, du faible précisément. Le passage à l'écran de telles figures d'anti-héros, permettrait une identification d'un individu parmi la masse, qui, tout en se reconnaissant sous les traits de ce personnage comique, finit par se satisfaire de son propre sort, puisqu'il est transfiguré en « héros ». Et tandis qu'Adorno pense encore le film comme un moyen de conforter la masse dans l'ignorance ou l'acceptation docile de sa détresse sociale, Kracauer, et Benjamin considèrent le cinéma de Chaplin comme tout à fait novateur, marginal. Dans un article paru en 1926 dans le *Frankfurter Zeitung*, Kracauer fait la critique du film *The Gold Rush*, *La Ruée vers l'or* de Chaplin, sorti en 1925. Pour le journaliste, le cinéma de Chaplin est poétique ; c'est en des termes élogieux qu'il engage cette critique en faisant référence à un dicton de Lao Tseu qui dit : « *Le plus faible fait bouger le monde* ». Kracauer ne contraint pas Charlie Chaplin à la place du pauvre qui s'accable, il en fait le portrait d'un être à part, un clown des temps moderne au milieu d'une frénétique ruée vers l'or. Le personnage de Charlot est un être sans Moi pour Kracauer, si bien qu'il est rendu vulnérable, à une époque où les hommes savent si fermement ce qu'ils veulent. Face aux chercheurs d'or, Charlot ne fait pas le poids. « *Il est un trou où tout tombe, ce qui d'habitude est relié en un tout éclate en heurtant le fond et se défait en ses propres morceaux.* [16] » Ou encore : « *Un être sans surface, sans possibilité de contact avec le monde. En pathologie, on dirait clivage du moi, schizophrénie. Un trou. Mais de ce trou rayonne le purement humain, délié – c'est toujours délié qu'il est insufflé dans l'organisme, seulement par morceaux : l'humain qui d'habitude étouffe sous la surface, et ne peut transparaître à travers les pelures de la conscience de soi.* [17] »

À travers cette image d'un Charlot de la déliaison, voire comme le propose Kracauer, de la dissociation, reste l'idée que Charlot impose la représentation d'un être qui marque, et qui veut se démarquer des autres personnages. Absolument hors temps, hors mesure, Charlot est désintéressé, inconscient des codes sociaux ; il incarne le hiatus criant du système d'apparences qui régit les conduites humaines courantes.

Kracauer s'arrête sur le chapeau melon de Chaplin, archétype de l'unique signe social qu'il revêt. Chapeau à relever devant l'autre, les autres, qui seraient à craindre. Ainsi, Chaplin décline à l'infini dans un registre comique les situations où il est préférable de tirer son chapeau plutôt que de prendre des coups : « *Aussi tire-t-il toujours son petit chapeau* [18] ». Toute l'ironie des protocoles sociaux, des distinctions bourgeoises formelles et hypocrites, se trouve systématisée dans ce mouvement compulsif du chapeau ; compulsion à la chaîne, automatisme quotidien. Charlot est un homme libre, « *sans surface, sans possibilité de contact avec le monde* [19] », dans la mesure précisément où

---

16. E. Kracauer, « The Gold Rush », in *Le Voyage et la danse*, *op. cit.*, p. 41.
17. *Ibid.*, p. 41.
18. *Ibid.*, p. 41.
19. *Ibid.*, p. 41.

il absorbe tout. Il intègre et déjoue en même temps les signes de socialisation rudimentaires qui lui permettent de se faufiler dans la masse des chercheurs d'or. C'est dans cette ruse avec les géants que Chaplin excelle, et les géants sont de toute taille, du pionnier avide et sans scrupules, à la tempête de neige, les enjeux avec l'ennemi sont identiques pour Charlot... et il tire son chapeau.

Pour Kracauer, Charlot est la victime des temps modernes, qui parvient cependant à se préserver de la dévoration capitaliste en se maintenant dans une extériorité totale. La surface plane, ou vide, que Charlot donne à voir à travers lui, interroge les conditions de l'humain, à l'époque de la culture de masse. Il dénonce l'impossible exercice d'adaptation unilatérale au rythme de la chaîne ; et Benjamin l'encourage également. Dans un article datant de 1928, il écrit sur *Le Cirque* de Chaplin, dans la même veine que Kracauer : « *Charlot salue avec son melon et c'est comme si le couvercle d'un chaudron débordant se soulevait.* [20] »

Benjamin remarque alors que Chaplin, et c'est là aussi sa ruse, use de son personnage intemporel, comme les sociétés de production utilisent leur emblème commercial. « *La démarche de Charlie Chaplin, son label ambulant.* [21] » Il joue du *style*, et de son dépassement.

Benjamin, comme Kracauer, trouve dans le personnage de Chaplin l'art de la controverse. Par le film, Chaplin détourne les enjeux classiques du cinéma de l'époque, et fait du plus faible le héros, dans le jeu caricatural des stéréotypes distinctifs. En attrapant le train en marche, ou en soulevant son chapeau à tout bout de champ, Chaplin remet résolument en cause ces principes. Il montre qu'on ne peut sans dommages obéir aux injonctions de la masse, à ce qu'elle invoque. Il y a des séquelles et, d'ailleurs, Charlot finit souvent par renoncer.

Adorno, à propos de Chaplin, comme des Marx Brothers, parle de « *l'intellectualisation forcée du divertissement* ». Ce genre cinématographique ne réveille pas les foules, selon lui, mais tend à les maintenir dans

---

20. W. Benjamin, « Chaplin », in *Fragments*, Paris, PUF, 2001, p. 172.
21. *Ibid.*, p. 173.

une acceptation passive de leur sort, comme le font les dessins animés : « *Donald Duck reçoit sa ration de coups comme les malheureux dans la réalité, afin que les spectateurs s'habituent à ceux qu'ils reçoivent eux-mêmes*[22] ».

L'identification du public à ces personnages, Charlot ou ceux des dessins animés, interroge sa propre fin. Elle ne produit rien d'autre que du renoncement pour Adorno, pas même la colère de se reconnaître ainsi, frappé, humilié.

Pour Benjamin, le destin du public est tout autre. En fait, le cinéma de Chaplin illustre assez fidèlement ce que Benjamin entend concevoir du film, comme espace de réappropriation politique. Par son insoumission tacite aux données de la culture de masse, Chaplin réalise le fantasme inconscient du sujet subordonné au rythme de la production : s'y soustraire. Un moment. Et renoncer à tous ses attributs prédéfinis.

Ainsi le film, selon Benjamin, irait précisément dans ce sens-là, comme lieu technique qui laisserait la place au rêve, une technique du rêve. C'est l'idée d'une revanche des masses sur la technique par le biais du cinéma. Dans *L'Œuvre d'art à l'époque de sa reproductibilité technique*, Benjamin explique que, par sa technique même, le film exprime la participation des « *appareils* » au réel ; et par la forme réconciliée que le film renvoie du rapport de l'homme aux appareils, il joue du même coup un rôle révolutionnaire, en « *harmonisant* » réellement ce rapport d'adaptation. Il faut ainsi entendre le film comme le paradigme d'un équilibre réussi entre l'homme et la technique. Le film renvoie les images interprétées à partir de la pénétration du monde par la technique. Des images *inconscientes*, précise Benjamin. La caméra devient relais visuel de l'inconscient, « *c'est elle qui nous initie à l'inconscient optique comme la psychanalyse à l'inconscient pulsionnel*[23] ». Elle met en scène une vision des tensions inconscientes contenues dans la masse, dans ses sujets. En ce sens, pour Benjamin, le film pénètre dans les retranchements de l'imaginaire

22. Th. W. Adorno, « La production industrielle de biens culturels », *op. cit.*, p.147.
23. W. Benjamin, *L'Œuvre d'art à l'époque de sa reproductibilité technique*, *op. cit.*

collectif, et réalise une forme de purgation des passions, une décharge cathartique nécessaire pour éviter la folie : « *Si l'on se rend compte des dangereuses tensions que la technique rationnelle a engendrées au sein de l'économie capitaliste devenue depuis longtemps irrationnelle, on reconnaîtra par ailleurs que cette même technique a créé, contre certaines psychoses collectives, des moyens d'immunisation, à savoir certains films. Ceux-ci, parce qu'ils représentent des phantasmes sadiques et des images délirantes masochistes de manière artificiellement forcée, préviennent la maturation naturelle de ces troubles dans les masses, particulièrement exposées en raison des formes actuelles de l'économie.*[24] »

Et Chaplin joue bien, précisément, des dangers de ces « psychoses collectives ». C'est contre cet aspect du cinéma qu'Adorno s'insurge : « *L'amusement réalise la purgation des passions qu'Aristote attribue déjà à la tragédie, et que Mortimer Adler assigne au film. L'industrie culturelle révèle la vérité sur la catharsis comme elle la révèle sur le style*[25] ». Adorno relève de l'analyse de Benjamin sa tendance cathartique, il n'entend pas la question de l'image inconsciente du rêve qui pourtant semble élargir le champ critique. Cet attribut onirique du film enrichit la réflexion sur la masse, sur les industries culturelles, dans le sens où il dégage la critique des seuls enjeux de la masse. Sans tomber dans l'écueil d'une lecture du film comme psychologie collective de la masse, on pourrait faire l'hypothèse que l'appareil cinématographique relève d'un régime de production d'images ressemblant à celui du rêve. De là, tout peut encore se dire, dans l'ordre d'une critique politique du cinéma comme opérateur de la masse au service des industries culturelles. La question du film en tant que tel est à isoler.

Le rêve n'est pas politique en soi. Et pour l'image du film on peut considérer qu'il en est de même. Ses conséquences politiques sur la masse sont soumises au hasard, à l'aléatoire. Benjamin nous pousse à penser l'image cinématographique un peu comme il élabore les « *images*

---

24. *Ibid.*, p.165.
25. Th. W. Adorno « La production industrielle de biens culturels », *op. cit.*, p.153.

de pensée », des réminiscences de l'imaginaire. Le film réactualise en somme la temporalité du rêve, qui ramène une image déjà vue, fixée préalablement, et la réinterprète, la met en scène comme pour la première fois. Dans ce contact entre les spectateurs et le film, Benjamin voit les termes d'une décharge pulsionnelle collective, la possibilité d'imaginer, comme le fait le rêve, l'inimaginable, l'irréalisable. Et en cela le film offre une alternative. Pour Adorno cela encore est idéologique dans la mesure où le rêve ne se réalise pas, où l'effectivité du film reste suspendue, et la masse passive, attentive aux effets de surface.

Des potentielles traces inconscientes que recèle le film selon Benjamin, nous dirions qu'il n'est pas intéressant d'y toucher, comme d'un point de vue esthétique, il ne convient pas de déceler le secret du schématisme kantien comme l'écrivait Adorno.

On se dirigerait alors vers une lecture des œuvres psychologique et sans grand intérêt, dans un registre purement subjectif dont il ne saurait être question ici. Mais les « *moyens d'immunisation* » que sont ces films pour Benjamin, autorisent en fait la masse à une autonomie de jugement, au regard des propositions d'Adorno, qui considère la dimension du plaisir plutôt en termes de frustration. Et en définitive, l'enjeu de *L'Œuvre d'art à l'époque de sa reproductibilité technique* se situe là, au moment où la masse se réapproprie l'œuvre par sa reproduction, sa diffusion, et les éléments d'images que par là elle retrouve.

Dans cette analyse, Benjamin distingue en outre le film, et ses effets collectifs, des phénomènes de *la guerre moderne*, engendrée par les politiques totalitaires : « *L'État totalitaire aboutit nécessairement à une esthétisation de la vie politique. Tous les efforts d'esthétisation politique culminent en un point. Ce point, c'est la guerre moderne.* [26] »

Serait en jeu, alors, une lutte des techniques contre les hommes, alors que le cinéma propose les termes d'un accord. Adorno aurait ainsi tendance à identifier tout signe de la masse au symptôme de la *guerre moderne* ; tandis que celui-ci cherche une dialectique esthétique dans

26. W. Benjamin, *L'Œuvre d'art...*

les revers de la technique, Benjamin interroge la dimension marginale de l'image comme d'un rêve. Et il rejoint en ce sens Kracauer, comme on a pu le voir à travers leur portrait de Charlie Chaplin. Tous deux espèrent dans le potentiel révolutionnaire du film, sa capacité à véhiculer des utopies. Aussi, dans la rythmique calibrée des industries culturelles, des usines au cinéma, du cinéma à l'usine, le moment du film, et son déferlement d'images, peut faire resurgir une violence vivace mais ténue, retenue quotidiennement, et en soulager une part. Un moment. L'image comme sortie du rêve a cette fonction, inédite, elle s'impose au sujet, entièrement et collectivement, chacun y trouve son compte. Du comique outrancier aux fantasmes sado-masochistes réalisés, un peu de folie se glisse par là, comme exutoire.

Benjamin, en accordant aux images du film une valeur imaginaire, interroge en lui sa *force d'illusion*, il l'écoute, alors qu'Adorno a tendance à la rejeter, sur un mode assez platonicien.

Musique de cinéma, qu'Adorno rédige en collaboration avec le compositeur Hanns Eisler, fait preuve à la même époque, d'une volonté de la part du philosophe de considérer le cinéma comme médium, dans sa structure, sa technique, de façon *autonome*. Adorno passe par la musique, celle de Schönberg en particulier, pour définir les termes du film comme œuvre d'art autonome. À partir du paradigme de la « *nouvelle musique* », Adorno pense le cinéma autour de sa technique de montage, de sa succession de plans. Il cherche à révéler ce qu'il y aurait de déterminant dans la composition technique du film, qui établirait un rapport inédit entre l'image de l'écran et la musique ; selon lui, il existe « *une disparité technique entre l'image et le mot* » ; « *Tout ce qui parle au cinéma a quelque chose d'impropre* », écrit-il[27].

Cette problématique des frontières entre les arts, Adorno l'interroge plus tard, autour du concept d' « *effrangement des arts* ». Le cinéma y trouve sa place, et c'est sans doute par ce chemin, de différenciation du film d'avec les autres arts, que l'on peut aborder au mieux la conception

---

27. Th. W. Adorno et H. Eisler, *Musique de cinéma*, Paris, L'Arche, p. 17.

d'Adorno, son parti pris pour la technique, la *composition*. Il s'intéresse ainsi aux enjeux que pose la technique du film, comme il procède avec la musique, par une analyse critique, « *l'analyse immanente* » ; il s'arrête aux moments où la musique s'affranchit de ses règles. Donc, il élabore une certaine idée du film, à partir de sa forme, de ce qu'il attend d'elle ; une charge critique, polémique, didactique doit être présente dans l'œuvre pour Adorno, garante de son « *contenu de vérité* », de sa valeur esthétique. De là, au spectateur de suivre.

Aussi, le film recouvre-t-il le même revers que la musique dans l'œuvre d'Adorno, à savoir qu'il ne tient pas compte d'une certaine réalité de sa destination. L'œuvre et le public se rencontrent difficilement. Se pose alors comme un hiatus dans la pensée d'Adorno, après Kracauer et Benjamin ; si leur projet implicite semble être lié à la recherche d'une émancipation de la masse, à un réveil révolutionnaire, qui s'effectuerait par le truchement du cinéma, on trouve chez Kracauer et Benjamin des terrains d'expérimentation possibles, le cinéma de Chaplin, par exemple. Pour Adorno, finalement, on ne trouve pas de film. Par la musique, et l'image, individuées toutes deux, il dessine un potentiel critique. Mais le projet esthétique global, pour le film, apparaît en dernière instance, aporétique. Cela justifie en l'occurrence, la globalité de sa critique des industries culturelles : tout y passe. Et même du rêve, il ne reste rien ; du plaisir, que du dégoût.

Sans doute, pour cette raison, paraît–il plus réjouissant en définitive de rejoindre Kracauer et Benjamin sur la question du cinéma. La notion litigieuse de *culture de masse* se trouve réactualisée, reposée par le film, qui ne peut s'y soumettre absolument. Chez Adorno, si l'on s'éloigne des industries culturelles, on pourra observer la position du film au regard de la musique, et du théâtre, autour de sa forme – littéralement. En suivant le principe de négativité énoncé par Adorno, on pourrait chercher dans le cinéma, et même dans l'Histoire du cinéma, des films critiques, qui pousseraient le montage dans ses retranchements, à l'instar de la composition atonale de Schönberg, du langage chez Beckett. Peut-être alors retrouverions-nous des motifs discontinus, des associations d'images aléatoires, qui rappelleraient cette idée du film comme moteur de rêves, machine à fantasmes.

Mars 2003

JEAN LAUXEROIS

ADORNO - SUR ÉCOUTE

La notion « *d'industrie culturelle* » (*Kulturindustrie*), qui fait le titre du texte phare de *La Dialectique de la raison* (1944), a connu la double et paradoxale fortune de passer dans le langage courant et de valoir à la pensée d'Adorno d'être le plus souvent gauchie et même déconsidérée : tandis, en effet, que ceux qu'Adorno appellera les « *mystiques de la culture* » peuvent en découdre de manière vague avec « *l'industrie culturelle* » sans jamais s'attarder à la lettre de sa pensée, les lecteurs d'obédience plus benjaminienne le font encore volontiers passer pour un contempteur plus ou moins attardé de la reproductibilité.

C'est tout simplement ignorer que, jusqu'à sa mort (1969), Adorno a nettement situé la culture comme l'une des conditions de possibilité de son industrialisation, à laquelle elle prépare en quelque sorte la voie pour mieux s'y épanouir : autrement dit, l'industrie culturelle est d'abord culturelle avant d'être industrielle. Mais c'est tout autant ignorer qu'il n'a cessé, en dialogue continué avec la pensée de Benjamin, de méditer le phénomène de la technique, notamment à partir du disque et du cinéma, pour instruire en termes contemporains la question de l'œuvre d'art.

Il y a donc *malentendu*. Certes, il n'est pas toujours facile d'appréhender dans son unité une pensée qui revendique le fragment comme son principe – selon l'introduction de *La Dialectique de la raison* [1], le texte

---

1. T. W. Adorno, *La Dialectique de la raison*, trad. E. Kaufholz, Gallimard, Tel, 2000 (abrégé désormais *DR* dans le corps du texte).

sur « *l'industrie culturelle* » est même « *le plus fragmentaire* » de tout le livre. Certes, il n'est pas facile non plus de saisir la manière dont cette pensée ne cesse de se faire écho dans son développement, en raison du retard qu'a pris la traduction française, dont celle de textes décisifs des années soixante. Mais il est surtout difficile d'entendre : parce qu'il est difficile d'écouter. Heidegger le dit à sa manière, Adorno le dit autrement : la question de la pensée est une affaire d'*écoute*. Le destin de toute pensée et de toute œuvre est d'être « mal entendues » dès qu'elles entrent dans la « sourde oreille » de la culture, fût-elle celle du savoir érudit ; s'agissant d'Adorno, il importe donc de rompre avec ce qu'il appelle la « *barbarisation de l'écoute* », qui triomphe au nom même de la culture jusque dans sa version industrielle, pour faire l'essai de cette « *oreille spéculative* » qu'il a voulu élaborer en écoutant, en auscultant la technique et l'art – c'est-à-dire la *technè* – du XXe siècle.

*

Si, comme le dit Nietzsche, cité par Adorno, « *parler d'une barbarie stylisée a un sens* » (*Considérations inactuelles*), alors la formule pourrait servir de trait d'union entre l'époque de *La Dialectique de la raison* et celle d'un texte comme *Du mauvais usage du baroque* [2], daté de 1966. Car pour montrer quelle barbarie est en jeu dans l'inhérence de la culture à l'industrie, Adorno met continûment en avant la notion de *style* : « *Les historiens de l'art et les défenseurs de la culture n'ont aucune raison de se plaindre de la disparition de l'énergie créatrice de style en Occident. L'utilisation stéréotypée de tout, même de l'informe, en vue de la reproductibilité industrielle, dépasse en rigueur et en valeur tout ce qu'on appelle "style", ce concept par lequel tous les amis de la culture idéalisent le passé précapitaliste qu'ils considèrent comme organique.* » (*DR*, p. 136) Le style, dont « *l'idée est une idéologie* », est cette unité fictive et rétrospective qui prélude à l'apparition du stéréotype et qui aura trouvé

2. Texte recueilli dans le volume *L'Art et les arts*, trad. J. Lauxerois, Desclée de Brouwer, 2002 (abrégé désormais *A et a* dans le corps du texte).

dans le baroque sa « *formule courante* » : l'invention tardive du « baroque » est l'illustration exemplaire et pionnière du lien d'immanence qui rattache la culture à l'industrie. Adorno le démontre : tandis que Riegl et Wölfflin, au début du XXe siècle, avaient su construire l'idée du baroque en l'inscrivant rigoureusement dans les limites de la plasticité architecturale du XVIIe siècle, leur travail s'est vu dépossédé de toute sa rigueur lorsque l'influence du *Jugendstil* a favorisé la relance vague du concept et son extension abusive à d'autres champs, notamment le champ musical. C'est au nom du style, et après-coup, qu'est né le concept de baroque, étendu sans précaution à toute une époque et à tous les arts. Dans le même temps, ainsi que l'avait déjà compris Karl Kraus, ironisant dès 1925 sur la naissance du baroque comme cliché, c'est dans la rencontre de l'opéra et du cinéma que consiste sa véritable apothéose ; évoquant le *Chevalier à la rose*, Adorno peut ainsi écrire : « *Ce mot de "baroque" fut comme la porte par laquelle l'industrie culturelle fit son entrée dans la culture* » (*A et a*, p. 107).

L'industrialisation de la culture est donc contemporaine de ce moment où apparaît dans la musicologie allemande le concept de « *baroque musical* », qui, plaqué sur le baroque plastique de Riegl, ouvre le temps désastreux du *stéréotype*. Autant dire qu'aujourd'hui encore, à l'heure où disques et festivals ont imposé le « baroque » comme une évidence populaire autant que cultivée (c'est tout un), la démonstration d'Adorno est proprement inaudible et même insupportable à beaucoup. Elle conduit pourtant une critique serrée de cette superposition hâtive et aberrante du musical, du plastique et de l'architectural, dont la seule vertu est de niveler le sens de chacune de ces catégories. Le baroque musical, dit Adorno, est un « *concept mollusque* » (*A et a*, p. 115) : non seulement il ne répond à rien dans la musique de la fin du XVIIe et de la première moitié du XVIIIe siècles, mais il fait fi de la richesse des différences, en créant au nom du style une fiction d'autant plus leurrante qu'elle affirme sa légitimité en se donnant pour le comble de l'authentique et de l'original. À cet égard, « *l'idée d'un style comme cohérence purement esthétique est un rêve romantique tourné vers le passé* » (*DR*, p. 139). Elle intervient au moment où la conscience esthétique et cultivée se cherche des répondants d'identification, lors même que les canons formels ont disparu de la sphère de la création artistique. Le style est bien alors ce tour de passe-passe qui, ouvrant le champ de la culture à l'industrie, ne signifie rien de moins que l'impossibilité d'entendre – c'est-à-dire d'écouter – ni la musique de cette époque ni les œuvres singulières, puisque le style a programmé d'avance le sillon de toute écoute possible.

Dans la même logique, mais relayée par le wagnérisme, l'idéologie du baroque a servi à développer la fiction de l'unité des arts, qui n'est, selon le mot d'Adorno, qu'une *pseudomorphose*, à laquelle il oppose, en usant du terme français, la véritable *correspondance* des arts. Cette idéologie culturelle de l'unité des arts, qui a la vie d'autant plus dure qu'elle s'est trouvée renforcée à la fois par ses avatars « industriels » et par le psychologisme, engage d'ailleurs avec elle toute la pensée esthétique, dont Adorno récuse l'idéalisme parce qu'elle se fonde sur une idée de l'art comprise *a priori* comme unité positive. Adorno remet ainsi en cause, dans le phénomène de « *l'industrie culturelle* », le rôle de l'histoire de l'art, l'historicisme, ainsi que la prévalence accordée à « *l'esprit* » (*Geist*) aux dépens de la *lettre* – le concept de « baroque » ayant lui-même trouvé une autre caution dans un prétendu « *esprit du baroque* », dont on a fait le parangon de l'unité des arts, comprise à partir de leur hypothétique totalité.

Le propos de Nietzsche prend donc ici sa pleine valeur : « *C'est un système de non-culture à laquelle on pourrait reconnaître une certaine "unité de style", dans la mesure toutefois où parler d'une barbarie stylisée a un sens.* » En quoi Adorno peut poursuivre : « *Aujourd'hui, la barbarie esthétique réalise la menace qui pèse sur les créations de l'esprit depuis qu'elles ont été réunies et neutralisées comme culture. Parler de culture a toujours été contraire à la culture. La culture comme dénominateur commun contient virtuellement la prise de position, la classification qui introduit la culture dans la sphère de l'administration.* » (*DR*, p. 140)

*

Si la culture est ainsi l'élaboration des catégories qui préludent à son industrialisation, c'est parce qu'elle suppose un supplément décisif qui facilite le lien entre le « *style* » comme stéréotype, la possibilité de la reproduction et la notion de « *copie conforme* ». Cet essentiel supplément tient au processus de « *subjectivisation* », c'est-à-dire au fond narcissique du sujet dont l'imaginaire hante la reproductibilité industrielle de masse.

Pour mieux saisir cette omniprésence de la répétition sous la forme du stéréotype, il faut donc partir du fait que la reproductibilité tient et touche au sujet lui-même avant d'être celle de l'objet. « *Paradoxalement*, écrit Adorno, *l'homme comme membre d'une espèce est devenu une réalité grâce à l'industrie culturelle. Chacun n'est plus que ce par quoi il peut se substituer à un autre : il est interchangeable, un exemplaire. En tant qu'individu, il est lui-même remplaçable, pur néant.* » (*DR*, p. 154) Le sujet s'ouvre à sa standardisation lors même qu'il revendique sa singularité. En l'exposant au risque de son néant, la standardisation engage le sujet dans le jeu du narcissisme et de l'investissement imaginaire.

Or, l'imaginaire n'est pas l'imagination. Et l'imagination ne se réduit vraisemblablement pas non plus, d'ailleurs, à ce que toute philosophie de la conscience a pu nommer, négativement d'abord, positivement ensuite, « imagination » ou *Einbildungskraft*. Assurément, nous touchons ici à une dimension qui reste aujourd'hui une véritable croix de la philosophie occidentale – laquelle, pour le dire avec Ricœur, a laissé sur ce terrain « *un véritable champ de ruines* » (ajoutons Sartre et Lacan compris). Sans entrer, donc, dans la complexité de cette question, nous nous en tiendrons à la considération suivante : comme le démontre Bernard Stiegler[3], l'imagination, fût-elle l'imagination transcendantale de Kant et son schématisme, est toujours « *technique* », c'est-à-dire à la fois prothétique et supplémentée dans son rapport ontologique à la

---

3. B. Stiegler, *La Technique et le temps*, t. III, Paris, Galilée, 2001.

temporalité. Néanmoins, ce qui est en cause dans le phénomène de l'industrialisation de la culture, c'est moins la qualification technique de l'imagination que la confusion de l'imagination et de l'imaginaire : l'imaginaire narcissique du sujet spéculaire en quête et en requête de sa standardisation autorise la promotion du fictif et de ses leurres, en lieu et place de la dimension décisive de *l'irréel* (point décisif sur lequel *L'Imaginaire* de Sartre a lui-même fait fausse route). L'imaginaire suture le sujet *à son image*, c'est-à-dire à son standard commun et à son stéréotype, et il forclôt l'imagination en ruinant la possibilité de toute construction prothétique de la temporalité. Il y va donc ici de la jonction qui s'opère entre l'imaginaire et la rationalité technique sous l'instance du narcissisme ; car la rationalité joue elle-même le jeu du narcissisme : c'est elle aussi qui se regarde et s'écoute au miroir-standard de la technique industrielle et machinique, elle qui s'écoute et se programme, grâce à la machination narcissique du visuel et de l'auditif, qui confirme le sujet spéculaire dans sa forme standardisée. « *Le résultat est la reproduction constante de copies conformes* » (*DR*, 143).

Certes, Adorno n'a fait qu'effleurer ce sujet du narcissisme, l'évoquant ici et là, jusque dans son étude sur l'astrologie. Au demeurant, la difficulté tient à ce que cette question majeure reste pour l'essentiel encore à instruire, et qu'au-delà de la division instaurée par Freud entre « *narcissisme primaire* » et « *narcissisme secondaire* » (*Pour introduire au narcissisme*), au-delà même de ce que la pensée psychanalytique doit encore élaborer à partir de cette distinction, il s'agirait d'approcher et de penser la forme d'un narcissisme « tertiaire », qui ne renverrait pas seulement à la source nécessaire de l'individuation ni à sa pathologie, mais concernerait les avatars du sujet « moyen », c'est-à-dire de l'imaginaire et du spéculaire mis en jeu dans « *la forme banale de l'originalité* » (Baudelaire), dont la culture et l'industrie ont fomenté le destin moderne en les programmant machiniquement *à l'image de*.

Pour autant, c'est sur cette voie qu'Adorno et Brecht ont eu partie profondément liée, par-delà le marxisme et même par-delà leurs différends ; c'est assurément autour de cette captation stéréotypique et de cette aliénation de l'imaginaire narcissique que Brecht a pu concevoir la *Verfremdung*. L'un des enjeux communs de leur entreprise respective est l'élaboration critique de ce qui oppose subjectivité et singularité, standardisation et communauté, puisque ce qu'on nomme « le narcissisme tertiaire » serait précisément la ruine de la singularité et de la communauté des singularités, l'effondrement de l'imagination qu'elles déploient jusqu'à leur capacité *symbolique* – ce que Baudelaire appelle très bien « *l'originalité collective* ». Partant du cinéma pour s'en prendre à la théâtralité, le travail de Brecht sur le jeu de la pulsion mimétique et de ses « effets » vise, par le théâtre et par l'imagination, à la construction de singularités et d'une communauté qui n'auraient plus rien d'imaginaire. Le théâtre est pour lui l'une des armes de la lutte contre cette « culture » où tout se résume, dirait Adorno, « *à la recherche de l'effet* » (*DR*, p. 137), parce qu'elle s'emploie ainsi à renforcer l'emprise des conventions et des codes au service des pouvoirs. Telle est la forme « totalitaire » du libéralisme, quand la « culture » participe à l'élaboration des stéréotypes de langage, à l'émergence formelle d'une violence et d'un rythme où triomphe la rationalité technologique, jusque dans certaines formes du dessin animé (*DR*, p. 147) ou dans la radiophonie. Voilà comment, par exemple, la voix du Führer a pu être « adoptée » par un peuple comme « sa » voix, lors qu'elle n'était que sa propre parodie et son cliché ; voilà comment la radio est devenue « stéréotypiquement » la voix de la nation. L'industrie de la culture accrédite ainsi une sorte d'hallucination, une fantasmagorie d'écoute, qui est comme un rêve les yeux ouverts. Au profit de *la voix de son maître*. Voilà d'ailleurs qui correspondrait au « *devenir-parlant* » du cinéma, que Godard assimile historiquement à un échec dans ses conséquences politiques, vu la manière dont l'enregistrement du flux sonore a pu supplanter la puissance critique du montage des images. Le sujet narcissique serait ainsi voué à une forme d'écouteurisme, qui serait le véritable fond du voyeurisme, soit une pornographie de l'écoute, qui ferait écho à ce mot d'Adorno : « *Les œuvres d'art sont ascétiques et sans pudeur, l'industrie culturelle est pornographique et prude* » (*DR*, 149).

Mais dans cette aventure de la reproductibilité industrielle du son et de la voix, ce qui se voit oblitérée, oubliée, et même « instrumentalisée » par la culture autant que par l'industrie, c'est la technique. Or, la technique demeure le fait majeur puisqu'elle est la racine et la condition de possibilité de ces deux phénomènes. Au sens d'Aristote, la *technè* n'est que secondairement *mimèsis*, puisque le premier trait de la *technè*, c'est de « *mener à son terme ce que la* physis *est incapable d'œuvrer* ». La *technè* est donc *à même* la *physis* dans ce qu'elle suppose d'un radical défaut : elle est supplément d'origine comme possibilité productive. Adorno souligne son importance décisive : « *Si, au lieu de pratiquer "l'histoire de l'Esprit" on en venait un jour à lire la position de l'esprit sur le cadran solaire de la technique humaine, alors la préhistoire du gramophone pourrait prendre une importance qui ferait oublier bien des compositeurs célèbres*[4] ». Mais comment entendre alors le sens de ce mot de « technique » ?

*

En l'écoutant « techniquement ».

Écoutons voir, par exemple, les plages suivantes du disque que constitueraient des textes comme « La forme du disque », « Opéra et disque longue durée[5] », *Schöne Stellen* (*Beaux passages*)[6], *Filmtransparente* (*Transparents filmiques*)[7].

À l'écoute, nous saisissons qu'Adorno comprend « technique » au triple sens de technologie de reproduction, de technique de l'œuvre et – de manière plus « sous-entendue » – de technique comme production du temps. L'important est ici que le seul et même mot de *Technik* puisse dire simultanément ces trois sens et faire ainsi prévaloir une communauté plutôt qu'une conjonction de questions. Adorno le souligne dans *Opéra*

4. *La forme du disque*, trad. J. Lauxerois, dans *Les Cahiers de l'IRCAM*, n° 7, p. 145.

5. *ibid.* p. 143-152

6. « Schöne Stellen », *Gesammelte Schriften*, XVIII, Suhrkamp, pp. 695-718.

7. « Filmtransparente », *Gesammelte Schriften*, XI, Suhrkamp, pp. 353-361.

et disque longue durée : c'est le même processus historique qui est à l'œuvre dans l'invention technico-industrielle et dans l'invention artistique. Impossible de ne pas penser ensemble les deux phénomènes techniques. À condition, ajoutons-nous, d'entendre, à la jointure de ces deux dimensions initiales de la technique, ce qui se joue techniquement de la reproduction productive du temps.

C'est à l'articulation de ces trois sens de la technique que nous choisirons de rappeler la typologie qu'Adorno avait établie entre différentes catégories d'écoutes et d'auditeurs dans *Introduction à la sociologie de la musique*[8]. À « *l'écoute structurelle* » – dite encore « *totale* » – de l'œuvre, succèdent, dans une quasi-hiérarchie, le bon auditeur, le consommateur de culture, l'auditeur émotionnel, l'auditeur de ressentiment, l'auditeur de divertissement, enfin l'indifférent à la musique. Sans entrer dans la discussion critique de ces critères, on peut avancer avec Peter Szendy[9] que la notion même d'écoute structurelle – cette écoute qui serait en somme inscrite dans l'œuvre et comme prescrite par elle – a de quoi être remise en cause par les techniques contemporaines de l'écoute musicale, parce que la numérisation, par exemple, offre les moyens d'une discrétisation et de discrimination du flux musical, autant dire une instrumentation inédite et opératoire au service d'une nouvelle plasticité de l'écoute.

La technique numérique ouvrirait-elle ainsi à une écoute capable de « toucher à la musique » ? Oui, bien sûr, puisque cette plasticité – ici numérique – nous permet de faire valoir, contre la rigidité de l'écoute structurelle, que l'écoute est aussi flottante, qu'elle suppose de la distraction voire de la surdité, et qu'elle peut donner lieu à toutes les possibilités de l'« arrangement ». Pour autant, la plasticité n'est pas le dernier mot de l'écoute, parce que toute l'affaire ne se joue pas dans la discrétisation du flux. À s'en tenir sur le seul terrain de la subjectivité, s'il est vrai que la technique permet une fragmentation « discrète », il se

---

8. *Introduction à la sociologie de la musique*, Contrechamps, 1994.
9. P. Szendy, *Ecoute*, Paris, Éditions de Minuit, 2001.

pourrait en effet que celle-ci relève du phénomène de la *dissociation*, qui engagerait le sujet sur la voie de son atomisation : nous serions alors dans le paradoxe d'une « subjectivisation » superlative, c'est-à-dire de cette surenchère narcissique où le sujet serait susceptible de se délier de lui-même au cœur d'une forme de *schizophrénie* de l'écoute. Qu'il s'agisse, donc, de la durée du flux ou de l'instant, d'une continuité ou de sa fragmentation, la « subjectivisation » narcissique reste la même : elle dépend entièrement d'une conception du temps qui laisse la ponctuation « discrète » de l'instant entièrement tributaire de l'idée du flux et de sa linéarité, dont on pourrait d'ailleurs penser qu'elle est à la fois l'hypostase de ce que Heidegger a pu nommer la conception « vulgaire » du temps et la production d'une forme d'éternel retour, qu'Adorno évoque à propos du disque.

Quelle est donc l'écoute véritablement technique de la musique et du cinéma, selon laquelle la pensée d'Adorno construirait un bon usage de la reproductibilité, et qui permettrait d'opposer décidément la technique à l'industrie culturelle ?

Reprenant l'idée qu'il avait développée dans un texte de 1934, intitulé *La forme du disque*, Adorno écrit dans *Opéra et disque longue durée* – texte daté de l'année de sa mort – que le disque, possédant désormais la capacité de « *fixer des flux musicaux de durée substantielle* », permet à la musique, et notamment à celle de l'opéra, de devenir à nouveau audible : le disque, écrit Adorno, devient une sorte de *deus ex machina* – et peut-être est-ce un *deus* in *machina*. Le disque libère la musique de toute représentation scénique, vouée désormais à n'être que son stéréotype culturel et son cliché, jusque dans la version que la télévision choisit de donner de l'opéra dans ses « soirées de gala ». Oui, voici qu'Adorno, en s'opposant au *live* autant qu'aux « *mystiques de la culture* » et à la stylisation comme produit, se fait le chantre de la technique libératrice. Sur ce point, comme souvent, Adorno en appelle à *La Recherche du temps perdu* : « *Car dans un admirable dialogue avec les auditeurs solitaires et attentifs, (les œuvres) s'éveillent à leur seconde vie : comme le font les tableaux de musée selon Proust, elles hivernent pour un but inconnu.* » La technique ouvre donc bien désormais à la possibilité de l'écoute : elle serait même cette écoute, parce que la reproductibilité travaille *à même* la temporalité musicale. Dans cette neuve approche de la technique, la dimension de la temporalité ne relève plus ni d'un flux ni de sa « discrétisation », mais d'une *écriture*, qui serait le nom du lien entre la technique et le temps. C'est ce que confirme et développe le texte encore non traduit de *Schöne Stellen* (*Beaux passages*), texte d'une émission *radiophonique* où Adorno met en œuvre et commente une écoute musicale qu'il définit comme un supplément majeur à l'écoute qu'il avait initialement qualifiée de « *structurelle* ». Cette écoute est explicitement et résolument tournée d'une part contre l'écoute atomisée, fût-elle plastique, qui privilégie la subjectivité passive de l'instantané, interdisant toute possibilité de synthèse active, et d'autre part contre l'écoute totale, qui, confondant totalité et somme des parties, laisserait échapper aussi bien la totalité que le détail dans l'objectivité de ce qu'Adorno appelle la « *machine à coudre* ».

L'écoute structurelle se met désormais en œuvre dans et par le détail, en privilégiant la stase aux dépens de la durée d'un temps qui s'écoule, puisque l'oreille s'attarde, refusant toute hâte. Mais cette écoute peut s'élaborer parce qu'elle s'attarde au détail enregistré comme « *beau passage* ». Le beau passage ne doit pas « s'entendre » ici comme le prétexte du florilège cultivé, mais comme ce qui serait le « *passage du beau* », ou son éclair, analogue à la conception que Benjamin se fait de la citation, à laquelle se réfère Adorno. Le beau passage est l'irruption, le lieu inattendu où cristallise « *le sentiment de la forme* », c'est-à-dire « *l'exacte fantaisie imaginative* » (*exakte Phantasie*). Remarquons-le : pour dire ici l'imagination, Adorno délaisse le terme kantien de *Einbildugskraft* au profit de celui de *Phantasie*, qui a le double avantage de rompre avec le lexique des philosophies de la conscience et de renouer avec le *phantasma* d'Aristote, voie par où, peut être, reprendre à nouveaux frais la question de l'imagination. Si l'imagination est donc *Formphantasie*, selon la formule d'Adorno, c'est parce qu'elle est, dit-il en citant Benjamin, « *capacité de l'interpolation dans l'infime* » (*A et a*, p. 93). Le détail forme la cellule décisive, qui donne la couleur et organise la totalité en sous-œuvre. Dès lors, l'écoute du détail transcende toute théorie de l'objectivité de la forme et toute histoire possible de la musique, puisque le détail à entendre, parce qu'il est à l'œuvre, est une certaine qualité de *melos*, un chant qui court sous la musique et sous son historicité. Contre la déliaison de la dissociation, donc, la fragmentation est syntaxe, c'est-à-dire elle-même une écriture qui écoute et contresigne la musique, sans être soumise à aucune « *ob-audience* ». Le détail est un sceau, qui estampille l'écoute comme un rapport au temps : de plage en plage, de sillon en sillon, de ligne en ligne, de fragment en fragment, se dessine l'imagination du vrai, où la construction de la temporalité comme écriture ne relèverait plus de Bergson ni de Husserl mais plutôt de Proust. L'imagination du vrai est comme une *Recherche du temps perdu*, où « *l'oreille spéculative*[10] » peut ruiner l'emprise de l'imaginaire. « *La lumière une fois perçue de la beauté des détails anéantit l'apparence dont la culture recouvre la musique*[11] ».

S'agissant du cinéma, la question est bien derechef celle du flux. C'est elle qui constitue l'horizon problématique d'un des derniers textes d'Adorno, « Transparents filmiques », où il tente de réélaborer la différenciation entre technique de reproduction et technique de l'œuvre en opposant ce qu'on pourrait nommer le flux constitutif du cinématique et une « *écriture* » qui serait le propre du filmique. Le texte sur « *l'industrie culturelle* » soulignait que le film sonore, « *surpassant en cela le théâtre d'illusion* », convoque le spectateur à « *ne rien perdre des faits défilant à toute allure sous ses yeux* » (*DR*, p. 135/6) sans donner sa chance temporelle à l'imagination. Adorno ajoute désormais que la manière dont le flux cinématique, sous le signe de l'impulsion mimétique et de l'identification, « anime » le spectateur, accentue l'emprise d'un *nous* qui fait obstacle à toute appropriation idiomatique.

---

10. « Schöne Stellen », *op. cit.* p. 718.
11. *Op. cit.* p. 700.

Néanmoins, ce qu'Adorno nomme « *écriture* » est à même de faire jouer le film contre le cinéma, si cette écriture s'attache à approfondir et à distancier la relation que le cinéma entretient comme tel avec l'idiome collectif. Toute la question tient à la manière dont le metteur en scène crée la « *distanciation* » avec la réalité empirique. Ainsi, par exemple, les dialogues du film *Törless*, dont on sait que Schlöndorf a eu l'audace de les écrire en empruntant largement au texte de Musil, le donnent à entendre de manière *inouïe* ; on l'entend *à la lettre*, parce qu'on l'écoute et qu'on ne le lit pas. Cette écriture filmique serait également de l'ordre de la résistance de la photographie, voire de la lanterne magique dans le cinématographique, sous le signe d'une discontinuité et d'un téléscopage qui emprunterait à la « nature » de l'image-souvenir, induisant une écriture comprise comme le jeu, ou la scansion, du mouvement et de l'arrêt. Tel serait l'un des sens possibles du montage, grâce auquel le filmique s'avérerait être capacité de « retardement ».

Adorno anticipe ici sur les réflexions de Godard, qui assure que le montage, essence du cinématique, n'est pas tout : car il importe que la discontinuité et la fragmentation ne puissent être reprises dans la restauration d'une nouvelle synthèse et dans le flux d'une nouvelle unité subjective trompeuse, au service de la fantasmagorie – culturelle – d'une conscience qui croit maîtriser les contenus, alors qu'elle est sous leur emprise et qu'elle mythologise. Or, il s'agit de voir et d'écouter, non de céder à une mythologie fantasmatique ; il s'agit même de savoir si le cinéma peut être une véritable pensée. Telle est, selon Godard, la croix de l'histoire du cinéma, dans laquelle l'apparition du cinéma parlant, au début des années 30, aura signifié la victoire de la parole sur l'image, c'est-à-dire du flux sur le discontinu, et de la synthèse sur l'écriture, qui ne peut s'écouter que dans les rapports d'image et dans l'image à comprendre elle-même comme rapport (parce qu'il n'y a d'image, dirait Tarkovski, que comme temps cristallisé). C'est en ce sens que la *voix de son maître* aurait repris le contrôle de l'image et qu'aurait été historiquement manqué le rendez-vous du cinéma et de l'histoire, laquelle ne saurait elle-même se concevoir que comme montage, c'est-à-dire, derechef, comme l'écriture d'une *Recherche du temps perdu*. Les techniques de reproduction et de discrétisation ne sont donc pas seulement au service de ce que la philosophie a pu élaborer en termes de flux de conscience et d'instantanéité dissociative. Elles peuvent nouer de manière inédite le lien d'immanence que l'écriture entretient avec le temps, et celui que toute œuvre entretient avec son écoute possible. Mais si la technique est écriture du temps, et si toute œuvre est toujours à même de produire techniquement son écoute, c'est parce qu'il n'y a d'œuvre que si sa construction technique et temporelle repose sur sa *césure*.

*

Ce mot de césure, que Hölderlin emploie non plus dans son sens métrique, mais dans un sens architectonique à propos de l'*Antigone* et de l'*Œdipe* de Sophocle, est repris par Benjamin dans la lecture qu'il propose des *Affinités électives* de Goethe. Cet essai de Benjamin, souvent évoqué de manière admirative par Adorno, lui sert de paradigme fondateur pour assigner les principes de définition de l'œuvre d'art. L'œuvre n'est jamais n'importe quel objet. Le travail de l'œuvre, là où le détail et la totalité se font énigmatiquement et productivement écho, se situe précisément à la césure. Ce n'est pas la coupe, c'est un plan d'articulation. Ce n'est pas le lieu d'irruption de la subjectivité, mais le trait d'une signature. Ce n'est pas la marque d'une identité, mais l'écriture d'un nom.

Cette écriture est l'enjeu de la temporalité et de son « passage » : la césure n'est donc pas n'importe quel détail, mais celui qui porte invisiblement l'équilibre de l'œuvre, dont les cellules font que le jeu de la totalité se joue dans chaque détail. Elle est l'imagination à l'œuvre comme capacité et comme puissance d'interpolation, qui porte *en réserve* ce que toute fragmentation peut mettre en lumière. Ainsi, la césure crée la possibilité de nouvelles oreilles et de nouveaux écouteurs, et les œuvres – donc leur technique – ouvrent l'avenir de leur reproductibilité. Proust le dit lui-même : toute œuvre crée sa postérité. Chaque époque, en ce sens, est tenue, voire sommée de réécouter les œuvres, de les refragmenter. C'est aussi le sens du propos d'Adorno selon lequel le passé est promesse. L'œuvre ne dicte pas son sens, elle est la possibilité de son « propre » arrangement. La forme se déforme à partir de sa construction même. Elle est toujours déjà plastique. L'écoute n'est plastique que grâce à elle et grâce à la temporalité, qui est l'œuvre au travail.

« *L'oreille spéculative* » est donc aux prises, dans l'écoute d'une écriture, avec la césure d'une œuvre. Elle est en charge de cette dimension « *structive* », selon le mot qu'Adorno reprend à Riegl, qui se dissémine dans l'œuvre entière et qui constitue ce qu'il nomme « *micrologie* », « *sous-cutané* », « *réseau artériel* ». C'est là tout l'enjeu de l'interprétation comprise comme manière d'écoute et de signature. L'interprétation ne saurait se réduire à ce qui s'impose aujourd'hui avec la culture de masse comme déferlante des subjectivités qui formeraient autant d'écoutes que d'interprètes. Dans *Le mauvais usage du baroque*, par exemple, Adorno soutient, à propos de Bach, que « *la restitution baroquisante laisse inaudible ce qui a lieu dans la musique même : son réseau artériel, le sous-cutané. Seules seraient actuelles les interprétations qui, chez Bach, mettraient en évidence le caractère spécifique de la composition, c'est-à-dire les connexions motiviques latentes, qui se déploient jusqu'à l'infiniment petit* [...] » (*A et a*, p. 132) Il ne s'agit donc pas d'ajouter une nouvelle interprétation de Bach, mais de jouer Bach contre le style : « *Jouer de manière adéquate, c'est-à-dire selon le sens qui lui est propre, la grande musique du* XVII*e siècle et du* XVIII*e siècle signifie : utiliser la force de cette musique pour détruire ce qu'il y a en elle de pur et simple style.* » (*A et a*, p. 133) L'écoute ne relève donc pas plus d'une libre subjectivité que de l'objectivité prétendue de la musicologie ou de l'histoire de la musique, elle n'est pas l'affaire esthétique du détail « *exquis* » ni celle de la totalité ouverte à l'« *empathie* ». Il n'y a d'écoute d'une œuvre que dans le creux d'une distance, voire d'une inaccessibilité (*A et a*, p. 130), où peut s'accomplir la promesse de l'œuvre comme écriture du temps.

Les œuvres se destinent ainsi à chaque *époque* : elles sont une « *épochalité* » mémoriale. Parce qu'elles mettent en jeu deux types d'écriture. En effet, ce qui se nomme écriture (*Schrift*) dans le texte ancien sur le disque, daté de 1934, se dédouble dans le texte intitulé *Sur quelques relations entre musique et peinture* [12], daté de 1965. Adorno y utilise le terme français d'*écriture*, pour inscrire ce qui serait le jeu de la différence temporelle *à l'œuvre.* Entre l'écriture d'une « scription » (*Schrift*) et ce que dit l'*écriture* se joue l'articulation de deux dimensions du temps qui résonne à l'écoute des œuvres : le temps dont le fond serait l'immémorial et le temps qui serait histoire. Ces deux écritures n'ont de sens et de teneur que dans cette articulation : la scription serait l'écriture de l'immémorial, langue illisible qui ne saurait s'écrire que dans le tracé d'une *écriture*, toujours de teneur historique quant à elle. La temporalité à l'œuvre relèverait ainsi, dit Adorno, d'une forme de sismographie hiéroglyphique qu'il compare à la chair de poule ou au brusque rougissement du visage. Ce serait la lueur d'une écriture temporelle de l'immémorial. Comme le tremblement du temps. Qui serait la vérité de ce qui s'approche à un premier stade en termes de stase et de durée.

Une telle épochalité dessine le lien véritable qui unit l'œuvre et l'époque. Il ne s'agit plus désormais de s'en tenir à l'alternative de l'analyse technique ou de la sociologie des œuvres. Car l'écriture du temps, ouvrant en éclair, par fragment, à l'entrelacs de la *technè*, de l'*œuvre* et de l'*épokhè*, fait surgir la dimension majeure du négatif. Cette dimension du négatif échappe à l'industrie culturelle, parce qu'elle est ce par où l'écart demeure entre l'œuvre et le réel, tandis que la technique est ce qui assure le lien entre l'œuvre et ce qu'elle époqualise de la négativité. L'art n'est pas un positif. L'œuvre est comme la signature du négatif, qui est, lui, comme une « *utopie* », « *un chiffre secret qui se tisse dans chaque œuvre d'art* » (*A et a*, p. 74). Au lieu de faire écho à Narcisse, l'écoute peut alors décentrer le sujet, selon une ouverture imaginative à la temporalité,

---

12. *Sur quelques relations entre musique et peinture*, trad. de P. Szendy en collaboration avec J. Lauxerois, Éditions La Caserne, 1995.

qui n'est plus tributaire d'un flux de conscience. L'imagination peut alors être aussi l'affaire de l'écoute : parce qu'elle est le cœur du processus temporel et de la vérité de la technique comme art de la reproduction.

Cette écriture du temps, c'est, pour Adorno, toute la conquête de l'art du XXe siècle, qu'il qualifie de nominalisme. Cet art du XXe siècle, en mettant l'œuvre au centre de son travail, ouvre contre l'esthétique et contre la culture à une autre approche du passé. Car le passé est en attente de la relève de son négatif. Ainsi, « *ce qui est en cause, ce n'est pas la conservation du passé, mais la réalisation des espoirs du passé* » (*DR*, p. 17). Ce que cet art du siècle nous donne aussi à saisir, c'est ce qu'Adorno appelle, notamment dans *L'Art et les arts*, « *l'effrangement des arts* ». Cet effrangement oblige à une autre écoute, c'est-à-dire aussi à l'invention de nouveaux sillons d'écriture. Mais il n'est pas seulement celui des arts dans les rapports qu'ils entretiennent, entre eux et avec eux-mêmes : il est aussi celui de la pensée dans le rapport qu'elle entretient avec l'art. Le temps est sans doute venu d'écouter la pensée qui s'effrange au contact des œuvres, et de construire, à partir d'une telle écoute, le rapport que la pensée, quant à elle, entretient aussi avec le passé et avec le négatif qui l'habite. Si, selon le mot de Heidegger, *Herkunft ist Zukunft* – « *le provenir est avenir* » –, c'est à la condition que le temps lui-même puisse être mis sur écoute.

CLAUDE AMEY

LA DIALECTIQUE DE A. À B.

« La méthode de ce travail : le montage littéraire. Je n'ai rien à montrer. Je ne vais rien dérober de précieux ni m'approprier des formules spirituelles. Mais les guenilles, le rebut : je ne veux pas en faire l'inventaire, mais leur permettre d'obtenir justice de la seule façon possible : en les utilisant. »

« La seule et unique vertu providentielle du fragment, chez Kafka, est qu'il empêche la loi de s'énoncer comme telle. » [1]

1. Traversant les années 1930, période de bouleversements funestes et d'isolement intellectuel, la correspondance entre B. (Benjamin) et A. (Adorno) témoigne sans doute d'une affinité philosophique, mais elle est aussi le concentré privilégié et explicite des dissensions entre les deux hommes – et pas seulement entre les deux philosophes. Elle ne permet pas de saisir toute l'envergure ni toutes les nuances de leurs démarches, mais elle a, dans le resserrement épistolaire, l'avantage d'être névralgique d'un différend théorique qui pourrait s'avérer fondamental au

1. Pour la première citation, W. Benjamin, *Paris capitale du XXe siècle*, Paris, Cerf, 1989, p. 476 ; pour la seconde, « Franz Kafka : lors de la construction de la muraille de Chine », trad. P. Rusch, *Œuvres*, t. II, Paris, Gallimard, 2000, p. 289.

regard de l'esthétique de notre temps. Dans cette optique, il ne s'agit pas tant ici de distribuer des titres, que de pointer en quoi la discordance qui anime quelques thèmes cruciaux de la correspondance, est porteuse d'enjeux pour les décisions de l'art contemporain. Sur fond des travaux de B. soumis à la plus qu'attentive critique d'A., puis à l'agrément de l'Institut de recherches sociales duquel dépendait leur publication, la discussion aura été essentiellement *méthodologique*. C'est à cette question, sous son rapport à l'art, que s'intéressent les lignes qui suivent.

Probablement a-t-on senti à Iéna qu'à l'aune de la raison souveraine l'existence s'échappait, et que l'esthétisation de la philosophie, où Kant a sa part, ne posait pas seulement la question du jugement esthétique mais celle du statut de l'art et de l'œuvre comme médium réconciliateur. Les apories de la modernité ont montré depuis qu'elles étaient indépassables par l'art, mais aussi que si idéalement la révolution sociale était à l'horizon, ses bégaiements hypothéquaient la jonction du réel et du rationnel. Et quelle que soit la politisation de la philosophie et de l'art sous Weimar, la quête de transformation de la pensée comme de l'art touchait à des zones d'existence bien plus larges que la résolution politique et sociale, et concernait la totalité de l'expérience. Le double paradoxe de cette période, c'est que, d'un côté, l'expérience immédiate se frottait à la sanction de la révolution, mais qui réservait sa promesse d'accomplissement ; tandis que, d'un autre côté, l'œuvre philosophique ou d'art, qui pose immédiatement une totalité finie, demeure fragmentaire ou parcellaire au regard de la réconciliation générale. Politisation de l'esthétique ou esthétisation de la politique, l'esthétique comme pensée globale trouvait son nœud problématique dans le double éclatement (aux sens de surgissement et de brisure) et de la révolution et de l'art. Le désenchantement semblait ne devoir se résoudre que dans l'enchantement d'une *poïesis* à nouveaux frais, philosophique et artistique, alors prolifique en ces premières décennies du siècle.

C'est dans le contexte de Weimar qu'il faut, en tout cas en partie, comprendre la tension benjaminienne entre les extrêmes : théologie et marxisme, totalité et micrologie, métaphysique et expérience, modernité et archaïque, puis entre esthétique et politique ; oppositions qui allaient, notamment pour les thèmes abordés dans la correspondance entre A. et B., poser la question de la *méthode* autour de la dialectique matérialiste et de l'esthétique via l'idée de transformation sociale[2]. La question est complexe et ne sera pas levée ici ; je me bornerai à indiquer autant que possible un angle de vue méthodologique pour un usage contemporain de ce débat.

2. L'axe distributeur des thèmes discutés par A. est celui de la *médiation dialectique*, donc de la théorie de la connaissance. Voyant son entente avec B. « *sur les questions centrales de la philosophie*[3] » (17/12/34, p. 114), en présupposant que l'interrogation esthétique est plus importante que celle de la lutte des classes, il souhaite que les *Passages* réalisent « *sans aucun égard tout ce qui* [y] *était investi de teneur théologique et de* littéralité *dans les thèses les plus extrêmes (sans égard pour les objections de cet athéisme brechtien dont il nous sied peut-être d'opérer le sauvetage à titre de théologie inversée* [...]) » (6/11/34, p. 101). Mais, bémol à propos du *Kafka* de B. : alléguant son inachèvement, A. note que « *la relation de l'histoire primitive à la modernité* [allusion également aux *Passages*] *n'a pas encore accédé au stade de concept* [et que] *la réussite d'une interprétation de Kafka, en dernière instance, dépend nécessairement de cela* » ; ou, si on veut : le sens archaïque chez Kafka n'est pas dialectisé, il serait de l'ordre du « *contraste* » (17/12/34, p. 116)[4]. À propos de l'*Exposé* de 1935, A. convient qu'« *il faut chercher l'interprétation uniquement dans le matériau* » ; mais cela ne signifie pas à ses yeux qu'il faille « *renoncer à*

---

2. Voir G. Raulet, J. Fürnkäs, *Weimar. Le tournant esthétique*, Anthropos, 1988.

3. *Correspondance Adorno-Benjamin*, trad. Ph. Ivernel, Paris, La Fabrique, 2002. Pour ne pas charger les notes, nous donnerons la date de la lettre entre parenthèses dans le corps du texte, suivie du numéro de page.

4. À propos de la comparaison faite par Benjamin entre l'époque historique chez Lukács et l'« *âge du monde* » qu'il perçoit chez Kafka, cf. W. Benjamin, « Franz Kafka », trad. P. Rusch, *Œuvres*, t. II, *op. cit.*, p. 412.

l'interprétation ni à une articulation de type conceptuel », et supposer que « *le matériau une fois monté parle de lui-même* », littéralement – renoncement auquel B. aurait prêté le flanc en alléguant les « *matériaux non interprétés* » des surréalistes. Autrement dit, A. conçoit que la théorie philosophique doive « *ne trouver sa dialectique que dans la polarité des catégories sociales et des catégories théologiques* », mais pour sauvegarder « *nos catégories propres* », les « *sources esthétiques* » : « *La liquidation de l'art ne peut s'aborder avec pertinence que de l'intérieur de l'esthétique* » (hégélienne) – ce que semblerait ne plus entendre un B., surréaliste ou brechtien, sombrant dans un marxisme *deus ex machina*, c'est-à-dire un « *mauvais esthétisme* » (20/5/35, pp. 133-135).

Ce qui vaut pour l'histoire et le matériau, à propos de l'*Exposé* de 1935 (qui ouvre les *Passages*), est surexposé par le recours à la catégorie de marchandise. Pour B., le XIXe siècle fait l'expérience d'une inflation fantasmagorique de marchandises, où l'époque se rêve dans l'« *image dialectique* » à l'arrêt dont l'ambiguïté est à la fois tramée de préhistoire et de modernité, mais image grevée de la constellation d'un réveil dans l'espace de l'histoire. La méthode dialectique de B. consiste à « *vivre l'Autrefois avec l'intensité d'un rêve pour voir dans le présent le monde éveillé auquel il se rapporte* [5] ». Or, cela A. ne peut l'entendre, car l'image dialectique immanente menace le concept, y compris théologique, dans une simplification de la teneur de vérité qui sacrifie le mouvement social et ses contradictions. Son objection ne va pas tant à l'image dialectique, qui constitue bien une médiation, qu'à son aliénation dans le rêve comme conscience ou inconscient collectifs, et à sa régression dans une surévaluation de l'archaïque comme âge d'or, alors que le fétichisme de la marchandise n'est pas fantasmagorie onirique, mais bien angoisse ou enfer – termes de la première version que B. a abandonnée (5/8/35, pp. 158-164).

Ce qui fait défaut à B., c'est donc l'interprétation conceptuelle qui médiatise le mouvement réel, alors qu'il dédialectise celui-ci et fait régres-

---

5. *Paris capitale ...*, *op. cit.*, pp. 43, 474, 478, 836.

ser l'image dialectique jusqu'à confondre archaïque et nouveauté ; et ce faisant il déshistorise l'image dans son arrêt même, dans son épaisseur ou sa littéralité immanente. Les images dialectiques sont certes comme des « *constellations objectives où l'état de la société se présente lui-même* », mais dès lors que B. ne les fait pas entrer en dialectique, elles ne peuvent accéder à la prestation idéologique ou sociale en général, donc à la transparence conceptuelle. Ainsi chez A. « dialectique » veut dire, comme pour renvoyer son correspondant à son manquement au marxisme, qu'il faut les référer au processus global (pp. 163-164) ; par exemple, la description, dans *l'Exposé*, des techniques du XIXe siècle conduit A. à préconiser d'« *interroger la technique industrielle, insuffisante en elle-même* », quant à « *sa fonction économique, donc des lois du capitalisme avancé à ses débuts* » ; de même, « *la "médiation" entre psychologie et société ne se situe pas dans la famille, mais dans la marchandise et dans le fétiche* » (5/6/35, pp. 143-144) ; et à propos de l'Antiquité, du nouveau comme le plus ancien, il y aurait « *à percer complètement à jour la conception de l'État fin en soi sous l'*Empire *comme pure idéologie* » (5/8/35, p. 163). En sorte que l'image dialectique, « *entre choses aliénées et significations intégrées* », devrait trouver sa raison au niveau le plus abstrait de ce qui la sous-tend : le capitalisme, la valeur marchandise, l'État, comme s'il fallait d'abord la vider de sa substance immédiate pour retrouver son même au bout du concept. Or, répond B., il y a dans l'image dialectique quelque chose d'inaliénable : les « *figures oniriques. L'image dialectique ne recopie pas le rêve* [...]. *Mais elle me semble bien contenir les instances de l'éveil, son lieu d'irruption, et même ne produire sa figure qu'à partir de ces lieux, tout comme une constellation céleste le fait de ses points de lumière* » ; donc un nouvel arc doit être tendu : « *une dialectique : celle entre l'image et l'éveil* » (16/8/35, p. 174).

On mesure bien ici tout ce qui sépare les deux pensées quant à une épistémologie fondamentale : ou bien on expose la loi abstraite qui soustend les matériaux, et on « *rend justice à la situation historique concrète de l'objet auquel elle s'applique. Mais cela ne suffit pas* », dit B. ; ou bien on « *rend justice à la situation concrète de l'*intérêt *qui est porté à son objet.*

[...] *Et cette situation a toujours ceci de particulier que l'intérêt est lui-même préformé dans cet objet et surtout a le sentiment que cet objet est en lui-même concrétisé, qu'il est arraché à son être antérieur et accède à la concrétion supérieure de l'être-maintenant (de l'être éveillé !).* »[6] Et à propos des constructions en fer comme technique qui va transformer la physionomie de l'Europe : « *Au lieu de tenter de décrire cette évolution historique, nous voulons rattacher quelques remarques éparses à une petite vignette que nous enlevons du milieu du siècle* » (une image de Grandville). L'« *image dialectique* » est une vignette sensible non transparente au concept totalisant ; elle sédimente une transfiguration du rêve en réveil, à partir de l'expérience de sa frappe, c'est-à-dire d'une constellation saturée de tensions[7] ; en l'occurrence, pour cette époque, de la marchandise comme usage fantasmagorique qu'on fait de sa valeur d'échange dans sa coexistence avec l'objet. Il s'agit là d'une dialectique à l'« *arrêt* », donc de l'objet détaché de la continuité historique par l'explosion qui la désintègre et l'arrête l'instant de son inscription[8]. Ce qui renverse – et non seulement nuance – la dialectique adornienne qui relève de l'extériorité abstraite ; les choses, les œuvres d'art, ne sont pas transparentes au concept qui les interprète, elles l'obscurcissent comme indice de leur présence littérale, monadique (B., lettre du 9/12/38, p. 372), ici et maintenant, laquelle requiert pourtant la connaissabilité, mais déplacée. B. répond à A. : « *La construction signifie pour ce livre ce que la pierre philosophale signifie pour l'alchimie* » (16/8/35, p. 173). Choses (l'image comme frappe) et concept ont des parcours discontinus, qui ne se résolvent pas dans une médiation négatrice pour un devenir-autre comme procès global de la valeur d'échange (10/11/38, pp. 361-363).

---

6. *Ibid.*, pp. 409, 476.

7. « *Il n'y a pas chez Benjamin une théorie du travail* [...] *comme valeur d'usage, à partir de quoi on pourrait comprendre l'aliénation historique de ce travail* [...]. *À la rêverie collective à laquelle on a toujours déjà adhéré, nécessairement, parce qu'on a toujours été enfant, on ne peut opposer que le réveil critique par l'image dialectique.* » (J.-L. Déotte, *L'Homme de verre, esthétiques benjaminiennes*, Paris, L'Harmattan, coll. Esthétiques, 1998, p. 27).

8. *Paris capitale ..., op. cit.*, pp. 493-494, 882.

3. Ce qui est en jeu et semble incongru à A., c'est l'évitement théorique de B., son approche le nez sur les matériaux, ici, au sujet du *Baudelaire* que A. juge encore une fois sans interprétation, et comme « *ascèse* » innocente laissant les matériaux dévorés par une diabolique aura au carrefour « *de la magie et du positivisme* » ; alors que la « *théorie pourrait briser l'envoûtement* » – théorie que Herr professor inflige à B., pour son bien, en dépit de son extériorité à l'ordre de la logique benjaminienne : les motifs de l'étroitesse des trottoirs, exposant le flâneur au danger des voitures, comme de la taxe sur le vin (que note Marx)[9], qui pourrait être le corollaire matériel du thème poétique de l'ivresse chez Baudelaire, relèvent de remarques pragmatiques, sorte de « *matérialisme immédiat* » qui ne peut qu'être préjudiciable au caractère objectif, historico-philosophique, de la fantasmagorie. Toujours il manquerait à B. la « *dialectique : la médiation* », « *hégélienne* », qui institue la totalité ; en déni de la méthode benjaminienne, il eût fallu faire l'analyse stricte de la « *forme marchandise au temps de Baudelaire* », sans quoi on ne peut que manquer l'« *armature conceptuelle* » du matérialisme dialectique comme « *procès global* » (10/11/38, pp. 359-362, 364)[10]. Au regard de quoi A., qui reproche à B. son marxisme (notamment brechtien), se fait plus marxiste que lui qui s'en réclamerait davantage.

En apparence, car la théorie adornienne, spéculative, est à l'antipode de la quête benjaminienne. Pour suivre G. Agamben : le « *procès global* » comme médiation dialectique entre la superstructure (les thèmes baudelairiens : le vin, les barricades, le flâneur, etc.) et la structure économique (forme marchandise), négativise tout donné immédiat en vue de sa reconquête abstraite en tant que cause intelligible, préalablement conçue

---

9. W. Benjamin, *Charles Baudelaire*, Paris, Payot, 1982, p. 32.

10. En 1950 encore, pour le dixième anniversaire de la mort de Benjamin, Adorno écrit : « *Sa méthode micrologique et fragmentaire n'a jamais totalement assimilé l'idée de médiation universelle qui, chez Hegel comme chez Marx, institue la totalité. Imperturbablement, il est resté fidèle à son principe selon lequel la plus petite parcelle de réalité perçue vaut bien le reste du monde.* » (Th. W. Adorno, *Sur Walter Benjamin*, Éditions Allia, 1999, p. 16).

comme médiation explicative. A. brandit la dialectique matérialiste au bout d'une hampe hégélienne comme « *procès abstrait et formel* » (Marx), et n'en garde qu'une dialectique hypostasiée. À l'*a priori* d'une causalité heuristique, Agamben oppose (à propos de la lettre d'A. du 10/11/38) la praxis, au sens de Marx, laquelle « *n'est pas quelque chose qui aurait besoin d'une médiation dialectique pour se représenter ensuite comme positivité dans la forme de la superstructure : elle est d'emblée "ce qui est vraiment", elle possède d'emblée son intégrité et son caractère concret* » ; il n'y a pas « *deux niveaux ontologiquement distincts* » entre structure et superstructure, mais « *identité immédiate* » [11]. Ainsi, à propos du *Vin des chiffonniers* de Baudelaire et de la taxe sur le vin qui fait débat à l'époque, il est vrai que B. n'établit pas de relation dialectique totalisante, mais il refuse d'appeler « *ascèse* » (A.) sa méthode, qui expose un rapport de contiguïté fragmentaire ; et le poème étant son objet, il en cherche le « *poids spécifique* », en sorte que son interprétation ne « *part pas du problème de l'impôt, mais de la signification de l'ivresse pour Baudelaire* », en tant qu'identité-discontinuité des strates poétique et sociale – comme par exemple la « *teneur objectale* » chez Goethe d'où la « *teneur de vérité* » est obtenue par « *effeuillage* » (9/12/38, pp. 371-373), par sauts, éclairs, par frappe, distraits de l'analyse historienne [12].

C'est là la dialectique à l'arrêt : « *Lorsque la pensée s'immobilise dans une constellation saturée de tensions, apparaît l'image dialectique* [13] » – B. dira la même chose dans « Sur le concept d'histoire » en remplaçant image dialectique par monade : « *elle* [la pensée] *communique à cette dernière* [la constellation] *un choc qui la cristallise en monade* ». Image ou monade, cela signifie que « *la pensée n'est pas seulement faite du mouvement des idées* [spéculatives] *mais aussi de leur blocage* » dans l'« *à-présent* ». Ce qui revient à dire que « *l'historien matérialiste* »

---

11. G. Agamben, *Enfance et histoire*, Paris, Payot, 1989, pp. 144-145.

12. Voir J.-L. Déotte, *op. cit.*, p. 68.

13. *Paris capitale ...*, *op. cit.*, 494.

recueille et conserve « dans *l'ouvrage particulier l'œuvre d'une vie*, dans *l'œuvre d'une vie l'époque et* dans *l'époque le cours entier de l'histoire*[14] » ; c'est le « *dans* » (souligné par B.) qui est important, car chaque unité culturelle, petite ou grande, constitue le point d'accroche de la constellation monadique sédimentant l'ensemble de ses conditions. « *Il faut présenter non plus la genèse économique de la culture mais l'expression de l'économie dans la culture* », « *c'est-à-dire édifier les grandes constructions à partir de très petits éléments confectionnés avec précision et netteté*[15] ». C'est la tâche, répond B. à A., de la « *philologie* [comme] *inspection minutieuse d'un texte, qui progresse de détail en détail et qui fixe magiquement le lecteur à ce texte* » (9/12/38, p. 372) ; une dialectique qui va de A à B à C, etc., et non de A à Z où la loi, l'alpha et l'oméga, devrait s'énoncer en surplomb. Entre A. et B., il ne s'agit pas seulement de nuances mais bien d'un différend qui les oppose comme deux lignées méthodologiques, dont l'une est entachée d'hégélianisme et l'autre attachée à un matérialisme singulier, entre messianisme et marxisme – mais c'est une discussion qui reste ouverte.

4. Outre la question philologique, la conception de B. donne lieu à tout un domaine d'investigations, qui est essentiel pour la question de l'art, auquel A. reste culturellement fermé ; non qu'il n'ait pas apporté sa pierre adamantine à la clairvoyance requise par l'art moderne et avant-gardiste, au contraire, mais de sa hauteur de vue des sortes de procédures contemporaines l'ont rendu aveugle à sa propre cécité. Laissons de côté, à propos de *l'Œuvre d'art à l'ère de sa reproductibilité technique*, la discussion sur la perte d'aura due aux nouvelles techniques (seconde technique) de reproduction (photo, cinéma), sur son relais de masse avec l'avènement d'un prolétariat révolutionnaire, selon B., ou l'aura réifiée du cinéma, selon A. (18/3/36) ; ce qui nous intéresse

---

14. « Sur le concept d'histoire », trad. P. Rusch, *Œuvres*, t. III, Paris, Gallimard, 2000, pp. 441-442.
15. *Paris capitale …*, *op. cit.*, pp. 476-477.

consistant dans le changement de fonction de l'art moderne et contemporain. Or, s'il est patent que le cinéma a mis en œuvre des procédés en prise sur l'époque (le ralenti, le gros plan, le détail, le montage, etc.), et des figures ordinaires (bureau, rue, gens au quotidien, etc. [16]), c'est en quelque chose de plus large qu'il participe de l'art, cela sous la notion générale de *dis-traction*.

Par exemple le *jeu*, qu'on peut comprendre comme forme de la dis-traction. Parlant de l'apparence et du jeu liés dans l'art, A. ne voit pas comment B. peut dialectiser ce dernier (18/3/36, p. 186) ; mais l'argument épistolaire est trop restreint, il faut aller dans la *Théorie esthétique*. A. ne nie pas le caractère constitutif du jeu dans l'art : jadis tout art « *sublimait des moments pratiques* » et « *ce qu'il y a en lui de jeu* » s'attache aux contraintes de la *praxis* ; le jeu dans l'art « *accomplit l'interdit qui pèse sur l'expression dans le rituel de l'imitation* ». Cependant, si avec la « *définition immanente* [de l'art] *s'accroît implicitement aussi son caractère de jeu* [Debussy] », le jeu reproduit davantage la *praxis* que l'apparence. A., qui dialectise l'émancipation de l'art et sa lutte contre l'harmonie qui fonde l'apparence, ne peut concevoir, au contraire de B., que la crise de cette dernière, même si ses permutations l'attirent, ouvre au jeu : « *Ce qui convient à l'harmonie* [...] *ne convient pas à l'innocence de celui-ci. L'art qui cherche à se sauver de l'apparence par le jeu devient sport* », comme exigence de la pratique. L'émancipation de l'art s'oppose au jeu, même s'il ne parvient pas à s'en débarrasser complètement.

Sans doute, dit B., par le jeu, l'art s'élève au-dessus de la *praxis* immédiate, mais c'est au prix de regarder « *le passé, l'enfance et l'animalité* », comme régression ludique restaurant le socialement archaïque ; il y a dans le jeu quelque chose d'hostile à la liberté de l'art, et quand l'art n'est que jeu, il liquide l'expression ; le « *rythme du sang* », la danse sont « *répressifs* ». Et comme le sport, le jeu est sans finalité et se déroule selon des règles fixes de répétition ; il est littéral et l'*Entkunstung*

16. *Œuvres*, t. III, trad. R. Rochlitz, *op. cit.* p. 102.

de l'art (sa dénaturation par la valeur marchandise) ne manque pas de l'exploiter. Dans le rejet de la belle apparence se joue un retour de la nature libérée de l'oppression de l'esprit, ce qui donne lieu aussi bien au sublime qu'au jeu, lesquels s'opposent sur un même axe : l'un sonne creux et l'autre accuse une régression puérile sans issue. Dès lors, l'informe ou le non-articulé, voire la « *littéralité* », la micrologie benjaminienne, ne sauraient apparaître sans être médiatisés dans l'apparence esthétique, qui est « *la structure de toute œuvre d'art* », c'est-à-dire résistante au « *ceci-là* » ; et si les œuvres ne se constituent qu'en absorbant le non-identique, c'est toujours l'apparence qui est leur logique. Le nœud critique de l'affaire réside donc entre apparence (*cf.* Hegel) et jeu (et sublime), dont l'enjeu fondamental est la réconciliation de ce que la crise sépare, car, dans son langage, l'art doit combattre les contradictions. De ce point de vue A. demeure arc-bouté à une dialectique hégélienne du dépassement [17].

Probablement, pour la raison même que sa référence culturelle et réflexuelle est celle du grand art, a-t-il eu sur l'art moderne une posture distanciée et clairvoyante dont on ne saurait faire l'économie quant à l'ambivalence des avant-gardes. Mais pour cette même raison elle a son revers. Contre le verdict hégélien de la mort de l'art, A. se saisit de la révolte avant-gardiste, qu'il entend comme un déni de l'art où se mêlent sa perte d'évidence et sa force d'inventivité, et où son statut comme sa fonction sont sur la sellette. Il sous-entend que la liquidation de l'art, la menace qui pèse sur lui, est constitutive de son autonomie, comme ce qui l'origine, et on ne peut qu'y souscrire ; mais cette autonomie est chez lui grevée d'un postulat qui consiste, pour l'art moderne, à révoquer le pouvoir de la médiation [18], en tant qu'elle est la dialectique de *toute* œuvre d'art. En cela A. demeure attaché au primat

---

17. Th. W. Adorno, *Théorie esthétique*, Paris, Klincksieck, 1974, pp. 139, 142, 262-264 ; *Autour de la Théorie esthétique*, Paris, Klincksieck, 1976, pp. 87-89.

18. Voir à ce sujet P. Lacoue-Labarthe, « Remarque sur Adorno et le jazz », « Modernité et esthétique », *Rue Descartes*, n°10, 1994, pp. 139-140.

(transcendantal) de l'apparence comme aura, et donc dans l'empêchement de comprendre les jeux contemporains de l'art qui sollicitent d'autres paradigmes.

5. Il en va tout différemment de la conception benjaminienne du jeu et de l'art. Quelle que soit son utopie quant à l'émancipation réciproque de la technique et de l'humanité dans la révolution, l'important chez B. tient à ce que la perte de l'aura est plus large que la perte de l'apparence ; il ne pense pas d'abord en termes d'art dénaturé par son *Entkunstung*, ou d'essence de l'art, mais en termes d'historicité. Comme A., il voit l'apparence et le jeu ensemble solidaires dans la *mimesis* à l'origine de l'art : l'art imite et joue tout à la fois. Mais, chez lui, la polarité entre l'apparence et le jeu ne prend sens qu'eu égard à la distinction entre la « *première technique* » (archaïque, liée à la magie, dont le corollaire est la valeur rituelle et auratique de l'œuvre), technique qui décline avec la Renaissance, et la « *seconde technique* », moderne, distante de la nature, émancipée (avec son corollaire : la valeur d'exposition de l'œuvre), et qui s'oppose à la société comme une seconde nature – que l'homme a créée mais n'a pas voulue, dit Marx, sorte de « *ruse inconsciente* », dit B. [19].

Ainsi, même si jeu et apparence sont originaires, l'apparence est le « *schème le plus abstrait* [...] *de toutes démarches magiques* », tandis que « *le jeu est le réservoir inépuisable de toutes les démarches expérimentales de la seconde technique* [20] – devenus des « *coups* » avec la postmodernité selon Lyotard. Autrement dit, si dans le passage de la première à la seconde technique l'apparence auratique se perd, on y gagne en « *espace de jeu* [*Spiel-Raum*] » ; et le cinéma serait le parangon de cette ouverture

19. « L'Œuvre d'art à l'ère de sa reproductibilité technique » (version de 1936), *Écrits français*, Gallimard, 1991, pp. 148-149, 188 ; et *Ibid.* (version de 1935), *Œuvres*, t. III, *op. cit.*, p. 80.

20. On pourrait sans doute changer quelque peu les termes de Benjamin : dire que l'apparence est le fait de la *mimesis* au sens aristotélicien et de la tradition occidentale en général, et voir une dominante du jeu dans la culture archaïque, par quoi elle rejoindrait *mutatis mutandis* l'art contemporain. Mais cela ne change rien quant au différend entre Adorno et Benjamin.

« *où le moment de l'apparence a laissé la place au moment du jeu* », dont l'appareillage est propice selon diverses modalités à l'innervation d'une autre forme d'aperception que celle contemplative ou recueillie [21]. Il se pourrait qu'à ce sujet A. ait été pertinent quant à la persistance de l'aura, ici réifiée, dans l'industrie cinématographique starisante, faute d'un cinéma devenu l'instrument du prolétariat (18/3/36, pp. 187-189) ; de même a-t-il raison de noter que l'œuvre autonome n'est pas qu'auratique (disons la perspective renaissante). Mais il reste que plus généralement la méthode benjaminienne est davantage appropriée, libérée des préjugés, que la dialectique adornienne pour accueillir une dimension essentielle de l'art contemporain, au-delà même du cinéma. En intégrant le changement de paradigme esthétique : la relève de l'apparence par le jeu, B. éclaire cet art en son caractère *littéral* – dépris de la médiation de l'apparence, c'est-à-dire dis-trait de l'œuvre totalisante et auratique ; vis-à-vis de quoi A. reste imperméable, puisque « *totalement objectivée* [littérale], *l'œuvre d'art, en vertu de sa légalité rigoureuse, devient un simple fait et disparaît en tant qu'art* », et ne lui laisse qu'une alternative : « *ou bien sortir de l'art, ou bien transformer son propre concept* [22] ». Mais comment prendre au sérieux ces termes de l'alternative, si grossièrement polarisante ?

Mais outre le jeu, d'autres aspects de la dis-traction sont en cause. A. reproche à B. de disjoindre art autonome (grande œuvre : apparence) et cinéma (jeu), qui portent tous deux les « *stigmates du capitalisme* » ; mais, dit-il, le grand art contient aussi des éléments transformateurs, et tous deux sont les moitiés d'une même « *liberté pleine et entière* » – toujours la référence à la totalité abstraite qui gouverne tout jugement. Moyennant quoi la disjonction benjaminienne est d'un « *romantisme anarchique* », qui croit à l'autoconstitution d'un prolétariat s'appropriant le cinéma, et qui pense chasser de l'art ses tabous en les lui restituant de manière inversée : par le « *rire* », le « *test* » et l'« *expert* ». En bref, « *la théorie de la*

21. *Écrits français*, *op. cit.*, pp. 149, 189 ; *Œuvres*, t. III, *op. cit.*, p. 81.
22. *Théorie esthétique*, *op. cit.*, p. 87.

distraction ne me convainc pas du tout, malgré sa séduction en forme de choc[23] ». Laissons-là la question du prolétariat, car si B. s'illusionne, la portée de sa théorie outrepasse cette question ; et voyons le rire. Selon A., « *le rire des spectateurs de cinéma* [...] *est rempli du pire sadisme bourgeois* », « *il suffit d'avoir entendu rire le public à ce film* [*Les Temps Modernes* de Chaplin] *pour savoir ce qu'il en est* » (18/3/36, pp.187-188). C'est sérieux, car il serait trop simple de rétorquer à A. que son argument est inepte (même chose pour sa dénégation du jazz) : le marché fait main basse sur tout ce qui relève de la prise immédiate du défoulement ou du fantasme. Il faut donc prendre le problème par un autre bout.

De Démocrite à Bataille en passant par Nietzsche[24], Bergson, Freud, Bakhtine, etc., on a traité de l'ironie au rire en passant par le *Witz*, l'humour, le comique, etc. Mais tenons-nous en au rapport A./B. Tout d'abord, A. se méprend sur le sens de distraction chez B., qui n'est pas seulement synonyme de divertissement mais s'oppose au recueillement ou à la contemplation coutumiers de l'art ; à propos du comique de la musique et de la poésie lyrique, B. : « *J'ai quelque peine à me dire qu'il s'agit là d'un phénomène de signe purement négatif. À moins que pour vous la «dégradation de l'esprit sacré de conciliation» ait un sens positif* » (9/12/38, p. 377). C'est toute la question : A. conçoit ce qu'il aborde avec l'*a priori* du dépassement *a posteriori* du scindé vers la totalité – même quand il n'est pas dupe de la défectuosité de celle-ci. Or B. s'est délesté de ce syndrome métaphysique ; il s'agit de compter désormais avec un « *espace de jeu* » qui entérine une manière de défection de l'œuvre d'art et de sa contemplation synthétique (l'apparence). À l'exemple des dadaïstes, l'œuvre est « *distraction puissante* », violente, perturbante, tactile, traumatique et non seulement

---

23. Peut-on rire de l'argument ci-après d'Adorno, en dehors du fait qu'il se trompe sur le sens de distraction chez B. : la distraction n'est pas convaincante, « *ne serait-ce que* [parce que] *dans la société communiste, le travail sera organisé de telle façon que les individus ne seront plus assez fatigués ni assez abêtis pour avoir besoin de distraction* » (18.03.36 ; p. 187) ?

24. « *Lorsque Zarathoustra ouït ainsi parler le sage, il rit en son cœur car de la sorte une lumière pour lui s'était levée* » (F. Nietzsche, *Ainsi parlait Zarathoustra*, Gallimard, 1996, p. 40.)

visuelle (d'un seul coup d'œil). On déplore que les masses cherchent la distraction, mais dans l'ordre de la seconde technique, la distraction ressortit à une perception qu'impose toujours plus l'art et qui s'oppose au recueillement : ce dernier s'absorbe dans l'œuvre tandis que la perception nouvelle, distraite, la recueille, y glane par à-coups, succession de « *frappes* », dirions-nous, effet de « *choc* », et s'accoutume par « *perception incidente* », comme c'est le cas pour l'architecture qui est en ce sens exemplaire (mais cela vaut pour le Minimal Art ou le Land Art, la Performance, etc. [25])

C'est ainsi que le cinéma se dis-trait des thèmes et des formes canoniques de l'art, et traite le quelconque, le détail, nous dit B., fait sa place à tout un chacun, sous des modes qui déconstruisent la nature s'offrant à l'œil ; il restitue par ralenti, gros plan, angles de vue divers, montage, des états et mouvements qui échappent à la vision et à la sensation ordinaires, et donne accès à l'« *inconscient pulsionnel* », à l'altération. Si donc la « *mécanisation* » et ses corollaires produisent une tension fantasmatique, le cinéma peut avoir un effet cathartique, non au sens de l'identification dénoncée par Brecht, mais de distension (relâchement, être facile à la détente). C'est là qu'il faut placer le rire, le burlesque, le grotesque, etc. : au même titre que l'effet des œuvres dadaïstes, le rire court-circuite le recueillement et promeut la distraction comme usage ludique de l'art[26]. Dans cette mesure – et on peut ici jalonner toute l'œuvre de B. –, il est vrai que l'humour, le rire sont exécution ou sentence sans jugement, mais ils rendent justice à l'objet[27], comme l'hilarité chez Molière, qui n'enseigne certes rien mais qui, en forçant le trait, devient « *éclat aveuglant* », « *car le caractère du personnage comique n'est pas l'épouvantail qu'agitent les déterministes, il est le flambeau dont les rayons rendent visible la liberté de ses actes*[28] » ; « *Il y a humour quand le mot n'est plus une médiation.*

---

25. « L'Œuvre d'art... », *Œuvres*, t. III, *op. cit.*, pp. 106-109.
26. *Ibid.* pp. 102-104.
27. W. Benjamin, *Fragments*, trad. C. Jouanlanne, J.-F. Poirier, Paris, PUF, 2001, p. 164.
28. *Œuvres*, t. II, trad. R. Rochlitz, *op. cit.*, p. 17 ; *Œuvres*, t. I, trad. P. Rusch, *op. cit.*, 207-208.

[...] *Dans le princìpe il n'y a aucune inculture à rire de cette exécution sans mot, celle du vent qui fait s'envoler le chapeau de quelqu'un. C'est seulement de nos jours que la distance qui vous sépare de la masse dans la sphère du mot empêche l'individu des classes supérieures de se fondre dans la sphère de l'humour.*[29] » ; le rire n'est pas bourgeois, la bourgeoisie l'a même refoulé des bonnes mœurs, et le grotesque vient des couches les plus intenses du sensible qui lui répugne : « *Les prétentions de la bourgeoisie se brisent sous l'effet du rire* [30] ».

6. A. et B. n'ont pas seulement des divergences, mais un différend qui a trait à des traditions distinctes voire opposées, à un déplacement épistémologique : l'un fait dans la tradition dialectique (hégélienne) du dépassement, où l'art sauve l'apparence contre l'*Entkunstung* de l'art ; l'autre, qui, malgré l'illusion révolutionnaire, ou à cause de ses revers, est plus sensible à l'imminence désastreuse, sent remonter le réseau pulsationnel de la mémoire, et, jusque dans les choses réifiées, leur virtualité ; l'un veut sauver illusoirement la dialectique, l'autre détecte l'image dialectique à l'arrêt, là où les petits éléments flottants permettent de saisir les grandes constructions. Il en résulte, chez B., une épargne d'*a priori* et beaucoup de passibilité au sensible. La dis-traction en ce sens n'est pas l'oubli dans le divertissement, mais le moment où l'art n'a plus le choix de son éloquence : « *Le grand satiriste* [...] *ne s'est jamais tenu sur un terrain aussi solide qu'au sein d'une génération qui s'apprête à monter sur les chars et à enfiler les masques à gaz, d'une humanité qui ne sait plus pleurer* [ailleurs : qui n'a plus d'expérience] *mais qui sait toujours rire* », et la position ludique (de K. Kraus en 1909) contre l'idéal classique d'humanité « *était sur le point de tourner, à la première occasion, à la profession de foi en faveur de l'humanisme véritable* », « *en cette époque sérieuse qui est morte de rire à l'idée de devenir sérieuse ;*

---

29. *Fragments, op. cit.*, 164.
30. *Œuvres*, t. III, trad. R. Rochlitz, *op. cit.*, p. 195 ; *Œuvres*, t. II, trad. R. Rochlitz, *op. cit.*, p. 144.

qui, surprise par son tragique, a soif de distraction et, se prenant elle-même en flagrant délit, ne trouve plus ses mots ». L'humour brise le monde en morceaux, et l'art se fait fragmentaire ; il est un jeu de transformations, comme le joueur il passe d'un centre à l'autre, le cinéma morcelle son continuum, etc., bref, il joue la dis-traction comme un rapport social[31]. Maintenant, la notion de *distraction* assimile diverses acceptions ; outre le divertissement (faire un break, se vider la tête, collecter des sensations), elle comprend l'idée de quitter, de se détourner de quelque chose, de prendre un détour. Et dans la discussion présente sur l'art, elle signifie : révoquer l'apparence, l'Idée transcendantale, la condensation signifiante de l'œuvre, sa teneur réconciliatrice, sa totalité limitée, et ouvrir le champ égaillé du sensible, de la dé-mesure (du détail au gigantesque, de la vitesse à la lenteur), de l'informe, de l'inachevé, bref, d'un espace-temps et d'intérêts différents.

Mais elle ne se suffit pas de cette discrépance, structurelle ou historique : il lui faut encore se dis-traire du principe d'opposition ou de contradiction, se départir du dualisme qui disjoint le sérieux et le ludique, le politique et l'esthétique, et faire vivre l'hétérogène et le discontinu. Chez Démocrite, le rire tient le monde en son entier et assoit l'homme dans sa maturité et son éveil ; le rituel archaïque *joue* le sacré dans ses bricolages matériels ; au Moyen Âge, le rire est vitalisant, et on peut évoquer le carnaval, la jonglerie, la bouffonnerie, Cervantès, Shakespeare, Daumier, Dada, le *happening*, la caricature, le cirque, le sketch, le *Witz*, etc., qui ont tous en commun de se dis-traire de l'existence en la restituant à son imitation désajustée – et non d'en dévoiler, au bout du compte, l'être ou le sens universel. Au titre de ces *technaï* qui jouent d'une production et d'une perception distraites (non tributaires de l'« œuvre d'art »), il est devenu caduc, lorsque l'« art » contemporain dénoue ce potentiel afférent, de se poser, comme sous Weimar et ses suites, la question de l'esthétisation de la politique ou de

---

31. *Œuvres*, t. II, trad. R. Rochlitz, *op. cit.*, pp. 123, 143,233, 256-257 ; et *Fragments, op. cit.*, p. 235 ; *Œuvres*, t. III, *op. cit.*, p. 106.

la politisation de l'esthétique : l'esthétisation est la culture généralisée de la marchandise où le spectacle politique se dilue ; et pour cette raison même que la politique nage dans le flux du « *calcul égoïste* » (Marx), la dégager des eaux pour l'instrumentaliser est un dragage sans effet. B. s'est trop avancé quant à la politisation de l'esthétique (erreur d'époque), mais il a vu dans la dis-traction l'appareil d'un réveil qui résout le dilemme dans l'« *identité immédiate* » (Agamben), hors du grand art – dans le théâtre d'Oklahoma de Kafka, chacun est le bienvenu pour être acteur, testeur, expert, il suffit de trouver le geste (toutes choses qu'exclut A.), mais il faut être à l'heure, on ne peut s'inscrire qu'une fois [32].

Quant à la *méthode*, il n'est pas opportun d'opposer chez B. magie et positivisme, théologie et matérialisme ; comme le dit M. Löwy : « *Le religieux et le politique entretiennent chez B. un rapport de réversibilité réciproque, de traduction mutuelle, qui échappe à toute réduction unilatérale : dans un système de vases communicants, le fluide est nécessairement présent dans toutes les branches simultanément* [33] ». Ici les extrêmes contradictoires ne se résolvent pas dans le concept dialectique de médiation, ou dans l'hypostase spéculative ; leur tension est à préserver car elle est l'existence immanente où le sens (le sacré) est dans chaque petite chose (le déchet, le jouet, etc.), fût-elle marchandise – la vertu du fragment est qu'il empêche d'énoncer une métaphysique de la loi ; « *les œuvres achevées ont pour les grands hommes moins de poids que ces fragments sur lesquels leur travail dure toute la vie. Car seul un homme plus faible, plus distrait peut prendre un plaisir incomparable à conclure et à se sentir rendu à sa vie.* [34] » La *littéralisation* de l'art contemporain qui s'est dis-trait des médiations de l'apparence ne nourrit pas les concepts médiateurs, mais fait proliférer les idées fragmentaires ; en quoi B. est plus profitable aujourd'hui qu'A.

---

32. W. Benjamin, « Franz Kafka », *Œuvres*, t. II, *op. cit.* pp. 422 sq.
33. Cité par E. Traverso dans sa présentation de la correspondance, *op. cit.*, p. 35.
34. W. Benjamin, *Sens unique*, Maurice Nadeau, 1988, p. 143.

Andy Warhol a écrit *Ma philosophie de A à B*, comme par distraction, Mickey Mouse nous entraîne dans un tour du monde pour nous distraire, dit B. ; mais quand A. médiatise A par Z et se fait le Zorro de la réconciliation dialectique, le sérieux est hypothéqué et nous distrait de l'essentiel. Extrapolons : seul le guignol peut nous parler du sérieux pour nous faire rire.

MAURICE BLANCHOT, 1907-2003

[Note liminaire. *Le texte qui suit, de Jacques Derrida,* « Un témoin de toujours » *a été prononcé par celui-ci à l'occasion des obsèques de Maurice Blanchot. Il a fait l'objet d'une première publication (partielle) dans* Libération, *le 26 février 2003. Le texte de Jean-Luc Nancy,* « La mort de Maurice Blanchot » *a été écrit à l'invitation de* Libération, *où il a été publié le 5 mars 2003.*]

JACQUES DERRIDA

UN TÉMOIN DE TOUJOURS

Depuis quelques jours et quelques nuits, je me demande en vain d'où me viendrait encore la force ici, maintenant, d'élever la voix.

Je voudrais croire, j'espère pouvoir imaginer encore que je la reçois, cette force qui autrement me manquerait, de Maurice Blanchot lui-même.

Comment ne pas trembler au moment de prononcer ici même, à cet instant, ce nom, Maurice Blanchot ?

Il nous reste à penser sans fin, à tendre l'oreille pour entendre ce qui continue et ne cessera plus de résonner à travers *son* nom, dans *votre* nom, je n'ose pas dire dans « *ton* nom », me souvenant encore de ce que Maurice Blanchot lui-même a pensé et publiquement déclaré de telle exception absolue, de ce privilège insigne que l'amitié confère, à savoir celui d'un tutoiement qu'il dit avoir été la chance unique de son amitié de toujours avec Emmanuel Levinas.

Emmanuel Levinas est l'un de tous les grands amis que Maurice Blanchot aura tant souffert, il me l'a confié un jour, de voir mourir avant lui. Je voudrais saluer ici leur mémoire pour l'associer à ce moment de recueillement : Georges Bataille, René Char, Robert Antelme, Louis-René des Forêts, Roger Laporte.

Comment ne pas trembler au moment de le dire ici, maintenant, ce nom, ce nom plus seul que jamais, Maurice Blanchot, comment ne pas trembler même si, invité à le faire, je dois porter aussi la parole de tous ceux et de toutes celles, ici même ou ailleurs, qui aiment, admirent, lisent, écoutent, ont approché celui que nous sommes si nombreux, dans le monde entier, depuis deux ou trois générations, à tenir pour l'un des plus grands penseurs et écrivains de ce temps, et non seulement de ce pays ?

Et non seulement dans notre langue, car la traduction de son œuvre est en train de s'étendre et continuera d'irradier de sa lumière secrète tous les idiomes du monde.

Maurice Blanchot, si loin que je me souvienne, tout au long de ma vie d'adulte, depuis que je le lis (plus de 50 ans), et surtout depuis que je l'ai rencontré, en mai 1968, et qu'il n'a cessé de m'honorer de sa confiance et de son amitié, je m'étais habitué à l'entendre, ce nom, autrement que comme celui de quelqu'un, un tiers, l'auteur incomparable qu'on cite et dont on s'inspire ; je l'entendais autrement que comme le grand nom d'un homme dont j'admire *et* la puissance d'exposition, dans la pensée et dans l'existence, *et* la puissance de retrait, la pudeur exemplaire, une discrétion unique en ce temps, et qui l'a toujours tenu loin, aussi loin que possible, et délibérément, par principe éthique et politique, de toutes les rumeurs et de toutes les images, de toutes les tentations et de tous les appétits de la culture, de tout ce qui presse et précipite vers l'immédiateté des médias, de la presse, de la photographie et des écrans. On se demande si, après avoir parfois abusé de sa réserve et son invisibilité, la surenchère de certains ne les jettera pas demain, juste assez tard, le remords aidant, sur des fétiches négociables, confirmant ainsi la même dénégation ou la même méconnaissance.

Au moment de parler de l'éloignement de Blanchot, depuis des décennies, permettez-moi de remercier ici Monique Antelme. Je veux lui dire, plus qu'en privé cette fois, ma gratitude et celle de beaucoup d'autres. Cette reconnaissance va vers une amie dont la fidélité, entre la retraite de Blanchot et le monde, entre lui et nous, fut à la fois celle de l'alliée, en vérité l'alliance même, la douce, généreuse et loyale prévenance.

Je viens de marquer la date d'une première rencontre, en mai 68. Sans rappeler la cause ou l'occasion de cette rencontre personnelle, qui concerna d'abord entre nous un problème de nature éthique et politique, je souligne seulement qu'au même moment, en mai 68, donc, Blanchot était de tout son être, corps et âme, dans la rue, radicalement engagé, comme il le fut toujours, dans ce qui s'annonçait comme une révolution. Car de tous ses engagements extrêmes, ceux d'avant la guerre, je ne les passerai pas sous silence, et, tout aussi ineffaçables, ceux de l'Occupation, de la guerre d'Algérie et du Manifeste des 121, ceux de mai 68, de toutes ces expériences politiques, personne n'a su, mieux que lui, avec plus de rigueur, de lucidité et de responsabilité, tirer jusqu'au bout les leçons. Personne n'a su, mieux et plus vite que lui, assumer les interprétations et les réinterprétations, voire les conversions les plus difficiles.

Ce nom, *Maurice Blanchot*, je m'étais habitué à le prononcer non pas comme celui d'une troisième personne, d'un homme rare et secret dont on parle en son absence, et qu'on déchiffre, enseigne, invoque, mais comme le nom d'un vivant *à qui* présentement l'on parle, à qui l'on s'adresse, un nom qui fut, au-delà de la nomination, donc, l'appellation toujours destinée à quelqu'un dont l'attention, la vigilance, le souci de répondre, l'exigence de responsabilité furent reçues par tant d'entre nous comme les plus rigoureuses de ce temps. C'était devenu, ce nom, à la fois le nom familier et étrange, si étrange, si étranger de quelqu'un qu'on appelle ou qui vous appelle au-dehors, inaccessible, infiniment loin de soi, mais un nom aussi intime et ancien, un nom sans âge, celui d'un témoin de toujours, d'un témoin sans complaisance, d'un témoin veillant en nous-mêmes, du témoin le plus proche, mais aussi de l'ami qui n'accompagne pas, soucieux de vous laisser à votre solitude, toujours attentif à rester néanmoins près de vous, dans la sollicitude de tous les instants, de toutes les pensées, de toutes les questions aussi, des décisions et des indécisions. Le nom d'un visage que la douceur du sourire ne quitta pas une seconde tout le temps de nos rencontres. Les silences, la respiration nécessaire de l'ellipse et de la discrétion, au cours de ces entretiens, ce fut aussi, autant que je me souvienne, le temps béni, sans la moindre interruption, le temps continu d'un sourire, d'une attente confiante et bienveillante.

Une tristesse infinie m'ordonnerait ici *à la fois* de me taire et de laisser parler mon cœur pour lui répondre encore, ou pour l'interroger, comme si j'espérais encore une réponse, pour parler encore *à* lui *devant lui* et non seulement *de* lui, comme si être *devant lui* pour m'adresser *à lui, pour lui,* signifiait encore quelque chose. Cette tristesse sans fond me prive implacablement, hélas, et de la liberté et de la chance de l'appeler, comme je le fis encore il y a peu au téléphone. J'entendis alors l'essoufflement de sa voix affaiblie, certes, mais pressée de rassurer en évitant la plainte. Rien ne me donne plus le droit de l'appeler, là où, ne pouvant à jamais que désespérer de le faire, je ne pourrais pourtant pas renoncer à lui parler – mais au-dedans de moi.

Et pourtant. Maurice Blanchot vivant, Maurice Blanchot de son vivant, ceux qui l'ont lu et entendu le savent bien, ce fut aussi quelqu'un qui ne cessa de penser la mort, et sa propre mort, l'instant de la mort, ce qu'il intitula *L'instant de ma mort*. Mais toujours comme l'impossible. Et quand il s'obstinait à dire la mort impossible (au point que, comme tant de ses amis, pour lutter contre les pires certitudes de l'inéluctable, je me réconfortais parfois, en jouant le naïf, à l'espérer immortel, en tout cas moins sujet à mourir, si je puis dire, que nous tous – et un jour il m'écrivit sur un ton inhabituel, au retour de l'hôpital, après une chute dont il venait de se relever : « *Vous voyez, j'ai une bonne nature* »), oui, quand il tenait à tenir la mort pour impossible, il n'y entendait pas une victoire jubilatoire de la vie sur la mort, mais davantage l'acquiescement à ce qui vient limiter le possible, et donc tout pouvoir, là où, *l'Écriture du désastre* le précise, celui qui voudrait encore dominer ce non-pouvoir, « *se rendre maître de la non-maîtrise* », doit alors se heurter, « *autre que lui-même, à la mort comme ce qui n'arrive pas ou comme à ce qui se retourne (démentant, à la façon d'une démence, la dialectique en la faisant aboutir) en l'impossibilité de toute possibilité* » (p. 115). Dire de la mort qu'elle n'arrive pas, ce n'est donc ni la parole d'un triomphe de la vie, ni une dénégation, ni un sursaut de révolte ou d'impatience, plutôt l'expérience du neutre qu'il définit ainsi, dans *Le Pas au-delà* : « [...] *la douce interdiction du mourir, là où de seuil en seuil, œil sans regard, le silence nous porte dans la proximité du lointain. Parole encore à dire au-delà des vivants et des morts,* témoignant pour l'absence d'attestation » (p. 107).

Car au-delà de tout ce qu'une lecture précipitée porterait à croire, au-delà de ce que sa constante attention à la mort, à cet événement sans événement du mourir, peuvent laisser penser, Maurice Blanchot n'a aimé, il n'aura affirmé que la vie et le vivre, et la lumière de l'apparaître. Nous en avons mille signes et dans ses textes et dans la façon dont il a tenu à la vie, dont il a *préféré* la vie, jusqu'à la fin. Avec, j'ose le dire, une singulière gaîté, la gaîté de l'affirmation et du « oui », une autre gaîté encore que celle du gai savoir, moins cruelle sans doute, mais une gaîté, la joie même du bonheur à laquelle des oreilles assez fines ne pouvaient pas manquer d'être sensibles. Dans tous les écrits qu'il a consacrés à la mort, c'est-à-dire en vérité dans *tous* ses écrits, qu'il s'agisse des discours de type philosophique ou philosophico-politique qui ont remué tout le champ de la pensée, de son histoire, de ses œuvres canoniques à ses avancées les plus inédites, qu'il s'agisse de ses exégèses littéraires qui ont, sur tant de corpus français et étrangers, inventé d'autres façons de lire et d'écrire, qu'il s'agisse de ses récits, romans, fictions (qu'on commence, me semble-t-il, à peine à lire, et dont l'avenir reste à peu près intact), qu'il s'agisse encore de toutes les œuvres qui, comme *L'Attente l'oubli* ou *L'Écriture du désastre* mêlent indissociablement, et de façon encore inouïe, la méditation philosophique et la fiction poétique, eh bien, partout, le morbide et le léthal restent étrangers au timbre ou à la tonalité musicale de cette parole. Contrairement à ce qu'on dit souvent ou légèrement. Nulle complaisance, chez lui, de nombreuses citations pourraient l'attester, pour la tentation suicidaire ou pour quelque négativité que ce soit. À écouter *Le Dernier homme*, nous entendons celui qui avant de déclarer « *Je me suis persuadé que je l'avais d'abord connu mort, puis mourant* », avait déjà clamé, je cite, le « *bonheur de dire oui, d'affirmer sans fin* » (p. 12).

Je voudrais, pour lui rendre plus que jamais la parole, lire encore, au moment où pour nous tout revient ici, sans plus rester, à l'épreuve des cendres, quelques lignes de l'*Écriture du désastre*, cet immense livre hanté par l'innommable incinération que fut l'holocauste et dont on sait que l'événement, comme un autre nom du désastre absolu, devint aussitôt le centre de la plus insistante gravité de son œuvre. Comme il le sera indirectement partout, l'holocauste fut rappelé à l'ouverture du livre. Qui désigne la « *brûlure de l'holocauste, l'anéantissement du midi* », et « *l'oubli immobile (mémoire de l'immémorable)* » qui constitue le désastre, même si ce désastre, dit-il encore, « *nous le connaissons peut-être sous d'autres noms* [...] » (p. 15).

Comment et pourquoi avons-nous le souffle coupé par la douleur et le deuil, pourquoi nous sentons-nous interdits, suffoqués, comme sous le coup d'un événement inouï, au moment où nous quitte quelqu'un qui pourtant n'a cessé, dans ses œuvres et dans ses lettres (comme peuvent en témoigner, à peu près sans exception, toutes celles que j'ai reçues de lui depuis des décennies) de dire l'imminence de sa mort, mais aussi bien que la mort était l'impossible même ? et que, de toute façon, si elle n'arrivait jamais, c'est qu'elle était déjà arrivée ? Nous ne pouvions pas être à la fois plus préparés à sa mort, plus préparés par lui-même et pourtant plus désemparés aussi, à la fois blessés, plus endeuillés d'avance et plus incapables d'amortir l'imprévisible. La mort toujours imminente, la mort impossible et la mort déjà passée, voilà trois certitudes apparemment incompatibles mais dont l'implacable vérité nous fait don de la première provocation à penser. Ce dont prend acte et que scelle *L'Écriture du désastre* (pp. 181, 182) : « *S'il est vrai que, pour un certain Freud,* "notre inconscient ne saurait se représenter notre propre mortalité", *cela signifie tout au plus que mourir est irreprésentable, non pas seulement parce que mourir est sans présent, mais parce qu'il n'a pas de lieu, fût-ce dans le temps, la temporalité du temps.* »

Puis parlant d'une singulière « *patience* » qui, dit-il, « *ne se souffre "en nous" que comme la mort d'autrui ou la mort toujours autre, avec laquelle nous ne communiquons pas, mais dont, en deçà de l'épreuve, nous nous sentons responsables* », il conclut : « Il n'y a rien à faire *avec la mort qui a toujours eu lieu : œuvre du désœuvrement, non-rapport avec un passé (ou un avenir) sans présent. Ainsi le désastre serait au-delà de ce que nous entendons par mort ou par abîme, en tout cas* ma *mort, puisqu'il n'y a plus de place pour elle, y disparaissant sans mourir (ou le contraire).* »

« ... Ou le contraire » : disparaître sans mourir ou mourir sans disparaître, l'alternative n'est donc pas simple. Elle se dédouble elle-même, nous en endurons l'épreuve aujourd'hui. De celui qui nous l'aura donné à penser, nous pouvons dire aujourd'hui qu'il meurt sans disparaître mais aussi qu'il disparaît sans mourir. Sa mort peut rester impensable, elle lui était déjà arrivée. Entre la fiction littéraire et l'irrécusable témoignage, *L'Instant de ma mort* en libère le récit et l'inconcevable temporalité. Celui qui, alors, d'une certaine façon, mourut déjà, et plus d'une fois, il pesait, il examinait encore l'impondérable, je le cite : « [...] *le sentiment de légèreté que je ne saurais traduire : libéré de la vie ? l'infini qui s'ouvre ? Ni bonheur ni malheur. Ni l'absence de crainte et peut-être déjà le pas au-delà. Je sais, j'imagine que ce sentiment inanalysable changea ce qui lui restait d'existence. Comme si la mort hors de lui ne pouvait désormais que se heurter à la mort en lui. "Je suis vivant. Non, tu es mort."* »

« *Je suis vivant. Non tu es mort* », ces deux voix se disputent ou se partagent la parole en nous. Et inversement : Je suis mort. Non, tu es vivant.

La lettre qui accompagna l'envoi de *l'Instant de ma mort*, le 20 juillet 1994, me disait, dès ses premiers mots, comme pour marquer le retour ou la répétition des anniversaires : « *20 juillet, il y a cinquante ans je connus le bonheur d'être presque fusillé. Il y a 25 ans, nous mettions nos pas sur la lune.* »

Parmi les mises en garde les plus dignes qu'il me faut feindre un instant d'oublier ou de trahir, il y aurait celles, mémorables, de l'amitié même, je veux dire celles qui ouvrent, en italiques, la conclusion intitulée « L'amitié » dans le livre qui porte le même titre *L'Amitié,* et d'abord recueilli, dédié, on le sait, à la mémoire et à la mort de Georges Bataille : « *De cet ami, comment accepter de parler ? Ni pour l'éloge, ni dans l'intérêt de quelque vérité. Les traits de son caractère, les formes de son existence, les épisodes de sa vie, même en accord avec la recherche dont il s'est senti responsable jusqu'à l'irresponsabilité, n'appartiennent à personne. Il n'y a pas de témoin.* [...] *Je sais qu'il y a les livres. Les livres demeurent provisoirement, même si leur lecture doit nous ouvrir à la nécessité de cette disparition dans laquelle ils se retirent. Les livres eux-mêmes renvoient à une existence.* » (pp. 326-327)

Quant à « *ce qu'introduit en elle d'imprévisible l'étrangeté de la fin* », Blanchot insiste encore : « *Et ce mouvement imprévisible et toujours caché dans son imminence infinie – celui du mourir peut-être – ne vient pas de ce que le terme ne saurait être donné à l'avance, mais de ce qu'il ne constitue jamais un événement qui arrive, même quand il survient, jamais une réalité capable d'être saisie : insaisissable et maintenant jusqu'au bout dans l'insaisissable celui qui lui est destiné.* » (p. 327)

Ces mots, prenons-les, reprenons-les, apprenons cette distinction entre *survenir* et *arriver*. Disons que la mort de Blanchot est indéniablement *survenue*, mais elle n'est pas arrivée, elle n'arrive pas. Elle n'arrivera pas.

Même si Blanchot nous a justement mis en garde contre toutes les lois du genre et de la circonstance, contre l'éloge de l'ami et contre le genre biographique ou bibliographique de l'oraison, même si, de toute façon, aucun discours, fût-il interminable, ne saurait ici se mesurer à l'ampleur d'un tel devoir, qu'il me soit permis de confier encore quelques mots à ceux et à celles qui sont ici ses lecteurs et ses lectrices, certes, mais aussi des familiers, des voisins, les proches qui, au Mesnil Saint-Denis, ont entouré Maurice Blanchot de leurs soins et de leur affection, jusqu'à la fin (je pense en particulier, pour l'en remercier, à Cidalia Fernandez) ; ces quelques mots, donc, pour les convaincre encore de ceci, comme de notre reconnaissance : celui que nous accompagnons ici nous lègue une œuvre dont nous ne finirons jamais, en France et dans le monde, de recevoir le présent. À travers les frayages d'une écriture sobre et fulgurante qui interroge sans fin et sans assurance sa propre possibilité, il a marqué tous les domaines, celui de la littérature et de la philosophie où rien ne s'est produit qui n'ait été connu et interprété par lui de façon inédite, celui de la psychanalyse, de la théorie du langage, de l'histoire et de la politique. Rien de ce qui aura inquiété le siècle passé, et déjà celui-ci, de ses inventions et de ses cataclysmes, de ses mutations, de ses révolutions et de ses monstruosités, rien de tout cela n'aura échappé à la haute tension de sa pensée et de ses textes. À tout cela il aura répondu en s'exposant à d'inflexibles injonctions. Il l'a fait sans institution, ni celle de l'université ni même celle des groupes ou attroupements auxquels se prêtent à l'occasion *certains pouvoirs*, et parfois même au nom ou sous les noms de la littérature, de l'édition et de la presse. Le rayonnement parfois invisible de son œuvre, dans tout ce qu'il a dérangé et transformé de nos manières de penser, d'écrire ou d'agir, je ne crois pas qu'on puisse le définir par des mots tels que « influence » ou « disciples ». Blanchot n'a pas fait école, il a d'ailleurs dit ce qu'il y avait à dire de la parole et de la maîtrise pédagogiques. Blanchot n'a pas eu ce qu'on appelle de l'influence sur des disciples. C'est de tout autre chose qu'il s'agit. L'héritage qu'il nous laisse aura réservé une trace plus intérieure et plus grave : inappropriable. Il nous aura laissés seuls, il nous laisse plus seuls que jamais avec des responsabilités sans fond. Certaines nous engagent déjà envers l'avenir de son œuvre, de sa pensée, de sa signature même. La promesse qu'à cet égard, pour ma part, je lui ai faite, elle restera indéfectible, et je suis sûr que beaucoup ici partageront cette fidélité.

Régulièrement, une ou deux fois par an, je lui téléphonais et lui envoyais une carte postale du village d'Eze. Il y a deux ans, je le fis en compagnie de Jean-Luc Nancy, notre ami commun qui se trouve ici, près de moi, et vers qui la pensée de Blanchot s'est si souvent tournée, notamment dans *La Communauté inavouable*. Or chaque fois, donc, que je lui adressais une vieille carte postale d'avant la guerre après l'avoir choisie chez un marchand collectionneur dans les ruelles de ce vieux village d'Eze où Blanchot, il y a longtemps, avait séjourné et sans doute croisé le spectre de Nietzsche dont un chemin porte encore le nom, chaque fois, donc, à mesure que les années passaient, j'osais à peine m'inquiéter en moi-même en murmurant : j'espère que je lui enverrai, encore longtemps, d'autres cartes postales, avec la même ferveur ritualiste, affectueuse et un peu superstitieuse. Je sais aujourd'hui que, sans jamais plus confier de tels messages à la poste, je continuerai de lui écrire ou de l'appeler, dans mon cœur ou dans mon âme, comme on dit, aussi longtemps que je vivrai.

JEAN-LUC NANCY

LA MORT DE MAURICE BLANCHOT

À Maurice Blanchot, il convient aussi d'adresser un hommage qui ne soit pas seulement destiné à l'écrivain et au penseur. Un hommage qui se tourne vers celui qui rendit l'un et l'autre possibles, qui leur consacra son existence, qui se donna la double charge de laisser sa place et de prêter ses forces à l'exercice de l'écriture ou au travail de la pensée.

Celui-là, on peut dire que c'était l'homme Blanchot. Mais ce n'était pas pour autant cet homme dont on aurait voulu, dont on voudra bientôt scruter la face cachée, « privée », l'humanité singulière et fragile, hasardeuse et insignifiante. Ce n'était pas cet homme « *trop humain* » (ou surhumain) dont la curiosité voudrait se délecter. L'homme qui retira sa vie dans une réserve dont on trouvera peu d'exemples soustrayait ainsi à l'attention l'humanité en lui qui aurait pu constituer par elle-même une fin et un absolu, l'humanité de l'humanisme anthropothéologique (ainsi qu'il l'a presque écrit).

Ce n'était pas pour installer à sa place la figure imposante du penseur ni la posture avantageuse de l'écrivain. Sans doute est-il toujours possible, ou du moins tentant, de mener l'analyse dans cette direction, mais pour finir il faut dépasser aussi ce registre. Il le faut parce que la fin aura été elle-même si retirée qu'elle n'aura pas permis de dialectiser en apothéose la vie obstinément recluse.

Aucune gloire future ne pourra opérer ce retournement. Mourant dans le retrait, Blanchot a prolongé dans la mort le retrait de sa vie. Il en a gardé le dépouillement, sans le dramatiser plus mais sans rien céder sur sa simplicité linéaire (sur sa « ligne de vie ») ni sur ce qui, par elle, confine à la pauvreté et à l'anonymat. Cet évanouissement de la « figure » peut avoir eu tous les mobiles et être passé par tous les affects imaginables : précisément, il ne s'agit pas d'imaginer.

Il s'agit de considérer le fait que Blanchot dans sa mort a tenu et tient tendu pour nous ce *mourir* dont le mot définit chez lui le travail désœuvrant de l'écriture et de la pensée : « mourir », passer sans relâche à la limite du sens signifiable, laisser ainsi s'illimiter la finitude sans pour autant se la réapproprier. Dénouer l'humanisme anthropothéologique pour laisser entendre ce qu'il nommait un jour l'« *humanisme du cri* » (cri ou murmure, précisait-il). Il nous revient d'essayer d'entendre le cri murmuré par Blanchot.

L'écrivain, le penseur, ne détient pas d'autre pouvoir ni n'assume d'autre importance que dans l'indication fugitive de ce cri qui nous fait et qui nous défait. Mais c'est nous, c'est bien nous tous, écrivains ou pas, qui le crions et qui le murmurons dans nos vies quotidiennes. Ces vies sont retirées à toute épiphanie, elles sont banales – elles sont *communes* aux deux sens du terme. Elles ne sont pas « significatives » mais elles ne sont pas non plus « insignifiantes ». Chacune, seule, et toutes ensemble modulent le cri murmuré. C'est celui de la vie et de la mort, de la-vie-la-mort jamais choisie, limite de tout choix et de tout supposé sujet, mais commencement de ce qui, par chance, échappe au sujet, qu'on l'appelle désir, rêve ou pensée.

N'y a-t-il pas nécessité de penser cela, aujourd'hui, à nouveau ? C'est ce que Blanchot nous demande. Mais à tout le moins devons-nous reconnaître que la mort de Blanchot aura été, plus que conforme, congruente à la mort selon Blanchot : la mort de l'homme et sa pensée de la mort greffées l'une dans l'autre, l'une pour l'autre généreuses. Ni la mort, pour finir, ni la vie, mais un infime éclat pâle de sens – un blanc.

Blanchot écrit : « *Acceptes-tu, en tant que moi, de te tenir pour problématique, fictif, cependant ainsi plus nécessaire que si tu pouvais te retourner comme le cercle sûr de son centre ? Alors, peut-être, écrivant, accepteras-tu comme le secret d'écriture cette conclusion prématurée quoique déjà tardive, en accord avec l'oubli* : que d'autres écrivent à *ma* place, à cette place sans occupant qui est ma seule identité, voilà ce qui rend un instant la mort joyeuse, aléatoire. » (*L'Entretien infini*, p. 458)

Collection Lignes

Groupe Krisis
MANIFESTE CONTRE LE TRAVAIL

Roger Laporte
LE CARNET POSTHUME

Baptiste Moorman
INFAMIES

Bernard Noël
ARTAUD ET PAULE

Alain Badiou
CIRCONSTANCES, 1

Maurice Blanchot
ÉCRITS POLITIQUES

Anselm Jappe / Robert Kurz
LES HABITS NEUFS DE L'EMPIRE

Derniers titres parus

C'est à Paule Thévenin qu'Antonin Artaud, avant sa mort, a confié la tâche d'éditer son œuvre complète aux Editions Gallimard, et qu'il a remis plusieurs centaines de cahiers rédigés par lui au cours des trois dernières années de sa vie. Acceptant cette tâche, Paule Thévenin ne savait peut-être pas qu'elle y consacrerait la totalité de son existence. De même qu'Antonin Artaud s'est donné tout entier à la littérature, opérant l'un des sacrifices les plus hauts que celle-ci a connus, Paule Thévenin s'est donnée tout entière à l'œuvre d'Antonin Artaud, faisant de son sacrifice propre le moyen par lequel cette œuvre sans commune mesure est arrivée jusqu'à nous. Cette « réparation » à Paule Thévenin est en même temps une méditation sur ces énigmatiques noces mystiques nées de ces deux sacrifices.

Bernard Noël est l'un des plus grands écrivains (écrivain, c'est-à-dire poète, romancier, essayiste, critique d'art, etc.) de ces trente dernières années. Son œuvre (quelque quarante livres) lui a conféré cette place que nul ne lui dispute en France ni à l'étranger.

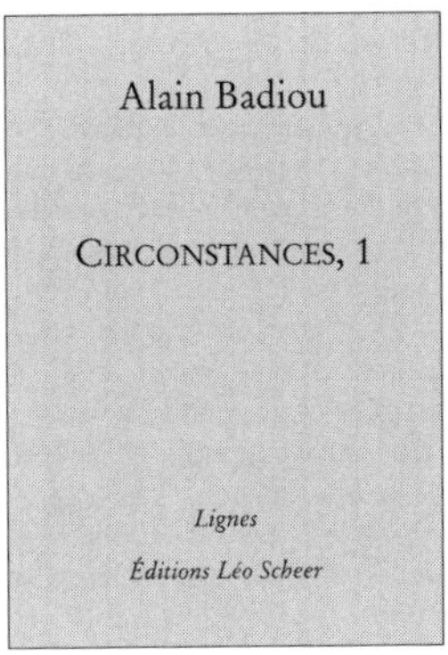

Les textes qui composent ce premier volume d'une série à venir intitulée Circonstances portent sur quelques séquences brèves et récentes de l'actualité planétaire ; ils sont parmi les plus polémiques, les plus sarcastiques, les plus scandaleux peut-être (c'est le souhait de l'auteur) que ces « circonstances désastreuses » pouvaient lui inspirer. Qu'ils pouvaient lui inspirer en philosophe. Qu'ils pouvaient lui inspirer plus précisément, et pour emprunter à son lexique, en métapolitique.

Qu'est la métapolitique ? Le moyen qu'offre la philosophie de défaire les opinions établies et les propagandes dominantes.

Quels mots établissent le langage, quel langage le jugement, quel jugement l'opinion, quelle opinion la propagande, et quelle propagande enfin le pouvoir dominant ; c'est ce que ce vol. 1 de *Circonstances* analyse avec enjouement autant qu'avec gravité.

Alain Badiou est entre autres, l'auteur de *L'Être et l'Événement* (1998), *Précis de métapolitique* (1998), *Saint Paul* (1998). Plus anciennement, *Peut-on penser la politique* (1985).

La pensée politique de Maurice Blanchot est mal connue. Et pour cause : ses textes et déclarations n'ont jusqu'à ce jour jamais encore été réunis (quelques-uns ont paru dans des numéros de *Lignes* aujourd'hui introuvables). C'est pour y remédier que nous entreprenons cette édition. Édition que nous faisons commencer en 1958 avec le premier texte « politique » publié par Maurice Blanchot depuis la guerre. Un texte essentiel, d'opposition à la prise du pouvoir par De Gaulle, intitulé « Le Refus ». « À un certain moment, écrit Blanchot dans celui-ci, face aux événements publics, nous savons que nous devons refuser. Le refus est absolu, catégorique. Il ne discute pas, ni ne fait entendre ses raisons. Quoiqu'il reste silencieux et solitaire, même lorsqu'il s'affirme, comme il le faut, au grand jour. Les hommes qui refusent et qui sont liés par la force du refus, savent qu'ils ne sont pas encore ensemble. Le temps de l'affirmation commune leur a précisément été enlevé. Ce qui leur reste, c'est l'irréductible refus, l'amitié de ce Non certain, inébranlable, rigoureux, qui les rend unis et solidaires. » Et c'est en effet toutes les formes possibles du refus que les textes suivants vont égrener : refus de la poursuite de la guerre française coloniale en Algérie ; refus du conservatisme bourgeois en mai 1968, etc. Si marqués que soient tous ces textes par le refus, ils n'en constituent pas moins l'une des formes les plus hautes de l'affirmation. Affirmation de la possibilité de penser en commun (une communauté portée jusqu'à l'anonymat : c'est intentionnellement, en effet, qu'aucun des textes produits dans l'effervescence de 1968 n'a été signé par lui) ; de penser *communautairement* la possibilité d'une existence politique recommencée.

Les Habits neufs de l'Empire constitue une réfutation des thèses contenues dans le livre de Michaël Hardt et Antonio Negri, *Empire* – livre qui connaît un important succès depuis sa parution en novembre 2000. Que disaient en substance Hardt et Negri ? Qu'en devenant global, le monde n'est plus l'extension à l'échelle mondiale de l'impérialisme américain (l'américanisation du monde), mais lui-même et en tant que tel un « empire », sorte de qualité nouvelle qui appelle des revendications elles-mêmes nouvelles, non plus politiques mais post-politiques (citoyennetés, autonomies, etc.) et qui rend l'anticapitalisme obsolète. De là le succès qu'ont fait à cette interprétation les partisans des « nouvelles technologies » et autres « nouvelles économies »..

Dans leur courte réponse polémique, Anselme Jappe et Robert Kurz affirment que le concept même d'« Empire », présenté par Hardt et Negri comme une avancée majeure dans l'analyse du monde contemporain, est loin de caractériser une nouvelle époque du capitalisme mondialisé, et ne fait qu'en revêtir l'effondrement avec des habits tout rhétoriques. Plus crûment, ils voient dans ce concept un recyclage des vœux pieux du vieux socialisme. C'est à le démontrer que s'emploie ce livre qui devrait faire débat. Anselm Jappe et Robert Kurz font partie du groupe allemand Krisis dont la collection « Lignes » a déjà publié *Manifeste contre le travail* (2002).

Je souhaite recevoir les titres
de la collection « Lignes »

☐ *Le Carnet posthume*, de Roger Laporte .... x 13 €

☐ *Manifeste contre le travail*, du groupe Krisis .... x 10 €

☐ *Infamies*, de Baptiste Moorman .... x 12 €

☐ *Artaud et Paule*, de Bernard Noël .... x 12 €

☐ *Circonstances, 1*, de Alain Badiou .... x 12 €

☐ *Écrits Politiques*, de Maurice Blanchot .... x 17 €

☐ *Les Habits neufs de l'Empire*, Jappe / Kurz .... x 14 €

+ frais de port 3 €

Total = ... €

Règlement ci-joint à l'ordre des *Éditions Lignes & Manifestes*
(par chèque bancaire, mandat international ou C.C.P.)

Nom et prénom ....

Adresse ....

Code postal .... Ville ....

e-mail (facultatif) ....

À retourner à : **lignes**

Editions Léo Scheer
132, rue du Faubourg Saint-Denis
75010 Paris

lignes 07
(février 2002)

UN AUTRE NIETZSCHE

Paul Audi
Bernard Sichère
Claude Louis-Combet
Jean-Luc Nancy
Jean-Pierre Faye
Barbara Stiegler
Véronique Bergen
Antonia Birnbaum
Mathieu Kessler
Jean-Paul Curnier
Jean-Paul Dollé
Daniel Colson
Jacob Rogozinski
Mehdi Belhaj Kacem
Marc Crépon
Artémy Magun
Patrick Wotling
Marco Vozza
Roberto Machado
Céline Surprenant
Philippe Lacoue-Labarthe
Hélène Nancy

lignes 08
(mai 2002)

VAINQUEURS / VAINCUS

Alain Badiou
Jacques Rancière
Alain Brossat
Jean-Luc Nancy
Yves Dupeux
Pierre-Damien Huyghe
Jean-Louis Déotte
Gilles de Staal
Sophie Wahnich
Michel Surya
Fethi Benslama

lignes 09

(octobre 2002)

DE LA POSSIBILITÉ POLITIQUES / DES POLITIQUES POSSIBLES

Alain Badiou
Alain Brossat
Jean-Paul Curnier
Emmanuel Renault
Philippe Hauser
Jacob Rogozinski
Jean-Paul Dollé
Jacques Mucchielli
Maria Muhle
Olivier Le Cour Grandmaison
Paolo Persichetti

lignes 10

(février 2003)

LE PRINCIPE D'AMNISTIE

Alain Brossat
Sophie Wahnich
Stéphane Gacon
Nicole Dreyfus,
Jean-Louis Chalanset
Stéphane Nadaud
Arnaud Vaulerin,
Isabelle Wesselingh
Jacques Mucchielli
Linda di Matteo
Oreste Scalzone
Pierre Tévanian